創意式家族治療

家庭會談中和孩子工作的遊戲、
藝術及表達式行動方案

Liana Lowenstein 主編

黃宗堅、吳秉訓 總校閱

陳美伊、曾威豪、柯政華、邱俊育 翻譯

CREATIVE FAMILY THERAPY TECHNIQUES:

PLAY, ART, AND EXPRESSIVE ACTIVITIES
TO ENGAGE CHILDREN IN FAMILY SESSIONS

Edited by
LIANA LOWENSTEIN

目次
contents

Section 1　參與及評估技術　019

創意式 家族治療

Section 2　處遇技術　113

Section 3 會談結束技術 *351*

主編簡介

    Liana Lowenstein 具有社工碩士（MSW）、註冊社工師（RSW）、註冊遊戲治療師（CPT-S）等背景，也是一位作家和廣受歡迎的講師。1988年開始以兒童及其家庭為實務工作對象，在多倫多大學完成社會工作碩士學位，且為加拿大兒童與遊戲治療學會認證之兒童與遊戲治療治療師（督導）。同時，她為心理健康專業人員提供臨床督導服務並擔任數間心理健康機構之顧問，及負責執行遊戲治療實習課程。她以擔任動態工作坊領導者及於北美與國際間開設訓練課程而聲名遠播。她是 Champion Press 出版社之創辦人，並發行許多著作，包含得到大眾高度讚賞的 *Paper Dolls and Paper Airplanes: Therapeutic Exercises for Sexually Traumatized Children*（與 Crisci & Lay 合著，1997）、*Creative Interventions for Troubled Children and Youth*（1999）（中文版：《創意式遊戲治療：心理創傷兒童及青少年的輔導》，心理出版社）、*Creative Interventions for Children of Divorce*（2006）以及 *Creative Interventions for Bereaved Children*（2006）。此外，她也是 *Assessment and Treatment Activities for Children, Adolescents, and Families: Practitioners Share Their Most Effective Techniques*（第一冊及第二冊）一書的編輯。

Shlomo Ariel, PhD
Ramat Gan, Israel
Email: wbshrink@gmail.com
Web: http://sites.google.com/site/drshlo
moariel

Christopher Belous, MA, LLMFT, CFLE, CCT
East Lansing, Michigan, United States
Email: belousch@msu.edu

Betty Bedard Bidwell, PhD, ATBC, OATR-S., PTR, CPTR-S, CTC-S
Goderich, Ontario, Canada
Email: homestead@betamarsh.com

Amber L. Brewer, PhD-ABD, LMFT
Salt Lake City, Utah, United States
Email: brewer.amber@gmail.com

Paris Goodyear-Brown, MSW, LCSW, RPT-S
Brentwood, Tennessee, United States
Email: paris@parisandme.com
Website: www.parisandme.com

Lois Carey, LCSW, RPT-S
Nyack, New York, United States
Email: ljcarey@optonline.net
Web: www.sandplaytherapy.com

Angela M. Cavett, PhD, LP, RPT-S
West Fargo, North Dakota, United States
Email: acavett@koamentalhealth.com
Web: www.childpsychologicalservices.com

Megan Cowan, MSW, RSW
Toronto, Ontario, Canada
Email: megan.cowan@sympatico.ca

Shannon Culy, BSW, RSW
Estevan, Saskatchewan, Canada
Email: sculy@accesscomm.ca

Gisela Schubach De Domenico, PhD, LMFT, RPT-S
Oakland, California, United States
Email: sandtrayworldplay@gmail.com
Web: www.vision-quest.us

Brian Douglas, MSW, RSW
Kitchener, Ontario, Canada
Email: brian@briandouglastherapy.com
Web: www.briandouglastherapy.com

Sheri Eggleton, BA
Thorold, Ontario, Canada
Email: seggleton@ncys.ca

Rebecca Fischer, PhD
Maumee, Ohio, United States
Email: DrRebeccaFischer@gmail.com

Yuehong Chen Foley, PhD, LPC
Lawrenceville, Georgia, United States
Email: info@responsiblechild.com
Web: www.responsiblechild.com

Catherine Ford Sori, PhD, LMFT
Crown Point, Indiana, United States
Email: katesori@aol.com

Theresa Fraser, MA, CYW (Cert.), CPT
Cambridge, Ontario, Canada
Email: theresafraser@rogers.com
Web: www.theresafraser.com

Karen Freud, BA, A.T.
Toronto, Ontario, Canada
Email: karen@karenfreud.com
Web: www.karenfreud.com

Brijin Gardner, LSCSW, LCSW, RPT-S
Parkville, Missouri, United States
Email: brijingardner@gmail.com

Ken Gardner, M.Sc., R. Psych, CPT-S
Calgary, Alberta, Canada
Email: rmpti@telusplanet.net
Web: www.rmpti.com

Brenda Lee Garratt, T.A.T.I. Intern, A.O.C.A.D., E.C.E.
Goderich, Ontario, Canada
Email: brendalee.garratt@gmail.com

Jacob Gershoni, LCSW, TEP
New York, New York, United States
Email: jacobg12@gmail.com

Lori Gill, BA (SDS), CYW
St. Catharines, Ontario, Canada
Email: Creative.Counselling@bell.net
Web: www.creativecounsellingapproaches.org

Steve Harvey, PhD, RPT-S, BC-DMT
New Plymouth, New Zealand
Email: steve.harvey@tdhb.org.nz

Darryl Haslam, PhD, LCSW, RPT
Springfield, Missouri, United States
Email: DHaslam@missouristate.edu

Katherine M. Hertlein, PhD, LMFT
Las Vegas, Nevada, United States
Email: katherine.hertlein@unlv.edu
Web: www.kathertlein.com

Deborah Armstrong Hickey, PhD, LMFT, RPT-S
Greenville, South Carolina, United States
Email: healingartdoctor@hotmail.com
Web: www.themindgardencentre.com

Linda E. Homeyer, PhD, LPCS, RPT-S
San Marcos, Texas, United States
Email: LHomeyer@txstate.edu

Nikole Jiggetts, MSW, LCSW, RPT
Chesterfield, Virginia, United States
Email: Nikolejiggetts@yahoo.com

Mary Jo Jones, M.S., MFT-Intern
Las Vegas, Nevada, United States
Email: Maryjo08@live.com

Barbara Jones Warrick, M.Ed., CPT-S
London, Ontario, Canada
Email: b.e.jones.warrick@sympatico.ca

Nilufer Kafescioglu, PhD
Istanbul, Turkey
Email: nkafescioglu@dogus.edu.tr
Web: http://psychology.dogus.edu.tr/
akademik.htm

Madhu Kasiram, PhD
Durban, South Africa
Email: Kasiramm@ukzn.ac.za

Sueann Kenney-Noziska, MSW, LISW, RPT-S
Las Cruces, New Mexico, United States
Email: info@playtherapycorner.com
Web: www.playtherapycorner.com

Connie-Jean Latam, D.N.M.
Kingsville, Ontario, Canada
Email: connie@cogeco.ca
Website: www.artoflivingresourcecentre.com

Laura Lazarus, MA
Manassas, Virginia, United States
Email: laura.lazarus@nationalcounseling
group.com

Norma Leben, MSW, LCSW-S, ACSW, RPT-S, CPT-P
Pflugerville, Texas, United States
Email: norma@playtherapygames.com
Website: www.playtherapygames.com

Shirley U. Lindemann, C.A.C.T., S.R.S.P.
Massey, Ontario, Canada
Email: info@artandtherapy.ca
Web: www.artandtherapy.ca

Liana Lowenstein, MSW, RSW, CPT-S
Toronto, Ontario, Canada
Email: liana@globalserve.net
Website: www.lianalowenstein.com

Greg Lubimiv, MSW, CPT-S
Pembroke, Ontario, Canada
Email: glubimiv@hotmail.com
Web: www.lubimiv.ca

Sara Mennen, MS, NCC, LPC, LAMFT, RPT
New Ulm, Minnesota, United States
Email: smennen@siouxtrails.org
Website: www.siouxtrails.org

Cynthia Mota, BA
Las Vegas, Nevada, United States
Email: javiercynthia@embargmail.com

David Narang, PhD
Santa Monica, California, United States
Email: drdavidnarang@gmail.com
Web: www.drdavidnarang.com

創意式 家族治療

Jennifer Olmstead, LMSW, RPT, C-ACYFSW, CAAC
Sault Ste. Marie, Michigan, United States
Email: jhentkowski@saulttribe.net

Susan Perrow, M.Ed.
Lennox Head, Australia
Email: susanperrow@gmail.com
Web: www.healingthroughstories.com

Julie R. Plunkett, LPC, LCPC, RPT-S
Olathe, Kansas, United States
Email: julieplunkett@sbcglobal.net

John W. Seymour, PhD, LMFT, RPT-S
Mankato, Minnesota, United States
Email: john.seymour@mnsu.edu

Angela Siu, PhD, CPT, CTT
Shatin, New Territories, Hong Kong
Email: afysiu@cuhk.edu.hk

Stacey Slobodnick, BSW, RSW
Windsor, Ontario, Canada
Email: Stacey.Slobodnick@glengarda.on.ca

Alison Smith, M.S.
Indianapolis, Indiana, United States
Email: Smith802@umail.iu.edu

Lauren Snailham, MA Clin. Psych
Durban, South Africa
Email: laurensnailham@dbnmail.co.za
Web: www.therapeuticstories.co.za

Barbara Spanjers, MA
Las Vegas, Nevada, United States
Email: barbspanjers@cox.net

Trudy Post Sprunk, LMFT, LPC-S, RPT-S, CPT-S
Tucker, Georgia, United States
Email: trudypostsprunk@charter.net

Rajeswari Natrajan-Tyagi, PhD, LMFT
Irvine, California, United States
Email: rnatrajan@alliant.edu

Heather Venitucci, MSW
Brooklyn, New York, United States
Email: heathervenitucci@gmail.com

Sandra Webb, B.A.Sc.
Cobourg, Ontario, Canada
Email: sandra@sandrawebbcounselling.com
Web: www.sandrawebbcounselling.com

Judy Weiser, R.Psych., A.T.R.
Vancouver, British Columbia, Canada
Email: JWeiser@phototherapy-centre.com
Web: www.phototherapy-centre.com

Lorri Yasenik, MSW, RFM, CPT-S, RPT-S
Calgary, Alberta, Canada
Email: rmpti@telusplanet.net
Web: www.rmpti.com

Pauline Youlin, MS, MFTI
Corona, California, United States
Email: pauliney3@hotmail.com

黃宗堅

學歷：美國德州州立大學奧斯汀分校心理學博士、國際沙遊治療學會「臨床治療師」暨「教師級治療師」認證、台灣輔導與諮商學會「專業督導」認證、台灣遊戲治療學會「專業督導」認證、諮商心理師（2004 年國家考試）

現職：國立彰化師範大學輔導與諮商學系教授兼教育學院院長、台灣遊戲治療學會常務理事、台灣沙遊治療學會理事、臺中市教育局學生諮商中心兼任督導、臺中市教育局國民中小學輔導教師兼任督導、國立彰化師範大學學生心理諮商與輔導中心兼任督導、財團法人張老師基金會工作坊講師

經歷：國立彰化師範大學輔導與諮商學系系所主任、台灣沙遊治療學會理事長

專長：如何在正念與榮格取向表達藝術治療歷程中轉識成智、如何在遊戲中玩出對夢的洞察力與復原力、如何在沙遊治療中療癒心靈創傷、創意式家庭遊戲治療、隱喻故事的臨床評估及實務應用、諮商督導專業發展歷程、文化心理學與人文療癒

吳秉訓

學歷：臺北市立大學教育學系博士班教育心理與輔導組肄業、國立臺北教育大學心理與諮商研究所碩士、淡江大學英國語文學系學士、丙級烘焙食品技術士

現職：諮商心理師、臉書粉專「麵包相談室・Bread Therapy」管理員

經歷：森林小學森林育活動員、資訊公司軟體審譯、廣告公司文案、馬偕協談中心實習心理師、婦女救援協會桃園分會烘焙團體講師、臺北市國小輔導教師督導

陳美伊

學歷： 國立彰化師範大學輔導與諮商研究所博士、臺北市立教育大學藝術
治療碩士、國立彰化師範大學藝術教育碩士、英國 Essex 大學藝術
史與理論研究所文憑、東海大學哲學學士

現職： 好晴天身心診所藝術治療師暨諮商心理師、東海大學進修推廣部兼
任講師、中台神學院兼任講師、各社福機構特約藝術治療師暨諮商
心理師

經歷： 喆方心理諮商所藝術治療師暨諮商心理師、人文傳習書院心理治療
所藝術治療師暨諮商心理師、長庚科技大學嘉義分部兼任講師、台
灣藝術治療學會第三屆秘書長／第四屆理事／專業會員

專長： 表達性藝術治療（個人、伴侶、家庭、團體）、表達性藝術治療倫
理、美術館取向藝術治療、失智者與家屬藝術治療、銀髮族藝術治
療、早療藝術治療、特殊需求族群藝術治療、藝術治療督導

曾威豪

學歷： 國立中央大學學習與教學所博士班（就讀中）、國立臺灣師範大學
教育心理與輔導研究所碩士、國立中央大學數學系學士

現職： 臺北市立中正國中數學科教師、點心語心理諮商所諮商心理師

經歷： 實踐大學家庭研究與兒童發展學系兼任講師、國立基隆高級商工職
業學校輔導知能研習課程講師兼督導

專長： 青少年親職諮詢與學習輔導、職場人際與生涯探索、伴侶家庭與情
感關係、童年情感忽視與罪惡愧疚的修通、多元性別認同與性諮商、
助人者專業認同發展、諮商實務督導

柯政華

學歷：國立彰化師範大學輔導與諮商研究所碩士班、國立成功大學心理學
　　　系、文藻外語學院英國語文科（現為文藻外語大學）

現職：中山醫學大學專任心理師

經歷：國立臺中教育大學專任心理師、喆方心理諮商所心理師、台灣沙遊
　　　治療學會副秘書長／執行秘書、教育部職場青年個案管理與心理諮
　　　詢服務計畫特約心理師、張老師基金會義務張老師

邱俊育

學歷：國立彰化師範大學輔導與諮商學系婚姻與家族治療碩士班、國立臺
　　　南大學諮商與輔導學系學士

現職：雲林縣衛生局社區心衛中心約聘諮商心理師

經歷：銘傳大學專任諮商心理師、樹人醫專專任諮商心理師

專長：系統取向、性別文化、家庭會談、人際歷程取向、表達性媒材

從事多年婚姻與家庭諮商的教學、研究及實務工作，當中最大的感動與學習，就是聽見許多家庭在敘說獨一無二的生命故事外，也都試圖在衝突與創傷的巨變之中，努力尋找家庭困境的可能復原契機。不過，另一方面也心疼仍有不少家庭困在「苦」與「怨」的負向循環當中，找不到突圍的出口。在臨床工作中的家庭，通常是家中孩子出現失功能行為而前來求助，這些孩子往往是「被經驗綑綁，用症狀來說話」。從系統思維觀點來說，在家中被視為麻煩製造者（trouble maker）的孩子，其實是整個家庭系統互動模式卡關的反應現象，孩子只是代替這個失功能系統發病的代罪羔羊。因此，治療師如果未能針對整個家庭系統關係模式對症下藥，試圖將症狀的理解，從線性因果的怪罪邏輯轉換到循環因果模式的話，治療工作往往就陷入徒勞無功的僵局。

特別是，在進入正式治療處遇之前，邀請家人一起進行評估工作是不可或缺但又常被忽略的，或者因為成員彼此之間的防衛與抗拒讓家人躊躇不前。值得欣慰的是，本書的主編Liana Lowenstein巧妙地善用非語言模式為主要基調的遊戲、沙盤、戲劇、肢體與自由書寫等多元表達媒材，來和家庭成員工作，治療師得以透過創意式的行動方案，讓家庭成員洞悉平常看不見的癥結。除了看見問題的核心關鍵，還能夠看見動力、看見歷程，同時又看見那深藏的家庭正向優勢力量，進而帶著慈悲與共感，協助家人關懷彼此，撫慰彼此曾有的波濤洶湧。

在本書的方案設計中，治療師像是位極富創意的魔法師，透過一個個有趣又好玩的多元媒材及活動，將治療師所需的知能與涵養，脈絡性地整理及歸類，並且協助治療師從歷程與脈絡的角度，更細緻地反思如何在「評估」、「處遇」以及「結束」等三階段，透過明確的方案目標、使用媒材

以及井然有序的實施步驟，協助成員理解家庭或家人關係中所遭遇的困境及可能的處遇原則，並且引導實務工作者：(1)如何凝視及因應家人關係中的苦與悶、怨與願；(2)如何不被不同家人所提供的諸多故事所淹沒，並進而在關係層面的鬆動中帶出改變；(3)如何在不批判、不逃避的「正念」中「觀苦」、「解苦」與「離苦」的翻轉與鬆綁歷程。於是在治療師的陪伴與見證下，原來讓人受傷而想逃離的家，可以不再是每個人心頭上揮之不去的「枷」，而是蘊藏著愛與善意的安全避風港。

在翻譯及校閱此書的過程中，內心總是充滿了源源不絕的感動，特別是我們的翻譯小組成員，每個月都是風塵僕僕，放下手邊工作與學業，從全台灣各地來到彰化師大一起激盪討論與反思。在過程中，我們除了重視譯文中的「信、達、雅」之外，也如身歷其境般地體驗每一個實質的活動方案。當中發現，這些來自西方科學哲學典範下的設計，要如何改編成適合我們文化的活動及操作方式；以及症狀的衡鑑與評估指標，不一定適合於東方社會等，也是未來需要進一步重新考量與建構的。

最後，除了要感謝家人們的支持外，在此特別感謝陸雅青、高淑貞、趙文滔、許皓宜等幾位先進熱情的推薦，但願創意式家族治療的發展能夠漸漸在台灣或華人地區成長茁壯。另外還要感謝心理出版社林敬堯總編輯與本書執行編輯陳文玲小姐，總是那麼溫暖且獨具耐心的協助，方能讓本書得以順利的出版。當然，最難忘的就是這一年來，一同堅持走過的翻譯及校閱小組成員：秉訓、美伊、威豪、政華及俊育。當時辛苦耕耘，如今歡笑收割，我們真的做到了！

本書雖然經過多次校閱，疏漏之處尚且難免，還請各位先進不吝指正。

黃宗堅

黏土或培樂土能影響人們的情緒反應,它們可以降低人們的
警戒和抗拒,讓案主更加放鬆和自在地表達。

～〈音樂雕塑椅〉(Shirley U. Lindemann)

　　記得小時候在住家附近有許多建築工程進行著。卡車載來一批批的沙
土,直接倒在工地旁的空地上,堆得像小山一樣高。我特愛那種剛剛倒出
來的沙土,飽含溼氣的蓬鬆,踩在其上雙腳深陷其中的涼快感,或是捏在
手中很容易成團的觸感……這些特質讓新鮮的沙土成為我虎視眈眈的對象,
殷殷期盼著什麼時候再有新一批的沙土出現。等到沙土被雨淋被踩踏被取
用而不再那麼蓬鬆新鮮時,挖沙坑、鑿隧道、做沙球,甚至是在一片平整
的沙土上運用工地旁的磚塊碎石樹葉上演各式各樣場景,不管是獨自一人,
或者是和手足鄰居,那片沙子化身為我們這些孩子的遊樂園,無聲地陪伴
我們度過一個又一個放學後的時光。

　　數年前,家父被診斷出罹患二期食道癌。彼時我剛經歷諮商心理師國
考失敗的過程,表面上為自己找各種說詞的不在乎,其實只是為了掩飾內
心的失落而沒有意識。一次,我和父親聊天扯淡,問他有沒有什麼遺憾的
事。「沒有。」他想了一想,很認真地回答我。一個多月後,我便開始到
救國團上麵包烘焙課程,為期八週,同時一邊上班,一邊準備8月的國考。
在揉麵團打麵糊的操作中,到最後看到成品從烤箱出爐,對父親身體狀況
的擔心以及考試的壓力,在當時似乎都成了模糊的背景,不復干擾我。

　　從沙土到麵團,一個是建材,一個是食材,前者吃不得,後者能入口,
這些看似不相干的原料,對我而言,中間其實有著許多共通的地方:不需
要言語表達、都要動手操作,而且讓人樂在其中。

　　對成年人而言，使用口語表達是再自然不過的事情，這可是每天都在進行的活動，根本不需要花費太多時間與力氣思考就能說出；但對孩童來說，玩才是他們最熟悉的語言，有目的的競爭、無目的的嬉鬧、自言自語的左右手、橡皮擦與鉛筆的角色扮演……在幻想與現實之間穿梭的孩童，所處世界的豐富，其實遠遠超越大人的理解──只因為我們太熟悉、太倚賴語言，每天在例行工作與生活瑣事的縫隙中汲汲營營，以致忘了自己曾經也是孩子。

　　在這本書裡，並沒有太多深奧的學理背景，而是一個又一個吸引孩子們參與的活動，一旦能邀請孩子樂在其中，那麼治療關係就可以順利展開了──前提是，身為成人的你，也得先找到自己能夠樂在其中的事物，找回那個曾經是小孩的你，那麼，孩子也將會和你一樣，展開這段治療關係了。

　　Enjoy!

吳秉訓

 譯者序

在筆者接受藝術治療的訓練過程和實務工作中，曾觸及多種藝術表達的理論與技術，自忖對於表達式治療技術是親切熟悉的，因此當宗堅老師邀約翻譯本書時，對於能參與這本表達式家族治療技術的百科全書中文版的誕生，感到十分榮幸和興奮。

翻譯後大有斬獲，首先是本書共有五十八位作者，背景十分多元，涵蓋五大洲，作者群所研究和發展出來的治療策略和應用包羅萬象，讓譯者大開眼界。其次，主編用心良苦，整理涵蓋古今中外與表達式治療有關的理論與技術，不但適用於家族治療，有些也適用於婚姻、伴侶、個別、團體等情境，全然物超所值。

最後，最大的收穫是參與宗堅老師所組織和帶領的翻譯小組。為了讓翻譯更道地流暢，譯者群每月聚會報告翻譯的內容，透過深入文本的閱讀、反覆咀嚼討論，克服很多理解和翻譯上的困難。此外，遣詞用字的琢磨、一般和專有名詞的統一等，讓中文翻譯更貼切同調。最重要的是探討東西方文化的異同處，比較理論和實務的適用性和限制性，不僅看見西方的好，也發現東方的寶，整體來說，等同於扎扎實實地上了一年表達式家族治療課程。

很珍惜這次的翻譯經驗，甚願這本書將活潑生動的創意帶入每個需要的家庭、個人和團體，修復每段原本美好的關係。

陳美伊

　　家，是個避風港，還是令人窒息想逃離的發源地？

　　每個家庭，來到會談室，總是會不經意地，在這裡流露出家中最為緊迫的衝突，也隱藏著等待被揭發、掀開的秘密。過程裡，家人間，時而疏離、時而靠近、時而期盼、時而無奈離去，無論是哪種變化，也都在治療師細細看照下，一一浮現與轉化。而我深信，治療師能不能在歷程裡，承接、了解、陪伴案主一家人，便是他們能否邀請彼此，攜手進入此場域工作的重要關鍵之一。

　　治療師有時像個魔法師，富有創意，必須找尋適切的活動來協助家人，看見彼此，重建愛的連結。有時，更像是隻帶著清晰洞見的老鷹，常能看見別人看不見的癥結，讓每位在家庭裡不斷重複某種角色或行為模式的個體，都有機會知曉自己背後的動力與需求為何，以及長期下來，對自己及家的影響為何，進而，在邀請洞察與改變之下，找尋新的契機及合作視野。

　　我更深信，由心的感激，能陪著每個家庭走過一段新的旅程，看見脫胎換骨的視野，讓治療師的眼睛，不僅止於看見問題，更可以看見動力、看見歷程，同時更能看見那深藏的能量、愛及善意，進而帶著慈悲，協助家人關懷彼此，撫慰彼此曾有的受傷，走往家的希望，在面對許多難以改變的情境下，安身立命。

　　治療師何其不容易，但也在這過程裡，甘之如飴，同時自己也有著新的學習。我有時在想，身為一位治療師，這態度、這技能、這眼光、這聆聽與述說的能力，是可以如何具備己身？在翻譯這本書的過程，我看見主編透過不同的創意式活動，將治療師所需的知能與涵養，脈絡性地整理及歸類，協助治療師從歷程與執掌的角度更細緻地反思「參與及評估」、「處遇與治療」等階段，自己可以扮演什麼樣的角色及發揮什麼樣的功能。雖然這本書看似活動手冊的維基百科，然而，我卻更珍惜學習書中活動創意之餘，能在演練後，更深入反思案家的處境及自身的定位，以找出更適合案家及自己的評估處遇方案。

　　也就是說，活動固然可以模仿，然而，從活動中去理解背後的精神與使用時機，並以此發展出「評估是否適合」案家及自己的「後設認知及反

思批判」，對我而言，更為重要。雖然此部分並未在書中有充分的討論，但我相信在未來的某一天，會有更多治療師發展出個人的諮商理論與後設的思維決策能力。期盼！

在翻譯的過程中，除了上述的反思，尚有兩部分令我思索著，在此與大家分享，第一，這些來自西方的活動，總蘊含著很多他們節慶與恩典的文化，其設計不一定適合於東方社會，要如何改編成適合我們文化的活動及操作方式，是值得進一步思索的；第二，我們常說問題症狀呈現於孩子，然而，解決之道或癥結所在，真的只有孩子嗎？看見西方活動裡常邀請家長一同加入遊戲中，我便想起自己接觸的案家裡，有時，父母的親職教育與內心糾結的鬆綁，更是需要被重視與看待的。或許在家族治療中，如何協助「共同個案」的「家長」長大，一起離開受傷的內在小孩，也是未來另一個努力的方向。

每位孩子，受傷了，從家逃離，卻也在治療師的陪伴與見證下，回家，讓家重新成為心底的避風港。如何建構一個安全的家，需要身為治療師的你我，邀請家，一同合作。祝福每個家所有受傷的大人及小孩，都好。

曾威豪

「Birds fly, fish swim, and children play.」國際遊戲治療大師 Garry Landreth 曾這麼說。

鳥兒飛、魚兒游、孩子遊戲，是多麼自然不過的事情呀！每個孩子都本能地將創意及遊戲的能力展現在生活中：從廚房找來幾個鍋碗瓢盆，用想像力煮出一桌豐盛好菜；排幾個小板凳，就在客廳裡準備搭上即將遠行的火車。想想，我們不都曾經是那個天生就會用「創意」來「玩」的孩子嗎？

每每坐在桌前敲打著鍵盤、翻譯此書時，我就好像隨著這本書中所有

經驗豐富又極具創意的治療師一起與家庭工作，更常因為治療師的創意而感到驚訝不已，原來看似平凡的遊戲，卻能在會談過程中喚醒成人內在「玩」的能力，也讓孩子更願意、更自在地投入家庭會談。在翻譯過程中，每月都有一次翻譯小組的聚會，在這些聚會中我們不僅針對書中的方案討論，也以華人本土的文化架構來探討這些遊戲。筆者發現有別於西方語言的使用，華人其實更常用一些看似簡單的詞彙來表達很深層的內在自我，而且是不著痕跡的，在家庭互動中更是如此！若治療師能以本書所提供的引導問題為基礎，進一步抽絲剝繭，將家庭的互動模式、語言表達反映給來談家庭，必定會讓家庭有很不一樣的發現。因此，身處華人社會的我們，要如何運用這些遊戲，讓它們更貼近也更能幫助東方文化下的家庭與孩子，就是在實務操作時需要好好思考的功課了！

　　有別於日常生活中的互動，**透過這些家族治療遊戲，不論是西方或東方社會，成人與孩子有了更深的連結，他們開始用共通語言——「玩」——來互動了。**遊戲不像傳統談話治療那麼直接，但卻是所有人的共通語言，並且是如此地有力量。因此，治療師可以視每個家庭的會談目標、風格特質與步調，從本書的不同章節中選取適合的遊戲來運用，也可以隨工作情形加以變化。遊戲的每一個環節都能為家庭引出不同的討論問題，讓家庭成員看見自己與他人在家庭中的樣貌，也看見整個家的面貌。逐漸地，家庭成員開始能彼此理解與接納。我相信，除了達成家庭會談目標之外，更重要的是，全家人一起遊戲的過程修復了家庭的關係，讓所有家人能再次與彼此連結，甚至更靠近。

　　「玩」就在我們的日常生活中，而我們的內心也都有著「玩」的能力。邀請你，透過這本充滿創意的家族治療技術「百科全書」，與家庭一起找回「玩」的能力，用「玩」來和彼此有更深的連結吧！

柯政華

　　家族治療替心理治療開啟了另一個視野，從線性因果觀轉移至循環因果觀，注重家庭成員當事人的行為、互動模式，而非僅僅觀察個人的內在動機；家庭系統往往是每個當事人學習與他人互動的根源，並將其互動模式帶入其他系統。

　　在台灣，家族治療的顯學莫過於 Satir 的人性效能歷程模式（Human Validation Process Model）以及 Minuchin 的結構家族治療，然而，國內所翻譯的家族治療相關書籍中的案例，往往會預設家族成員為青少年或是成人，卻沒提到如何與兒童工作的技術或方法；但家庭的兒童也是家庭成員之一，也是家庭系統的一部分。在臨床工作場合中，通常父母會來尋求家族治療，往往是家中兒童出現了失功能的行為與狀況，倘若家族治療師無法與家庭中的兒童工作，就很難讓家庭的系統恢復平衡。而此書提供了許多方法，讓家族治療實務工作者透過多媒材的方式（如繪圖、沙遊、玩偶……）和家庭成員工作（包括兒童）。

　　此書將家族治療歷程分為三階段──評估、處遇、結束，並且在每個方案皆有治療目標、使用的媒材、依序的步驟以及技術，提供實務工作者參考。實務工作者無須拘泥於書中每個方案裡的每個步驟，而是依照每個家庭的狀況，去挑選適合的方案與活動，並融合自己的治療風格、學派和處遇技術，為每個家庭設計適合他們的活動。譯者在每月與翻譯小組討論的過程中，發現有許多方案是跟美國文化有關，例如橄欖球競賽、幸運餅乾（fortune cookie），這些活動是生活在美國的家庭才熟悉的運動、習俗，若台灣的實務工作者照本宣科地不加以修改，或許會讓台灣家庭對類似這種方案感到有所隔閡，而無法投入活動當中。因此實務工作者可以發揮創意，將此書的活動方案加以修改，著重實踐此書的精神：創意式的家族治療。最後希望此書可以幫助實務工作者更有效能地和家庭工作。

邱俊育

前言

為什麼要和家庭中的孩子工作呢？畢竟，他們幾乎無法和你進行成人式的對談。孩子逃避直接回答問題，他們會閃躲、陷入沉默且說一些裝傻的話。他們時常不了解治療師正在處理什麼問題，或者，他們假裝不懂。此外，還有孩子易受傷性（vulnerability）的問題。雖然他們一直與父母同住，更因為父母的爭吵與挫敗而受創和受限，但很多治療師仍擔心在與成人的共同會談中，孩子仍會因為家長的悲痛、憤怒或沮喪等高強度情緒表現而感到更痛苦。畢竟，家長可能會做出如此定論：治療師都在眼前了，何不乾脆宣洩個痛快呢？我們可能也會顧慮孩子因為他們混亂的父母感到更失望，而變得比原先更沒有安全感。接著，治療師也同時關心在和這些難搞的小傢伙互動時，應該做些什麼，又該如何做。

這些都是值得我們審慎思考的問題。儘管如此，還是有很多難以拒絕的原因值得治療師將孩子帶進家庭會談中。其中最有力的理由是孩童和青少年是家庭的情緒中心。如果家庭具有溫和、柔軟的特質，通常孩子也會相對地富有情緒感受性和表達能力。原先彼此仇視的家長可能會流下眼淚——或至少是變得較為溫和——當他們開始看見孩子有多愛父母、這些孩子有多麼珍貴，以及孩子有多在意父母。因此孩子就是家庭中脆弱之處——容易受傷，但在脆弱中又蘊含極大的力量。

當協助孩子公開表達，即使是透過間接的遊戲方式，孩子通常都是很誠實的，尤其是青少年。我想起曾經有一個家庭，在父母歡樂表現的掩飾下，我耐心等待了非常長的時間。接著，在漫長、令人氣餒的沉默中，家中的青少女開口說：「這個家的問題就是沒有人要說實話。」於是，治療終於開始了。

孩子是瀕於險境的。家庭狀況對他們而言是生死攸關的事——他們的家長可能會放棄、離開彼此，但不論孩子是否還擁有其他可能的保護因子

及撫慰，父母通常還是他們的主要依賴對象。親戚長輩、祖父母、繼父母或甚至是養父母及治療師可以幫助孩子，但孩子的生命中卻沒有任何事物能取代父母的角色。孩子的個別治療，對孩子本身及對家長的親職功能也都是微不足道的替代品。

孩子對他們的父母及家庭出乎意料地忠誠。孩子經歷過父母離婚、虐待及忽略，仍維持他們對父母的堅定。即便當他們因為父母感到困窘或甚至感到丟臉，孩子仍決定愛他們。

孩子也是勇敢的。早期為了保護父母免於面對婚姻衝突的挑戰，孩子會熱切地自願成為代罪羔羊；由於婚姻判決的關係，他們可能必須承擔選擇的責任；孩子也可能會為了要拯救脆弱的父親或母親而變得勇敢。我記得有位女士曾敘述自己像個孩子一樣每天回家，並陪著她憂鬱的父親看電視——只因為她明白他需要她。後來我再見到她時，她嫁給了一位她所照顧的憂鬱男人。我也記得有一位青少年直截了當地說：「我偷車是為了停止爸媽的爭吵。」

再者，孩子是易受傷的。每一天，孩子為了父母，有時也為了手足，以很多種方式受苦。如果我們可以和整個家庭工作、讓家人聚在一起並幫助他們揭露複雜的問題與混亂的模式，我們就可以透過協助父母改變自己的行為，進而扭轉孩子的生命歷程。這或許是我們工作中最重要的部分。

但我們要怎麼做？當我們與家長同在治療室時，我們要如何有效率地與正**處在**家庭中的孩子工作呢？事實上，有很多治療師在自己的原生家庭中是**親職化**的孩子。我們學會以理性、言語克服我們的家庭麻煩，因為這些事需要我們這麼做。事實上，我們可能會有點怕小孩；我們試圖不再當孩子，而且我們並不確定是否要再度退化到那個階段——即使我們知道孩子是多脆弱、多有力量的。我們了解和整個家庭工作的箇中之道；但我們該如何因應自己的焦慮呢？

針對與家族治療中的孩子工作，本書是一本提供有益想法的百科全書（想想**維基百科**）。本書由喜歡兒童、技巧鮮明且深具感染力之治療師們編輯著作而成。作者們協助我們看見在與孩子愉快地工作之餘，也能夠幫

助他們的家庭。我們甚至開始猜想，用這種方式和家庭工作，讓孩童積極參與治療過程，可以幫助我們從成人觀點僵化的過度認同重新恢復——就好像觀點真的可以劃分為成人與孩童。但在最深處，我們都是孩子。

　　儘管本書被歸類為與家庭工作的百科全書，但更準確地說，本書是**結構性介入**（structured interventions）的合輯。治療師向家庭介紹一個活動，通常會稱之為「遊戲」或「計畫」，然後協助家庭「做」這項活動。治療師具有靈巧的能力，並且是被鼓勵展現幽默感與創造力的。以「用小物件表現家庭圖」活動（參見第 40 頁）為例，透過用小物件來表徵三代家庭關係，也可以在海報板上繪畫或是以沙盤來創作。我們都曉得讓成人做家庭圖會如何激發治療；當計畫中有孩童參與時，等於是加入一項無法預測的因子，也更能誠實地反映出治療的情形。「家庭時間軸」（參見第 54 頁）則是另一項可能更為活潑的、合作性的，也更具揭露性的處遇。

　　個人對結構性介入的見解是，在我的博士論文中，我透過四對年輕伴侶及他們的家長來做研究。我對所有伴侶進行同樣的結構性訪談，訪談中包含了我認為已婚伴侶需要面臨的議題；我也將討論內容錄音下來（你可以想像因此製造出了堆得像山一樣高的資料；我最終只將討論焦點放在兩對伴侶與他們的父母上）。據我了解，每對伴侶，甚至是他們的父母，都很順利地進行訪談。大部分的伴侶都自發地形容他們的對談是「療癒的」。「這些會談幫助了我們。」他們這麼說。這為我上了一課，提供有效的刺激及安全的環境，這些伴侶就會利用這個機會創造他們自己的收穫。他們在治療中採取主動，也從治療師提供的環境中獲得益處。當同樣為有孩子的家庭提供有效的互動工具時，顯然會發生同樣的情形——他們利用這個機會「工作」，即使活動看起來是在進行遊戲。

　　本書分為三個部分：評估、處遇與結束。然而，評估顯然也是種處遇——家庭通常無法等待診斷；他們認為必須要開始處理問題。而有人會納悶，在治療過程中發生了那麼多有趣的事情，治療師又如何能走到結束階段。

　　本書以出色的「理論概述」為開頭，對與在家庭中的孩子工作而言，

也可以作為「參與手冊」。此章說明了本書的理論及基本原理，並且包含了一般策略，例如：破壞性行為、反移情議題、個案抗拒，以及無動機個案；一般化、重新架構、面質的方式；同步議題、辨認優勢及提供心理教育資訊。

以活動百科全書而言，本書的活動完美地呈現了多樣與創意的樣貌。在評估階段，有「家庭優點與需求遊戲」、「我的家庭動物農場」、「我的沙中世界」、「家庭生活尋寶遊戲」、「影像記錄團隊」等等。

在處遇階段會鼓勵家庭成員將自己展現在彼此面前、與彼此連結，且互相合作，這自然就是本書的核心。舉例來說，在「情緒的身體雕塑」中會由一位家庭成員（通常是由小孩開始）從容器中抽出一個情緒字詞；接著這個孩子會邀請另一位家庭成員（通常是其中一位家長），在得到家長的同意後，孩子根據他對家長的某些記憶，協助家長擺出一個可以反映出該情緒的姿勢。孩子幫助家長雕塑過去，舉例來說，失望或驕傲。治療師會帶領討論並且試圖鼓勵不同世代間的相互理解與同理。

其他在這個階段的活動包含：「手足競爭」、「皇室家庭」、「手偶劇」、「情緒捉迷藏」、「為所欲為王國」、「撕吧！」等等。

在最後的結束階段也會有一些很棒的活動，能幫助家庭度過他們治療的最後階段。

在閱讀這本書時，我有時會因為過去的實務經驗太過於成人取向而感覺有些糟糕。如果再從頭來過一遍，我至少會花一年時間到一年級或二年級的班級做志工，這樣我可以學習更多關於孩子的事，也會對於跟他們相處和工作感到更自在。我會閱讀這本書並學習這些方法，也會確定我的辦公室裡有這些必備素材；我一定會買一個沙盤，我會試著不要用「教案」跟家庭工作，而是在我提出的活動中，讓我的直覺帶領我。我會加入自己的創新和變化。我會選擇我喜歡的活動。我會讓我的工作更像是在玩，而且讓我的幽默感保持活躍。我會玩得更開心，我的案主也將是如此。

Augustus Y. Napier, PhD

主編者序

　　本書的目標是為那些有兒童加入的各個家族治療階段提供重要依據，並且呈現在這些階段中的參與評估技術和處遇技術。在我邀請家族治療師提供他們最喜歡、最成功的處遇，讓其他人也能在臨床實務中使用後，這些創意的廣度讓我非常驚豔。不同理論取向、工作背景或是擅長於不同個案類型的家族治療師，都能在本書中找到相當有創意且實用的臨床處遇。

　　正文中的內容包含理論概述、成功工作的指導方針、針對挑戰情境的小提醒，以及不同的評估與處遇技術。

　　介入技術將分為三個部分。第一部分提供了讓治療師與家庭連結，並且參與及評估家庭的活動。第二部分呈現了促進治療議題修通的處遇技術。最後一個部分則是列舉出可以用在家族治療結束階段的處遇活動。每個階段提供了不同種類的活動，使治療師能夠選擇最符合他們案主特殊需求的處遇。

　　書中的每一種技術都列出特定的目標，也列出完成活動所需要的媒材。每個活動都包含了詳細的說明，以及對應用與歷程的進一步澄清。

　　使用本書的操作者須是受過兒童中心家族治療專業訓練的人員。與家庭工作時必須要確立溫暖及照護的關係，且活動必須依臨床原則使用。

　　我期盼本書的讀者對於在家族治療中使用遊戲與藝術活動的價值有更深的了解，並且找到有助於他們臨床工作的創意工具。

Liana Lowenstein

　　首先，也是最重要的，我要感謝為本書慷慨地提供創意式技術的作者們，沒有他們，就不可能有這本書。特別要感謝最先為這本書提供概念的 Trudy Post Sprunk，在本書撰寫的過程中，他提供很多完美的技術並給予寶貴的支持與指導。我也非常感謝 Augustus Napier 的重要貢獻，以及 Terry Trepper、Greg Moffatt、Charles Schaefer 及 Chip Chimera 對本書的支持。

　　我由衷地感謝 Katherine Hertlein 及 Susan Kelsey 校閱原稿及對內文與活動提供非常有益的背景知識。感謝 Beth McAuley 及 Patricia Kot 協助編輯、感謝 Hignell Book Printing 的 Kim Bracic 及 Dave Friesen 對印刷的相助、感謝 Karrie Ross 為本書（原文版）設計封面。感謝我的家人、朋友及同事一路上的支持與鼓勵，我尤其感激 Steven 及 Jaime 無條件的愛，並為我的生命帶來喜悅。

理論概述

　　使用本書的臨床實務者應受過遊戲與藝術治療特殊議題的訓練，也必須接受過家庭系統理論的訓練。以下為理論與實務的重點指導說明。本書並不包含詳細的理論說明，因此我們也鼓勵讀者可以進一步閱讀專業教科書並接受進階的訓練。我們推薦的閱讀書目可以參考書末的「參考文獻及推薦書單」，本書最後也列出提供相關訓練的專業團體名單。

與家庭成員工作之理論

　　許多治療師基於種種原因，並不會將孩童納入工作中。Taibbi（2007）說明，「有些臨床實務者對於在家族治療中加入孩子這件事感到尷尬。兩種文化、兩個不同世界——孩子與成人，兩者都需要被探索與了解，但卻是很困難的。家長會感到在孩子面前的發言必須小心翼翼；而孩子，尤其是年幼的孩子，時常因為治療室、被問問題及那些他們不了解的嚴肅對話而感到害怕。」家族治療師可能會將孩童排除在工作之外，因為他們對於和孩子一起工作感到不自在，或他們覺得在與孩子工作方面受的訓練不夠多。

　　然而，家庭系統觀點主張，在家庭脈絡下與個人工作是最有效率的方法。事實上，Henggeler 等人（1998）提出：「對兒童及青少年的處遇，最重要且唯一的要點，往往指向家庭議題。」Napier 與 Whitaker（1978）在他們開創性的書籍《熱鍋上的家庭：一個家庭治療的心路歷程》（*The Family Crucible*）中寫道：「直接和影響個人的所有力量工作，是一個合理合邏輯的方式，而且也很難否認它的效果。」Ackerman（1970）也說明：「若在極具意義的世代交流中排除了兒童的參與，便不是家族治療了。」讓家中

所有孩子參與家族治療，可使治療師對動力、互動模式和規則有更精準的評估。比起只找出代罪羔羊（identified patient, I.P.），讓所有孩子參與治療過程是更好的，「將焦點從I.P.身上轉移，並且強調這個問題是一個家庭問題，是互動關係的產物，並不是I.P.的過錯」（Taibbi, 2007）。此外，兒童也會對家庭問題與解決方法提供自己的新見解。

Moffatt（2004）寫道，「在我多年的諮商經驗中，毫無例外地，我的每一位個案都會在過程中花時間跟我談他們童年的議題，年約四十到五十歲的案主為他們兒時發生的事情流淚。這些議題的成因，經常是因為他們的家長曾經做了某些事或沒做過某些事。」家族治療在案主年幼時就提供療癒的機會，而不是等到四十年之後。

父母在治療的系統觀上可能都需要被教育。用掛在天花板的吊飾（譯按：像是掛在嬰兒床上的活動懸空吊飾）來比喻：「當一個部分被移動時，其他部分都會受到牽引。同樣的事發生在家庭裡：一個人有了一個會影響其他家庭成員的問題，而為了要更精確地判斷問題是如何影響每個人，所有人都應該涉入其中」（Sori, 2006）。倘若家長了解這原理及好處，他們會更能接受將孩子一起帶到家族治療中。

● 家族治療中使用創意式治療

本書所呈現的技術綜合了多種創意治療取向，包含遊戲、沙盤、藝術、心理劇及照片治療。上述取向分別定義如下：

遊戲治療 是指系統地使用理論模型以建立人際歷程，其中透過受過訓練的遊戲治療師使用遊戲的治療力量，幫助個案預防或解決社會心理困擾，並且達到最佳的成長及發展（Association for Play Therapy, 2010）。

沙盤治療 是一表達性及投射性方法的心理治療，包含透過運用特定沙盤物件作為非語言的溝通工具，來表露及處理自我內在與人際議題，會由個案主導及由受過訓練的治療師進行催化（Homeyer & Sweeney, 2010）。

藝術治療 運用藝術創作的創造過程以增進及提高各年齡層的個人之

生理、心理、情緒健康。藝術治療的基本信念為，創造過程涉及了藝術性的自我表達，能幫助人們解決衝突及問題、發展人際技巧、管理行為、減輕壓力、提高自尊與自我覺察，以及達到洞察（American Art Therapy Association, 2010）。

心理劇　利用指導性的戲劇動作來檢視個人產生的問題或議題。透過體驗性方法、社會計量、角色理論及團體動力，促進洞察、個人成長及認知、情緒與行為層面的整合。心理劇可澄清議題、增進生理與情緒健康、加強學習並且發展出新的技巧（British Psychodrama Association, 2010）。

照片治療技術　使用人們的個人快照、家庭相簿及被其他人拍攝的照片（及因為這些照片所引發的感受、想法及回憶），以單獨使用語言所無法達到的方式，作為治療或諮商過程中深入覺察及增進溝通的催化劑（Weiser, 1999）。

　　上述的每一種形式基於不同應用、操作者、案主、設定及目的，都有其獨特治療目標。遊戲及藝術治療與傳統「談話治療」不同之處在於，這兩種治療都直接且用身體接觸情緒、將創造的能量作為療癒的力量，並且有創造力地賦予案主表達其問題及衝突的能力（Malchiodi, 2005）。在家庭脈絡中，使用藝術及遊戲治療與兒童工作有些吸引人的有趣理由。表達式治療「比起較傳統的談話治療，顯著地促進並加深心理治療的過程，使得人們能夠更直接也更即時地參與」（Zwerling, 1979）。此外，儘管談話是治療與諮商的傳統溝通模式，表達式治療的實務者體認到「人們也會有不同的表達方式——某人可能是比較視覺型的，而另一個人則是更觸覺型的等等。當治療師能夠在與個案工作時涵蓋這些不同的表達能力，會更徹底地增強每一個人有效、真實地表達的能力」（Malchiodi, 2005）。

　　家族遊戲治療的先驅之一 Eliana Gil 強調，遊戲「能夠透過一個共通、愉快的任務將人們連結在一起，自然地解除壓抑並帶來樂趣」（1994）。相同地，Bailey 與 Sori（2000）恰當地描述，「家族遊戲治療將治療從成人所熟悉的理智的、大腦的、理論性的世界，帶到一個兒童熟悉的想像的、自發的、隱喻及創意的世界。」家族遊戲治療「存在於認知與情緒間的模

糊地帶，一個讓人不會警覺到需要抗拒的地方」（Ariel, 2005）。

Harvey 的遊戲治療取向結合了遊戲、藝術、動作、影片及戲劇。透過表達式遊戲活動辨識出家庭互動模式、主題及隱喻。治療性遊戲及藝術活動促進家庭關係，並協助家庭在更深層、更具意義的層面重新連結。Harvey 強調「家庭是很有創造能力的，他們用與生俱來的方式處理他們的衝突，而且他們能、也確實在日復一日的生活中用『玩』解決問題，及消除他們最基本的情緒衝突。當令他們不適的情緒過高時，家庭會失去他們的機智，而且他們日常的遊戲交流也會受到負面影響……遊戲治療可以協助家庭發展出處理此類問題的能力，並且解決他們特別關心的問題」（2009）。遊戲和藝術治療同時也幫助家庭探索治療中的動力及家中互動兩者間的平行歷程，如此能達到更深的洞察，並且，最終將達到家庭中的正向改變。

敘事治療師 Freeman、Epston 與 Lobovits（1997）使用遊戲取向，來「將兒童視為問題焦點轉移至兒童—問題關係，並且用一種對成人來說是有意義、能引起好奇的，而對兒童又不是太過嚴厲強硬或無聊的方式。」

藝術治療對家庭而言同樣是一種有效的技術，因為「藝術治療繞過那些可能已經被家庭巧妙解釋過的潛意識壓抑。一個不曉得應該如何表達感受的家庭，可能會在一個繪畫或著色活動後找到方法」（Klorer, 2006）。當家庭成員參與一個以藝術或遊戲為基礎的治療性活動時，不同於他們在傳統家庭談話治療中可能感覺到的不適，他們會時常表達想法及感受。以藝術及遊戲為基礎的活動可以開啟更深層的溝通。

在 *A Violent Heart* 一書中，Moffatt（2002）分享：「幾年前我為我的諮商學生做示範。我給每位學生一些培樂土、樂高積木，還有其他的蠟筆和紙張。我指示他們在我所提供的媒材中用自己想要的材料創造任何東西，然後，基於他們的創作所傳遞給我的訊息，我能了解每一位學生一些關於他們自己的事。」我們家族治療師也可以為個案提供這樣的材料。以藝術及遊戲為基礎的家族治療，能夠有效地用來幫助案主創作及表達他們的內在世界，並且協助他們獲得覺察。

加入家庭

在治療的初始階段，家族治療師**加入家庭**（*joins* with the family）。**加入**指的是家庭能夠感覺到與治療師的連結，這樣的情形通常會在他們感覺被治療師理解、尊重及關心時形成。Patterson 等人（2009）強調，「加入的重要性不可被低估：它建構了未來工作的基礎。不能成功地加入個案，會阻礙你從評估到治療的所有努力。舉例來說，如果你沒有和個案建立安全及安心的關係，他們可能會不太容易分享比較敏感的訊息。同樣地，如果你沒有和他們建立堅固的關係，他們可能會變得高度抗拒或是對建議有所防衛。最後，不能成功地加入可能會導致治療過於草率地結束。」

在開始時期加入家庭是治療成功與否的關鍵。Napier 與 Whitaker（1978）說明，「治療師必須要堅持他的專業技巧，以避免自身陷入家庭系統中……他必須要堅持擔任**家庭的**治療者，並且在此運用身為一個專業旁觀者角色的力量。」

加入的一個重要元素為，對於家庭文化的差異要有敏感度。家庭的種族、族群、宗教信仰及文化背景都影響著他們的家庭結構、角色、決策與價值。在建立關係之際，尊重不同文化背景是相當重要的。治療師需要對自己的偏見、不熟悉的領域進行自我評估，並且尋求多元文化能力的培訓。再者，「治療師對行為的原由要先行了解，小心別貼標籤或逕自推論行為。如此一來，治療師便能更真誠地與家庭接觸，進而更加敏感及覺察」（Hoshino, 2003）。Bitter（2009）說明，「在我們得知其他家庭的豐富性及多樣性前，必須先了解我們自己的傳統。不論我們身處主流文化，或位居單一或多個邊緣文化，我們的價值觀及家庭都是由形塑這些意義的方式組織而成。」

研究指出，在治療中與治療師的正向情感連結，是家庭留在治療裡最重要的支持（Hubble et al., 2000）。其他的研究（Friedlander et al., 2006）建議，治療師的特定行為會更加催化正向情感連結，其中包含仔細傾聽每一

位家庭成員、說明家族治療的內涵,以及留意每個人的觀點。

家族治療師的角色

在家庭系統中,治療師扮演了影響改變的樞紐。Colapinto(1991)形容,在不同治療階段,家族治療師扮演了不同角色,包含製作人、導演、主演及旁白。以製作人身分而言,治療師創造環境以便構成治療系統;以導演而言,治療師挑戰現存結構,並將家庭推向更有功能的模式;以主演而言,治療師扮演了家庭的額外成員,動搖目前的家庭系統;以旁白而言,治療師評論觀察到的互動,詢問每個人對其他家庭成員的行為的歸因,以幫助他們發展出新的意義。在扮演這些角色時,治療師須保有這些特質:帶有尊重的好奇心、幫助家庭改變的承諾、著眼具體行為矯正多於談論情緒感受、根據蒐集到的資訊隨時準備調整理論與假設,以及有能力同時維持治療目標,也增加治療的強度。

家庭生命週期

為了要能夠最有效地幫助孩童與他們的家庭,治療師必須了解家庭的發展階段及各階段的任務。關於更詳盡的家庭生命週期模型一覽,讀者可以查閱 Carter 與 McGoldrick(1999)的著作。

家庭的發展過程可以被形容為「在穩定與改變的動力之間擺盪。轉變期不包含家庭與其成員的一連串次要行為調整,而是指家庭習慣及適應一個新環境」(Rivett & Street, 2009)。舉例來說,當一對伴侶擁有他們第一個孩子時,家庭需要適應非常多的改變,包含依賴的模式、伴侶能獨處的時間、家事分配、經濟狀況及家中可能增加其他照顧者。

在家庭中典型的轉變包含「共同建立一個家庭、新生兒的誕生、孩子開始上學及離家、退休及伴侶的離世」(Rivett & Street, 2009)。家庭可能會遇到獨特的轉變事件,例如:離婚、重要的升遷、寄養兒童的安置、慢

性疾病、家庭成員早逝,或再婚。所有家庭都必須要適應重大轉變,但是過多的轉變可能會令家庭感到壓迫。無法處理轉變危機時,家庭可能會尋求治療。當協助家庭處理充滿壓力的生活轉變時,治療師必須「要考量改變所需的彈性與適應,但也必須考慮家庭維持穩定的能力。重要的是治療師聚焦於處理改變,同時也看到維持事物原貌的價值」(Rivett & Street, 2009)。

重要的家族治療技巧

家族治療師採用了非常多的核心技巧與案家工作。下列為所有治療師在家族治療中會使用的基本技巧之簡述摘要。依據治療師的不同理論取向與工作風格,也會使用其他額外的技術。

場面構成(Structuring)

治療師的角色必須要帶領著家庭,並且提供架構。場面構成包含了設定時間、地點,以及布置可以讓個案安心談論他們的議題與擔心的環境、開始討論治療中的規範、如何處理在治療中出現的衝突、為治療選擇最適當的處理,以及定期檢視治療目標。

同理(Empathizing)

治療師必須了解與同理家庭中的每一位成員。Rivett 與 Street(2009)明確地抓到了同理的精髓:「同理是使個人真誠及全然投入於治療的關鍵。治療師的同理反應鼓勵了家庭成員表達長久感受到卻未被充分理解、只能偶爾發聲的個人經驗觀點,所以同理是理解的工具,藉由情感反映以及開放接納的傾聽而達成。」

反映(Reflecting)

治療師傾聽並簡短地反映家庭成員的敘說,讓每一位成員感覺到自己

是被聽見的。治療師的角色必須要在治療中創造一個開放的氛圍，並且確保每一位家庭成員有機會可以表達他們的想法、感受與需求。治療師向家長表示，孩子在治療中是被允許開放地表達想法與感受的，不用擔心會像在家裡一樣受到懲罰。

形成假說與方案規劃（Hypothesizing and Formulating）

在治療過程中，治療師針對家庭中所發生的事發展出一個假說或方案。形成假說程序的方式有非常多種。Rivett 與 Street（2009）將假說描繪為「一個理論，指出家庭模式如何造成讓家庭前來治療的問題，又是哪些模式／信念／行為讓問題持續到現在。」假說引導治療師在治療過程中所提問題與議題的類型。

跟循（Tracking）

在跟循的過程中，治療師專注地傾聽家庭的故事，並且謹慎地記錄事件與其先後順序。透過跟循，家族治療師能夠辨識一連串的事件如何在系統中形成現在的模樣。在 A 與 B 或 C 之間所發生的事情造成了 D，這樣的關係理解有助於介入處遇的設計。

自我揭露的使用（Using Self-Disclosure）

治療師必須確認治療的重點在於案主的議題上。然而，在某些時刻，治療師揭露個人訊息卻是適切的。治療師必須覺察自我揭露的理由為何，並且試著設想這對案主會有何影響。對案主有治療助益的訊息，才能夠自我揭露。影響治療師分享個人訊息的綜合因素有：個人風格、理論取向，以及案主考量。

使用問句（Using Questions）

將創意式活動融合至家族治療中，可以使治療變得豐富、有意義。無論如何，技術並不代表治療──它們僅僅是促進治療過程的工具罷了。治

療師將活動作為進一步討論與探索的跳板。活動中或活動後的提問，可以揭露臨床資訊、引導案主面對問題，並促進其覺察。治療師的探問，有助於呈現家庭相互連結的方式，又如何運作為一個系統。Patterson 等人（2009）列出了四種類型的問題：線性問句、循環問句、策略問句及反思問句。**線性問句**是調查性的、推論的，並包含內容的，且從這些問句中蒐集到的資訊能用來說明問題。**循環問句**是探究性的，且揭露關係中的模式。**策略問句**在本質上是挑戰性的，並創造新的可能性或正向地影響家庭系統。**反思問句**沒有特定的方向卻帶給家庭改變。在家族治療中，探問是一項重要技巧，恰當地使用能夠促進案主的改變及成長。

一般化（Normalizing）

案主時常感到自己是被孤立的、獨自一人的，不然就認為自己瘋了或不正常。將個案的經驗一般化是一項重要的治療技巧。要有效地發揮效果，治療師必須知道哪些行為、反應與經驗是在正常範圍內。一般化技巧協助個案舒緩對特定問題的焦慮感，並且為治療設定正向的氛圍。

重新架構（Reframing）

治療師把家庭用來描述問題的語言重新述說或重新建構，即為重新架構。有效的重新架構提供新的脈絡，賦予問題新意義（Rivett & Street, 2009）。治療師必須要有創意，才能重新詮釋治療中出現的症狀與行為。

面質（Confronting）

有時在治療過程中，治療師必須要面質個案。面質個案時，治療師要以謹慎並敏感的態度進行，並且是在恰當的時機。為了要促成家庭系統的改變，面質是必要的。

同步（Pacing）

同步意即會談中處理素材的快慢。治療師可以藉由「深入探索特定議

題、轉移焦點到另一個主題、增加討論的深度或廣度，或是探索和議題有關的情緒」（Patterson et al., 2009）影響同步。**鏡映**（mirroring）案主的行為包含了與案主的步調同步。**領導**（leading）則是指治療師引導個案到特定方向。治療的步調必須適當，若步調太慢，個案可能會認為治療沒有進展而感到挫折。另一方面，若治療師貿然地帶領個案到他／她尚未準備好的方向，可能就會引發負向的治療反應。催化治療速度的特定技術包含「詢問開放性問句、引導至特定方向、辨識治療中的歷程，以及聚焦在此時此刻」（Patterson et al., 2009）。

辨識並中斷負向互動模式（Identifying and Interrupting Negative Interactional Patterns）

在評估過程中可以觀察到家庭內的互動模式，在後續的治療階段，治療師會採用若干策略以中斷負向互動模式，而這些策略的風格及性質，將視治療師的理論模式而定。

提供心理教育資訊（Offering Psychoeducational Information）

在家族治療中，心理教育歷程為一重要因子。治療師從多方面評估家庭的技巧與知識，因此心理教育的角色變得非常清楚。治療師協助家庭獲得覺察、教導案主特定議題，以及促進技巧的建立。隨著家庭的學習與改變，他們逐漸進步，也會體驗到正向的結果。

辨認家庭的優勢（Identifying Family Strengths）

評估及治療階段必須將重點放在辨識及處理在家庭內所呈現的問題。然而，關注家庭的優勢也是同等重要，這技巧給予治療師與家庭「一個機會去發現或重新發現家庭裡每個人以及一整個家庭的正向特質」（Patterson et al., 2009）。

兒童中心家族治療中常見挑戰問題之處理

在家庭會談中與年幼孩童工作

在家族治療中最常見的挑戰之一，即是許多家族治療師對於與孩童工作是不安的。治療師可能對於將孩童納入家庭會談中感到焦慮，因為他們擔心孩童會是無法溝通或搗蛋的。在家庭會談中融入對孩子有吸引力且符合其發展階段的技術，可以協助他們投入並且預防搗亂的行為。

治療師可能感到自己沒有能力用符合孩童年紀的方式與之溝通，為此，相較於上對下的溝通，簡單的語言更有幫助。與年幼的孩童溝通時，使用簡短語句及具體措辭會更有效。利用與年齡相符的簡單道具來解釋詞彙也會是個好策略，舉例來說，將一張有不同情緒狀態（臉部表情）的海報貼在辦公室牆上，可作為會談中探討表達感受的參考。玩偶、娃娃或小雕像都可以是用來跟年幼孩童溝通的工具。

以藝術及遊戲為基礎的技術——結合治療師的創意及童心——是兒童中心家族治療中所需的關鍵元素。期望本書所呈現的技術，能作為家族治療師引導孩童與家庭投入參與的創意式工具。其他的技巧可以參考書末「參考文獻及推薦書單」中所列出的部分出版刊物。進一步的遊戲及藝術治療訓練可以參考本書最後所列出的組織。

在家庭會談中納入青少年

青少年在家族治療中時常表現得具有敵意及情緒化。Taffel（1991）建議避免詢問青少年他們對某件事的感覺如何，以及避免與其有直接眼神接觸。賦予青少年「觀察者」的角色也是一個能夠促使他們投入會談的方式。舉例而言，提供青少年紙和筆，請他／她寫下治療談話的過程中，他／她認為最重要的三件事。Berg 與 Steiner（2003）提供了另一項小技巧，治療師要避免教育、教導或給建議的誘惑，而是要以「你會這麼做，一定是有

個……的好理由」這樣的問句,來探索青少年的想法及信念。如此就可以開啟對話並有助於治療計畫。

使家庭投入遊戲及藝術活動

家長可能不易理解在家族治療會談中使用遊戲及藝術技術的原理及效果,他們可能將遊戲、畫畫、玩偶以及沙箱視為僅僅是孩子的娛樂。家長在參加遊戲性的家族治療時也可能覺得不自在、尷尬或愚蠢。在第一次家庭會談前,先與家長見面說明在家族治療中使用遊戲及藝術活動的價值,將會有助於他們接受這個取向。Wark(2003)為家長會談列出了以下說明:

1. 告知家長,遊戲及藝術活動是你個人家族治療取向的一部分。列舉出一些常運用於會談中的技術,例如:遊戲、繪畫、玩偶及沙盤。

2. 詢問家長對於此工作方法的反應。若家長表示對這取向有疑慮或是不自在,對他們的感受予以一般化處理。

3. 詢問父母他們對治療的想像及期待,例如:「你對家族治療的進行方式有什麼想法?你們認為可以怎麼協助孩子在治療中感到自在?你們覺得對孩子而言,直接並開放地談論他們的想法與感受是簡單或困難的?你們認為孩子能夠在整個會談中乖乖地坐著嗎?有什麼可以協助孩子投入會談?」

4. 說明家族治療中使用遊戲及藝術技術的一些好處:(1)孩子享受遊戲、繪畫、玩玩偶及玩沙,因此他們對遊戲取向會感到自在;(2)相較於傳統「談話治療」,孩子透過遊戲會更容易表達自己;(3)遊戲及藝術的動態本質容易吸引孩子的注意力,所以在治療中他們的注意力會比較高且持續較久;以及(4)研究顯示遊戲有助孩子發展認知、情感及感覺動作技巧(Singer, 1996)。

5. 向他們說明有很多家長在意識到遊戲早已是他們生活中的一部分前,時常對在家族治療中參與遊戲及藝術活動感到遲疑。這裡有一些例子,例如派對的遊戲、為化裝舞會打扮、後院運動等都是遊戲的形式。此外,許多家長在家中就已經會和孩子玩在一起,因此,對他

們來說，在治療中遊戲是很自然的事。

6. 向家長保證他們不會被強迫做任何感到不自在的事。

7. 提供家長紙本資料，簡述遊戲家族治療的益處。

當在家庭會談中引入遊戲及藝術處遇時，「絕對會成功的遊戲有助於開始；這些任務不但容易，而且不管怎樣都會有結果。此外，家庭成員是以團隊或兩人一組進行活動，他們對於自己的貢獻比較不會特別在意」（Revell, 1997）。

家庭成員能夠自在參與遊戲或藝術活動的前提是，他們必須曉得「眼前這位治療師對遊戲是很自在的」；治療師願意在遊戲裡積極示範、參與並鼓舞家庭成員（Revell, 1997）。若活動「符合家庭風格、價值及優勢」，家庭成員對於參與遊戲性處遇也會感到比較輕鬆容易（Wachtel,1994）。

處理抗拒

Anderson 與 Stewart（1983）將「抗拒」定義如下：「所有在治療系統中互相作用、妨礙治療系統達到家族治療目標的行為都是抗拒。治療系統係指所有家庭成員、治療師以及發生治療的背景脈絡，意即，治療發生之處。」家族治療中的抗拒特別明顯，來自於家人的批評反應或是拒絕參與都屬之。

家族治療師必須了解，所有案主對於改變都感到矛盾。因此，治療師不應將抗拒視為失敗，而是治療中可預見的一部分。然而，還是有一些方法可以處理抗拒。治療同盟的增強通常都能使抗拒的個案投入，另一項策略是進一步探索家庭對於問題的看法，並且協助他們設定有意義的治療目標。若家庭成員能夠參加治療議題的排定順序，他們比較容易接納治療。針對抗拒的進一步處理則是將焦點從問題轉移到其優勢上，如此會賦權家庭成員並且激起積極的討論。

有時案主，特別是孩童，會因為傳統「談話」治療感到無聊或威脅而產生抗拒。引人入勝的遊戲取向技術，例如本書所呈現的技術通常都會有鼓勵他們參與的作用。另一方面，家長可能對於遊戲或藝術活動感到勉強，

在鼓勵他們時就要謹慎小心。治療師可以提前與家長見面，並且說明透過遊戲及藝術活動，孩童能夠表達出許多那些無法直接說出口的情緒。

使無動機的案主參與

有些個案是因為法院強制規定而前來治療，也有些人是因為被家人強迫而來。不管是哪種狀況，這些個案都傾向在治療中表現出敵意並且缺乏動機。治療師必須花更多力氣與他們連結。要邀請有敵意或無動機的家庭成員參與，取得個案的信任與尊重是關鍵因素。

有些個案不認為治療會有效果，因而動機低落。創造希望的基礎將有助於建立動機。有些個案可能認為只有瘋子才需要治療而抗拒。若是這個情況，治療師必須要試著降低汙名化的狀況。Patterson 等人（2009）建議將治療比擬為訓練，因為即使是最厲害的運動員，例如奧林匹克運動會選手或職業選手，也會聘用教練。治療也很像是企業諮詢，個案就像是商務人士，聘請特殊專業的顧問來幫助他們。

處理會談中的衝突

對治療師而言，處理治療中的衝突並不罕見。治療師的個人風格在此具有影響力，可以採用一些一般性技巧。若治療師感到衝突可能會逐漸上升，甚至演變為暴力，較恰當的處理是結束該次治療，並分別與家庭成員會談。治療師可以和家庭建立「無暴力」合約。當有較年幼的孩童參與時，治療師可以融入有趣的活動以討論家中的安全，例如，案家可以畫一張「安全的家」，在這裡面沒有暴力，而且有恰當表達憤怒的規範可以遵循。或是，可以邀請家庭創作一齣手偶戲，先演出衝突的情境，接著再演示合適的問題解決方法。治療師也可以如此重新架構衝突：「**你們能夠表達自己是很好的，而且你們知道自己深愛對方，所以衝突並不會影響你們內心深處對彼此的感受。**」另一項策略則是使用正向的連結，例如「我知道你們之所以選擇表達憤怒，是因為你們有些事情想讓家人聽見：那可能會是什麼？」（Rivett & Street, 2009）。

處理孩童在會談中的脫序行為

處理家庭會談中的脫序行為是治療師所面臨最大的挑戰之一。不服從、偏差的或是具攻擊性的孩子，可能會引發治療師不悅的感受，如挫折、憤怒、覺得自己不夠好、擔心及害怕。

孩子脫序行為的成因有很多，而且在行為背後總是有其它訊息。通常，孩子的行為是在傳達一個未被滿足的需求，例如，被關心、被賦權、被滋養、被讚賞、被聽見、被尊重的需求等。治療師應該試圖解讀孩子行為背後的訊息，如此孩子的需求能夠被更好地滿足。

確認孩子是否被適當地納入會談中，通常可以避免脫序行為。同時，治療師應該在脫序行為變得嚴重前，跟孩子同步以便處理這樣的行為。另一個策略是，感謝孩子能在會談中表現他／她的困難，使得該行為能夠在此時此刻被處理。治療師也可以邀請家長展現他們在家是如何處理孩子的行為。如此一來，治療師有機會評估家長教養孩子的能力，同時可以給予家長回饋及引導。

治療師在家族治療會談開始時可以先承擔設限的責任，為照顧者示範技巧。但無論如何，設限的角色都應該隨著家長能力的進步，逐漸還給他們。當管教的主要責任落在家長身上時，將會鞏固他們在家庭階層中的位置。

在初始會談中討論規則也同樣能預防脫序行為，一定要制定安全規則。「跳過」（pass）的規則也應該在第一次會談就制定好，這樣家庭成員就不會感到有壓力。而跟保密有關的規則也必須加以討論。舉例來說，請家庭成員不要與其他人提及會談中發生的事。其他規則的制定可視治療師的風格及家庭的情況而定。家庭可以一起腦力激盪，並且把規則寫下來、貼到牆上。爾後當有任何不適當的行為在會談中出現時，治療師可以邀請家庭看一看寫了規則的紙張，確認哪一條規則被破壞了，並且討論在此時有什麼是需要改變的。當前來會談的家庭「持續彼此干擾且搶話時，可以規定只有拿著特定物品的人，例如球、玩偶或石頭，才能發言」（Revell,

1997）。如果家庭是失序的或暴躁的，則要花更多時間制定規則與設定界限。

有時孩子的衝動行為只是想要尋求關愛。如果治療師覺察到這樣的狀況，那麼讓家長對他們的孩子予以撫慰，將有助於和緩衝動行為。

轉移不實際目標

有時候家庭會對治療有不實際的過高期待或目標，例如，家長可能會表達出這樣的信念：孩子的問題行為會在治療後完全解除。在這種情況下，治療師必須確認案主的目標，並且將之重新架構，使其成為更為實際及可達到的目標。同樣地，家庭中每位成員所定義的目標可能不盡相同，此時，治療師需要有創意地將之重新架構為一個兼容並蓄的新目標，或讓家庭成員的目標有所連結。舉例來說，家長可能希望孩子有更好的行為表現，而孩子卻希望家長不要再對自己大吼大叫。治療時就應該將這些目標連結，指出家長與孩子雙方都共同期待彼此能夠有互相尊重的行為。

處理反移情

一旦反移情議題沒有被妥善地處理，可能會成為家庭會談中的難題。治療師可能自然而然地對孩子或其中一方的家長（或雙方）移情。或者，治療師避談困難的家庭議題或秘密，只因自己感到不自在。建議尋求適當的臨床督導及探索個人原生家庭來處理任何反移情議題（Carter & Orfanidis, 1978）。

● 家族治療中創意式活動之使用準則

選擇符合家庭需求之活動

本書有相當多技術可供選擇，而技術的選用必須考慮能否含括所有家庭成員、是否符合家庭中孩童的發展能力的程度。需要輪流的活動必須要

進行得一樣快，讓每一位家庭成員都有機會可以輪到（Lubimiv, 2009）。

技術的選擇也必須符合處遇的階段，要從參與及評估活動開始，接著是與治療目標連結的處遇技術。同步也是很重要的。在進行情緒強度較高的治療活動，或是需要家庭成員有更大的情緒冒險之前，家庭在治療中的參與程度及抗拒程度都必須納入考量。

治療師要盡可能有創意地調整活動，以達到家庭的不同需求。

會談前事先準備

任何評估或處遇活動開始之前，治療師必須先檢閱並蒐集所有活動中需要用到的媒材。若治療師有疑慮，可以在會談前與同儕預演及練習。然而，不管治療師為會談做了多萬全的準備，還是可能會發生意料之外的狀況。因此，治療師需要保持彈性，隨著家庭的需求調整方案。

考慮是否錄影

將會談錄下來，並且播放給家庭觀看是很有力量的介入處遇。重新播出影片可以幫助家庭對動力有所覺察，並了解他們應該如何改變。在治療的最後階段，播放家庭先前的某一次會談給他們看，也會是一種強調他們已經改變的好方法（Trepper, 2002）。

而對治療師來說，觀看家庭的會談錄影有助於個人的自主學習，也可以運用在臨床督導上。對於在錄影中應該檢視些什麼，請參考Bitter（2009）的研究。在會談中錄影，要特別注意須取得當事人同意、對內容保密並妥善保存錄影帶。

關注歷程

比起技術，治療師應該要將焦點放在歷程上，如此才不會忽略重要的家庭互動。要審慎、細膩地運用活動，將家庭的處遇目標牢記於心。

治療師必須考量到如何介紹、進行與結束每個活動。在介紹活動時，治療師必須要熱情生動、有活力地吸引家庭參與活動，並且概述活動的目

的，並且有清楚的指導語說明。隨著家庭準備就緒並變得更為投入，治療師就可以技巧性地探索及處理更深入的議題。治療師必須要協助家庭探索如何將會談中學到的技巧運用到家庭情境裡。

　　除了考量在特定會談中如何介紹、進行及結束活動之外，治療師也必須關心該活動在會談之外會對家庭造成什麼影響。雖然有些活動是為了要引出議題及感受而設計，但必須確保每一位家庭成員是在正向的狀態離開會談，且沒有人是冒著會被懲罰的風險，甚至是因為在會談中分享感受或揭露而受苦。

Section 1

參與及評估技術

參與及評估技術

　　當家庭選擇尋求專業協助時，他們通常有很強烈的情緒，包含：焦慮、絕望、尷尬、覺得自己不夠好、不知所措，或是不抱希望。每一個家庭成員對於開始接受處遇可能都抱持不同的態度，因此，在初始階段，治療師必須專注在使家庭放鬆、讚許家庭在此時求助、表達對每一位家庭成員的同理、評估每一位家庭成員對於尋求治療的原因及動機、闡明家庭的優勢，並提供問題解決的希望感。

　　建立關係、加入，或建立治療師與家庭間同盟關係的過程是很重要的。治療師必須展現真誠、耐心、尊重、支持與同理。在治療中，正向的治療關係是正向結果的關鍵（Shirk & Karver, 2003）。在家族治療中，發展正向關係及建立安全環境，將會引領家庭進入更深及更有意義的討論階段。

　　在初始階段，治療師形成一些假設，以便他／她在後續的會談中探索；評估活動及關鍵問句必須引出資訊，支持或推翻前述的假設。

　　一個系統性的評估極為關鍵，其提供治療師對家庭系統的運作方式有完整的了解，進而選用適合的處遇方式。一旦評估及回饋歷程有效完成，「會增強參與者及專業人員的評價，影響治療中的準確度及參與程度，進而影響改變的動機」（Stormshak & Dishion, 2002）。

　　在評估階段，治療師會觀察家庭的能力、凝聚力、親密度與控制。就能力來說，評估須聚焦在家庭完成任務時所展現的組織與管理能力，以及家庭解決問題與消除衝突的能力。同時治療師也需要評估家庭的溝通風格，包含家庭能否以尊重的態度開放、直接地溝通，並表達更多不同的情緒。

　　凝聚力指的是家庭成員與另一成員的情緒連結。意即家庭成員與另一成員在情感上連結的程度（Patterson et al., 2009）。

　　親密度是指家長依孩子發展階段，提供適當養育及照料的能力。其中

包含了家庭成員能否享受彼此的互動，以及家長提供孩子適當的慈愛及讚美。而親密也與家長能否關注孩子的情感需求有關。

在評估控制時，治療師應該探索家庭如何做決定、如何管理規範、對失序行為結果的處置是否恰當且一致，以及孩子在家中是否負起與其年齡相當的責任（Patterson et al., 2009）。

評估活動提供治療師一扇觀察家庭互動歷程及其內容的窗。歷程訊息與家庭如何互動、口語及非口語表達，以及每位成員不同風格的表達方法有關。內容訊息則關注那些被說出來的話語，包含透過隱喻所表達的象徵意義，也包含了家庭實際創造出的產物（Gil & Sobol, 2000; Sori, 2006）。

除了觀察在活動中逐漸形成的歷程及內涵之外，治療師也應該觀察非口語線索，例如，臉部表情、語調、活力、愉快程度及投入程度（Sori, 2006）。

一個全面的評估會讓治療師獲得更精準的家庭圖像，然而，僅是評估家庭還不夠；評估的價值在於如何運用，發展出引導治療方向的處遇計畫（Odell & Campbell, 1998）。評估是一個持續進行的歷程，並不會隨著前幾次會談的結束而結束。在整個處遇階段，家族治療師也要持續蒐集資料及觀察家庭系統的作用。

此部分呈現了各式各樣用來提升參與並評估家庭的遊戲及藝術技術。孩子通常對於參與遊戲及藝術活動感到自在。儘管如此，家長可能不像他們一樣自在。家族治療師可以自行決定如何呈現這些處遇，俾能合理且有效地幫助家長接受。

♥♥ 投籃球

Liana Lowenstein

♥ 目標

- 增進家庭成員間的開放溝通
- 發掘家庭生活的正向面及確認改變方向

♥ 媒材

- 籃球網及球框（或垃圾桶及紙團）
- 問題卡（如附件）
- 藍色與黃色的西卡紙或索引卡
- 自黏標籤
- 遮蔽膠帶（譯註：為美術用品，貼在不需上色的地方，如此想留白的地方就不會被上色）
- 獎品（選擇性）

♥ 事前準備

　　製作籃球問題卡，將附件中的快樂臉問題卡印在黃色的西卡紙上並裁切成卡片大小，或是把問題抄寫到黃色的索引卡上，在卡片另一面畫上笑臉。將附件中的難過臉問題卡印在藍色的西卡紙上並裁切成卡片，或是將問題抄寫到藍色索引卡上，並在卡片的另一面畫上哭臉。

　　擺放籃球網及球框。用遮蔽膠帶在適當距離處貼出一條「投籃」線。

　　將下列每一項工作分別抄到自黏標籤上：

　　警　官：確認每一位家庭成員都遵守好行為規則，例如當別人說話時要專心聽。

主持人：當家庭成員在會談中出現不恰當行為時，主持人帶領成員討論
　　　　怎樣才是好的行為。

啦啦隊：為正在投籃的家庭成員加油打氣。

朗讀者：將問題大聲唸給球員聽。

總結者：概述在遊戲中從每位家庭成員身上得到的重要訊息。

活動說明

　　向家庭說明他們即將要玩一個特殊版的投籃遊戲，幫助他們討論快樂與難過的經驗。規則說明如下：

「家庭成員輪流投籃。如果投球者成功將球投進籃框，他／她要從『快樂臉』那一疊卡中選一張卡片；這些問題和快樂的經驗有關。如果投球者沒投進，他／她要從『難過臉』那一疊卡片中選一張卡片；這些問題和不愉快的經驗有關。遊戲會一直進行，直到所有的問題都答完，或是事先說好每位成員要輪流幾次。如果在遊戲結束前所有題目都已回答完畢，可以洗牌後重新使用。」

　　小禮物是遊戲的選項，可以自行決定是否在答題後給予。

　　在遊戲開始之前，分配給每位家庭成員一項工作職務（見上述工作清單）。請家庭成員將標籤貼在他們的衣服上，並且向他們說明指派給他們的工作內容。

　　在遊戲過程中，鼓勵家庭積極討論。偶爾暫停遊戲以擴展家庭成員透露的議題或感受。

　　遊戲結束後，透過下列的歷程問題以促進討論：

　　1.關於你的家庭，你知道了什麼新資訊？

　　2.最有趣或最令人驚訝的回應是什麼？

　　3.對於家庭成員的回應，請列舉出幾項你喜歡的。

討論

　　家庭內的封閉溝通經常是使家庭不能健康運作的主因。這個遊戲可增進

家庭成員間的開放溝通，尤其是在孩子需要協助才能向他們的父母或手足表達感受時。修改傳統的籃球遊戲可以吸引家庭並讓他們參與遊戲互動。問題可以視家庭需求修改，或者是「請家庭成員，包括孩子，製作幾張他們自己的卡片，列出他們認為其他家人或孩子會覺得有用或有趣的問題。這個卡片創作活動的本質是投射，並常讓治療師對孩子及家庭成員有進一步的覺察」（Gil, 1994）。

治療師可以透過這個遊戲評估家庭的關係及互動風格、彼此間喜歡嬉鬧或是生疏，以及成員呈現的角色。評估資訊是用來治療性地介入處理家庭所呈現的問題。

每一個成員會被分配到一個「工作」，例如警官或是啦啦隊。如此可以促使所有家庭成員參與並且維持他們對遊戲的興趣。工作可以是隨機分派，或是治療師刻意地分派。舉例來說，可以請反抗的孩子擔任警官，以促進恰當的行為表現。指派家長當啦啦隊，協助他們給予孩子正增強。

遊戲最後的歷程問題將會促進家庭成員間的討論並且促進覺察。

在活動中使用獎品是選擇性的（非強制），但對於「獲勝」的期待，有時在遊戲的過程中可能會降低抗拒及不合作，可轉化為促進參與並提升趣味的額外因素。

參考文獻

Gil, E. (1994). *Play in family therapy*. New York: Guilford.

Lowenstein, L. (1999). *Creative interventions for troubled children and youth*. Toronto, ON: Champion Press.

關於作者

Liana Lowenstein，具有 MSW、RSW、CPT-S 背景，為多倫多社會工作師及認證遊戲治療督導。她持續私人執業，提供臨床督導及心理健康專業人員之諮詢，並且在國際間教授兒童及遊戲治療課程。她發行了許多著作，包含 *Paper Dolls and Paper Airplanes: Therapeutic Exercises for Sexually Traumatized Children*、*Creative Interventions for Troubled Children and Youth*（《創意式遊戲治療：心理創傷兒童及青少年的輔導》，心理出版社）、*Creative Interventions for Bereaved Children* 及 *Creative Interventions for Children of Divorce*。

 **投籃球**：快樂臉問題卡

你最喜歡的餐點是什麼？	你喜歡做哪些好玩的事？	什麼時候是你生命中最快樂的時刻？
什麼是用錢買不到、卻能讓你快樂的東西？	說一說家裡的某人曾對你做過的好事。	說一說你曾和家人一起做過的好玩的事。
舉出一件你曾為家人做過的體貼或表現愛的事。	舉出家人以外你所關心的人。	在你的家庭中發生過最棒的事之一是什麼？
說一說你們家能夠解決問題的時刻。	說一個你喜歡的家庭節日或慶祝活動。	你期待未來一家人一起做些什麼事？

投籃球：難過臉問題卡

你最不喜歡的餐點是什麼？	你在家裡最不喜歡做的事是什麼？	說一個你生命中的傷心時刻。
你最大的煩惱之一是什麼？	說一說家裡的某人讓你生氣的時刻。	你會對一個在沮喪時仍然微笑的人說什麼？
你在家裡做的最討人厭的事是什麼？	你做了讓家人最生氣的事情是在什麼時候？	什麼事曾讓你的家庭感到傷心或辛苦？
說一說你的家庭正在經歷的問題。	你上一次哭是什麼時候？發生了什麼事讓你這麼傷心？	你想改變你家裡的什麼事？

沙灘球遊戲

Trudy Post Sprunk

目標

- 建立安全及開放的治療環境
- 辨識造成問題行為的家庭互動模式
- 增進家庭成員間的開放溝通

媒材

- 一顆有四到六種顏色的小海灘球
- 問題（如附件）

事前準備

安排一個可以丟擲海灘球而不會造成損壞的治療空間。

活動說明

邀請家庭成員（在椅子上或地上）坐成一圈。要求家庭成員坐著並輕輕地把球丟給另一位家庭成員。每一次接到球的家庭成員要注意自己的右手拇指在哪個顏色上面。將顏色告訴治療師後，治療師大聲唸出一個與該顏色相對應的開放性問題。治療師可以自由選擇要唸哪一個開放性問題或是要直接想出一個問題。

在該成員回答後，其他家庭成員可以分享想法與／或感受，或是補充其他訊息。接著再將球輕輕地丟給下一個人，依此循環繼續。

為幫助家庭進行歷程反思，可以問下列問題：

1. 對於家庭成員的回應，請列舉出幾項你喜歡的。

2. 如果你可以改變一個人的回應，你會把它變成怎樣？

3. 說些你對某個家庭成員的新發現。

4. 從遊戲中，你覺得對誰有比較多的了解？誰是你想多了解的？

♥ 討論

在治療中，丟海灘球的經驗創造出一個降低抗拒的遊戲性環境。當治療師唸出開放性問題，家庭成員的回應可作為揭露家庭困擾方面的一種評估工具。此外，從每一個人的反應中，可獲得更多的覺察。

在這個遊戲中，問題的順序與步調是重要的。治療師應該要先從中性問題開始，例如「我的家庭喜歡……」，接著可以問感受問題，例如「我喜歡……的方式」。當家庭開始感覺到更放鬆，可以提出更多的冒險問題，例如「當我的家庭……我覺得不好受」。由於這是一個參與活動，治療師應該隨著問題對家庭的威脅感高低而予以調整。最後，以正向調性的問題，如「在家裡，我真的喜歡……」來結束遊戲。

關於作者

Trudy Post Sprunk，具有 LMFT-S、LPC-S、RPT-S、CPT-S 背景，是一位自 1971 年即開始從事心理治療的註冊婚姻家族治療師及督導。曾在國際性、全國性及地方性會議發表，並且曾接受廣播與電視節目專訪。她也同時是一位認證的 EMDR（眼動減敏）專家及註冊遊戲治療督導，過去曾任遊戲治療學會理事長，現為喬治亞州遊戲治療學會理事長及共同創辦人。

 附件　　　沙灘球遊戲：問題

紅色
- 我的家庭喜歡……
- 當我……，我的家庭會為我感到驕傲
- 當我的家庭……我覺得不好受
- 我會讓家裡的某些人讓我有……的感覺
- 我希望我的家庭……

橘色
- 關於我的家庭，我最快樂的回憶是……
- 我需要……
- 當……的時候，我會覺得很受傷
- 我不想要……
- 我被期待要……

黃色
- 當……我的家庭會發生有趣的事
- 當……我家裡的某個人會生氣
- 我感到失望的時候是……
- 我覺得很討厭的時候是……
- 當一個人難過時，他／她應該……

藍色
- 我熱愛給予……
- 一旦有人幫忙我，我會……
- 當某件事對我來說很難時，我……
- 我不喜歡……
- 我痛恨失去……

白色
- 我喜歡……的方式
- 我很感激我的家庭……
- 我很傷心的時候是……
- 我會生氣的時候是……
- 我跟媽媽喜歡……

綠色
- 我真的很愛……
- 我是那種會……的人
- 我爸爸覺得我……
- 如果有人愛你，他們會……
- 在家裡，我真的喜歡……

船、暴風雨、燈塔評估

Trudy Post Sprunk

目標

- 蒐集家庭的相關訊息,特別是和危機與救援有關的議題
- 創造可以表達感受的機會,如:恐懼、無助、無望、勇敢等
- 辨識獲得支持的方式

媒材

- 大張的白紙或是海報板
- 彩色筆
- 每位家庭成員的紙跟鉛筆

事前準備

　　提供可以畫畫的平坦空間。將大張白紙或是海報板放在所有家庭成員都容易取得的地方。安排座位,確保書寫時的隱私。

活動說明

　　向家庭成員解釋他們將要在海報板上畫一幅有船、暴風雨和燈塔的畫。他們必須要安靜地完成作業。完成後,邀請每一位家庭成員寫下他/她認為在暴風雨前、暴風雨過程中及暴風雨後所發生的故事。年幼的孩子可以小聲地跟治療師描述故事。在每個人分享他/她的故事後,治療師引導家庭討論關於恐懼、救援、危機,以及必要時如何從家庭獲得支持。治療師示範如何在家庭中接納不同的意見及經驗。

　　治療師可以透過下列問題協助家庭經驗此歷程:

　　1.當暴風雨來襲時,如果你是和家人一起在船上,你覺得那會像是什麼

樣子？

2. 對你來說，在暴風雨中，誰可能是最能幫上忙的？

3. 請說出你在暴風雨中可能有的三種情緒？

4. 如果你相信會有人來救援，你覺得這件事會如何發生？

5. 你可能會用什麼方式求救？

討論

　　船、暴風雨、燈塔評估是一項參與活動。畫圖能一探每位家庭成員的內在世界，包含特質、態度、行為及性格優點與弱點。更特別地，圖畫讓治療師、家庭成員了解誰比較傾向樂觀與堅強，或誰可能比較悲觀或憂鬱。畫圖也同樣顯露了在面對危機及衝突時，調動內在資源及取得外在支持的能力。家庭藝術活動「是一個提供治療師和參與者探索的工具。在評估階段，藝術活動提供家庭一個關注互動經驗的焦點。此技術勾勒出溝通模式的輪廓，先檢視溝通歷程，再檢視其內容……打從家庭開始參與一項創作，每個動作的痕跡都刻畫到作品上。因此，因果關係將顯而易見，使得臨床工作者能評估整個家庭以及其中成員們的優勢及弱點」（Landgarten, 1987）。

　　家人之間的差異可以公開討論，這些差異之所以存在於家庭的部分原因也一併討論。治療師示範對個別差異的支持，並鼓勵家庭支持負向思考或有負面感受的成員。此活動的最後一個階段是討論如何能夠獲得家庭支持。

參考文獻

Landgarten, H.B. (1987). *Family art therapy: A clinical guide and casebook*. New York: Routledge.

關於作者

請參見第 29 頁。

射飛鏢評估

Julie R. Plunkett

目標

- 辨識使家庭前來治療的問題
- 拓展目前的問題並將之從個人外化
- 開始訂定治療目標

媒材

- 剪刀
- 原子筆或鉛筆
- 靶子（如附件）
- 飛鏢模型（如附件）
- 膠帶

事前準備

　　影印一張靶子（可視需要放大），貼到牆上。影印數張飛鏢模型，將飛鏢剪下。

活動說明

　　引導案家共同腦力激盪，想想是哪些家中的問題將他們帶到治療中。以下說明靶子的三個圓圈之含意：

　　我們目前的家庭問題：這些是將你們帶到治療中的問題。例如：孩子對於接受他們的繼父是有困難的。

　　我們過去的家庭問題：這些過去的問題逐漸演變成目前的問題。例如：強尼對父母離婚感到憤怒，這件事使得他很難與繼父親近。

我們家庭之外的問題：這些是在家庭之外影響目前問題的事件。例如：母親的家庭反對新的婚姻，且孩子意識到此狀況。

請成員將他／她的問題寫在飛鏢上，引導他／她把飛鏢射向靶子（只需要請家庭成員拿著飛鏢走到靶子前即可）；該位成員會用膠帶把飛鏢黏在靶子上與問題相符的區間（我們目前的家庭問題、我們過去的家庭問題，或是我們家庭之外的問題）。成員們可以視需要決定射多少飛鏢。

為促進聚焦在上述過程的討論，詢問以下問題：

1. 哪些問題被**瞄準**了（定義）？
2. 你贊同哪些問題？不贊同哪些？
3. 這個活動對你和你的家庭有什麼幫助？
4. 哪些問題是你在治療中想**射中**（聚焦）的？
5. 當有些問題被解決了，你的感覺會是如何？

♥ 討論

這項處遇評估家庭中的顯要問題，並確認未來治療會談之目標。其允許每位成員有自己的聲音，且鼓勵家庭討論。這項活動協助家庭**瞄準**目前的問題，也檢視更大的框架。透過讓家庭一同參與訂定治療目標的過程，會使他們獲得問題的所有權，並且增強他們尋求解決辦法的動機。

靶子的使用增加了遊戲的成分，且容許所有家庭成員，即使是年幼的孩子，都能夠有意義地參與治療。如同 Hardaway（1994）所言：「小孩有重要訊息要分享，遊戲是他們最能夠上手與表達自己的媒介，而事實上，對某些比較年長的人來說，也是如此。」

治療師可以一般化那些在治療中引發的感受。表達同理，指出對家庭來說這些事件有多麼棘手，可以幫助家庭感到被支持。

參考文獻

Hardaway, T.G. (1994). Family play therapy as an effective tool in child psychiatry. In C.E. Schaefer & L.J. Carey (Eds.), *Family play therapy*. New York: Jason Aronson.

關於作者

Julie R. Plunkett，具有 LPC、LCPC、RPT-S 等背景，是一位在堪薩斯州持有執照的諮商師及註冊遊戲治療師督導。她提供孩童與其家庭的諮商服務。她的臨床實務主要在：寄養照顧、領養、慢性疾病與離婚等議題。目前於中美拿撒勒大學擔任遊戲治療認證課程之講師及督導。

附件　射飛鏢評估：靶子

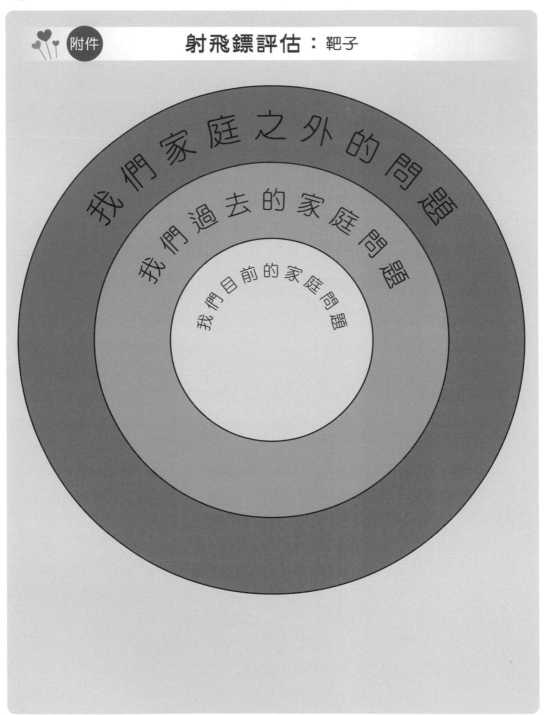

我們家庭之外的問題

我們過去的家庭問題

我們目前的家庭問題

附件　射飛鏢評估：飛鏢模型

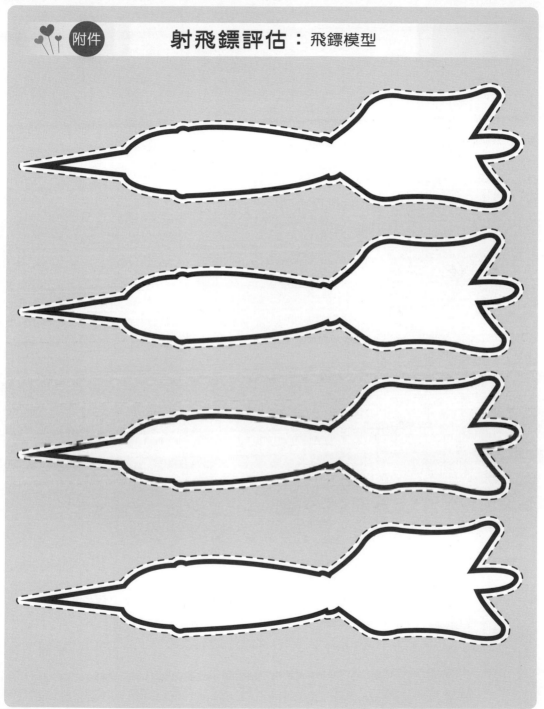

家庭拼貼創作

Trudy Post Sprunk

目標

- 建立一個安全及開放的治療環境
- 辨識促成問題行為的家庭互動模式
- 增進家庭成員間的開放溝通

媒材

- 白色海報板
- 各種從雜誌剪下的圖片
- 兒童剪刀
- 成人剪刀
- 一至三支口紅膠
- 給其中一位家長的紙及鉛筆

事前準備

　　安排一個能放置海報板的平坦空間，以便每一個人都能方便地使用。將雜誌圖片面朝上放置在海報板附近，讓所有家庭成員都能輕易地看到圖片。

活動說明

　　邀請家庭成員安靜地剪下能說明他們對於家庭生活的感受之圖片和／或字詞。接著，請他們隨機將自己選擇的圖片和／或字詞黏到海報板上。

　　邀請成員說明他們選擇的理由。鼓勵他們解釋對家庭生活的感覺，對他們在活動的感受給予正向支持，並探究當問題出現時他們有哪些解決方法。

　　要求每位家庭成員分別從拼貼中選出一張圖片，用來創作他們的家庭故

事。待成員們選定圖片後，治療師說明目標是要用所有選出的圖片來創作一個故事。一個完整的故事需要有題目、開頭、過程及結尾。

讓家庭成員決定說故事的順序：誰先開始、誰會接著說下去等等。待每位家庭成員都說了一輪（或輪過幾次）的一小段故事後，邀請家庭成員一起決定拼貼及故事的名稱。

其中一位家長用紙跟鉛筆寫下故事並讀出完整的故事。家庭成員反思他們對活動經驗及故事的感受及想法。下列問題可以引導歷程反思的討論：

1. 你的故事是怎麼讓你聯想到你的家庭生活？
2. 把創作一個故事當作目標一起合作是什麼感覺？
3. 你可以找出一張還想放進故事裡的圖片嗎？

討論

這項技術讓家庭有機會在安全的治療環境中，表達他們對家庭生活的正向及負面感受。將藝術過程融入家庭會談，「讓參與者透過個別或團體藝術活動，自發地表達他們的想法及感受。個人與家庭的信念可以在單次藝術表達中有所交流」（Riley & Malchiodi, 2003）。如此，治療師與家庭都能夠評估家庭議題及需求。一旦那些受到關切的事被拿出來分享了，家庭就可以開始工作，進行錯誤認知的矯正或是解決任何的焦慮。

此外，共同說故事提供了每個人隱蔽的機會說自己的故事，其中包含想法、需求、情緒、信念、希望等等。當完整的故事被朗讀時，每一個人可以聽到他／她自己的故事、了解其他人的想法，並比較及對照家人的反應。

參考文獻

Riley, S., & Malchiodi, C.A. (2003). Family art therapy. In C. Malchiodi (Ed.), *Handbook of art therapy.* New York: Guilford.

關於作者

請參見第 29 頁。

用小物件表現家庭圖

Lois Carey

目標

- 辨識世代之間的角色、模式及議題
- 增進家庭成員間的開放溝通

媒材

- 兩大張白紙或海報板
- 附橡皮擦頭的鉛筆
- 彩色筆
- 大量經過挑選且不易碎的小物件，如辦公用品、自然物、公仔、小玩具、塑膠動物、服裝飾品等
- 裝半滿沙量的沙盤（沙盤版本）
- 相機

事前準備

　　安排一個能放置海報板的平坦空間，以便每個人都能方便地使用。將彩色筆及小物件放置在平坦面附近，如此所有家庭成員都能方便拿取。

　　展示一個包含三個世代的家庭圖範例。

活動說明

　　透過範例向家庭解釋家庭圖。概略敘述這項活動的目的是為了幫助家庭成員從關係中看到自己及彼此，並且協助他們了解家庭中可能有哪些潛在問題。以下列方式敘述活動程序：

　　「首先，我希望你們每一位讓我看看，相較於我用來說明的圖，你們的

家庭是什麼樣子。我已經擺放了一張紙，我想請你們畫出你們的家庭——用方塊代表男性，圓圈代表女性（如果擔心畫錯，可以先用鉛筆畫出草稿，再用彩色筆描一次）。如果你知道家人的年紀，可以把年紀寫在符號上。請將所有孩子、父母、祖父母算在內，包含所有重要親戚（阿姨姑姑／叔叔舅舅／堂表兄弟姊妹）。所有家庭成員都可以合力製作家庭圖。畫完家庭圖後，我想請你們從那些擺出來的小物件中，選擇一個讓你聯想到某個家人的物件，並將它擺到那位家人在家庭圖中的位置。重要的是，作畫的人也要為他／她自己選擇一個小物件。你們每一位都要幫家庭圖上的每一個人選擇小物件，並擺到家庭圖上。先不要評論其他人的選擇，稍後的討論階段時，你們將有機會討論各自不同的選擇。」

當家庭圖完成時，可以問下列問題以幫助歷程反思，如：

1. 為什麼某人讓你想到那個物件／模型／動物／……？
2. 關於你的家庭，你知道了什麼新的資訊？
3. 什麼事是讓你最好奇的？
4. 當你在說明你的選擇時，有什麼感覺？
5. 你看到你的家庭中有什麼優勢？
6. 你認為你的家庭有什麼需要被改變？

接續著問題階段，家庭可以利用那些被選出來的物件創造一個場景。如果治療師接受過沙遊工作的訓練，便可以請家庭在沙盤中表現出此場景。若沒有，可以在另一張大尺寸的白紙上製作這個場景。

當場景完成時，詢問他／她關於自己所製作的場景的感受／想法；意即，是某人的什麼使人聯想到一隻老虎或一隻熊（或其他物件）？接著邀請其他家庭成員加入自己的說明。創作者為自己選擇的物件是最重要的——例如，他／她是否視自己為易受傷的、強壯的、無望的，或其他？最後，治療師可以加入他／她的想法，尤其要指出家庭在哪裡出現聯盟或哪裡可能有衝突。

拍下家庭圖的照片給家庭並作為檔案紀錄。

註：視家庭人數而定（人數大於三或四），可以分別在不同的紙張上創作自

己的家庭圖，這樣對每一位家庭成員來說會是比較舒適的。

♥ 討論

家族治療師時常不把孩子納入家族治療會談中，也等於將家庭最重要的部分排除在外。此外，很多家族治療師對「玩」——和家庭中的孩子工作最重要的元素——是不自在的。家庭圖對家族治療師而言是一項常見的技術，而使用物件來排列家庭圖，則將原本「口語」的成人處遇取向轉換為「遊戲」的態度，全家人不分老少都適合。據發現，遊戲是孩子們的語言，而當家庭可以看見以這種方式與孩子象徵性溝通的價值時，通常會有顯著改善的可能性。當個人製作的家庭圖因為小物件的使用而變得生動鮮明時，這時就更能夠透過物件的配置及類型使用，看出是誰扮演了代罪羔羊、病人、領導者、控制者或跟隨者，抑或是其中是否有「家庭秘密」或有家庭同盟等等。

透過結合了立體物件的家庭圖，可以使跟家庭有關的豐富資訊顯露出來。而其中也要注意有沒有人被遺漏，並且要詢問創作者為何這個／些人沒有被包含在其中，尤其是在有成員過世或雙親離婚，抑或是繼親的家庭。

此技術適合不同家庭類型，例如，完整的家庭；單親、同志及離婚的家庭；經歷喪親、性暴力或憂鬱的家庭。這個技術除了可以在評估階段使用之外，也可以在處遇階段用來處理從家庭圖中顯露出來的問題。

♥ 參考文獻

Carey, L. (1991). Family sandplay therapy. *Arts in Psychotherapy* 18: 231-239.

Carey, L. (1999). *Sandplay therapy with children and families*. New York: Jason Aronson.

Gil, E. (2006). *Helping abused and traumatized children*. New York: Guilford.

Imber-Black, E., Roberts, J., & Whiting, R. (Eds.) (1988). *Rituals in family therapy*. New York: W.W. Norton.

McGoldrick, M., Gerson, R., & Petry, S. (2008). *Genograms: Assessment and intervention* (3rd ed.). New York: W.W. Norton.

關於作者

Lois Carey，具有 LCSW、RPT-S 等背景，是一位認證臨床社會工作師及註冊遊戲治療督導及培訓教師。她目前於私人診所執業，並於沙遊研究中心負責在職訓練及臨床督導的工作，亦在國際間及全美授課。她也是遊戲治療學會所認證的培訓者及繼續教育訓練者。她著作、編輯了四本書籍，其中兩本已被翻譯為韓文及中文，並且在其他書籍與期刊中撰寫了相當多的章節及文章。

家庭優勢圖

Angela M. Cavett

目標

- 辨識出個別家庭成員和整體家庭的優勢
- 擴展家庭成員的視角,以看到彼此的正向貢獻
- 提升家庭成員之間正向口語回饋與愉快交流的頻率

媒材

- 大張海報紙或海報版
- 鉛筆、橡皮擦
- 彩色筆
- 多種各樣不易碎的小物件,如辦公用具、自然物、公仔、小玩具、塑膠動物等;或者各式各樣從雜誌上預剪下來的圖片
- 剪刀
- 透明膠帶
- 相機

事前準備

安排一個平坦的地方放置海報板,讓每個人都能方便地使用。把彩色筆和小物件(或雜誌)放在讓所有家庭成員都容易拿取的地方。

展示一個涵蓋三代的家庭圖範例。

活動說明

透過範例對家庭成員說明家庭圖的概念。然後請家庭成員畫出他們的家庭圖,方形代表男性,圓形代表女性(如果擔心畫錯,可以先用鉛筆畫出草

稿，再用彩色筆描一次）。請大家先畫出父母，然後再加上子女和祖父母、阿姨姑姑、叔叔伯伯和其他重要親屬。要在圖上註明每個人的姓名和年齡（如果知道）。

完成家庭圖後，向家庭成員介紹預先準備的小物件或是圖片。接著，邀請家庭成員為家庭圖上的每個人選擇一項物件或圖片代表這個人的正向特質，或「大家喜歡他／她的原因，或他／她擅長的事情」。家庭必須一起決定要為家庭圖上的每個人選擇什麼物件（若有異議時，治療師可鼓勵他們討論）。選出的物件或圖片要放置在家庭圖中代表那個人的位置，也就是要放在圓形或方形上。幼兒在放置物件或是圖片時可由家長或治療師協助。

用相機拍下完成的家庭優勢圖，可送給家庭，並作為臨床檔案之用。

用下列問題幫助歷程反思，並依據孩子不同發展階段而調整：

1. 說明選出來代表家庭圖中每位家人優點的物件或圖片。
2. 每位家人都有優點嗎？
3. 你最像誰？最不像誰？
4. 誰最支持你？這個人有什麼樣的特質？
5. 如果家裡有人傷害了你或惹你生氣，你還會欣賞他們的優點嗎？
6. 你比較重視家人的優點或缺點？
7. 如果你比較重視每位家人的優點時，你們家會有什麼改變？

討論

家庭圖是一項用來評估家庭成員間的互動及家庭模式的工具，且具有治療性。對於家庭圖的詳細介紹，可以參考McGoldrick與Gerson（2008）的著作。Gil（2006）擴展原先的家庭圖，發展出遊戲家庭圖，兒童可以用小物件來描述他／她對家庭成員的看法。遊戲家庭圖讓兒童得以處理他們對家庭的想法與感受，以及他們與家庭成員間的關係。

在治療中，案主有時候會逃避跟情緒經驗有關的討論。這樣的限制可能是因為個人覺得有些訊息是不能被說出來的。有的時候，文化差異也可能限制了個人在治療中的分享。在分享個人或家庭故事時，個人可能因不願透露

家庭議題而感到限制。遊戲家庭圖為的就是要減輕這些限制,並促進家庭對這些家庭議題及關係有更開放的討論。在活動中,因為透過小物件或是圖片的象徵來討論與重要他人的關係,症狀因此自然而然地減輕。在家庭優勢圖中,同樣地,使用象徵來呈現個人或關係,會讓症狀逐漸減輕,並且幫助個案更開放地敘說,尤其針對家庭的優點。

家庭優勢圖促使家庭將焦點放在家庭的優點上,如此一來會為家庭創造正向的轉換,也幫助他們創造正向的氣氛。

如果過去曾有兒虐的情形,則在家庭優勢圖處遇前、中、後期,治療師都必須給予關心及臨床診斷。特別是那些曾被虐待或忽略的孩子,只有在治療師完整地了解兒童與其他家人的經驗後,才能邀請兒童去想一想有哪些正向特質。如果治療師發現這活動可能會輕忽了兒童的受虐經驗,則不適合採用這樣的介入方式。

參考文獻

McGoldrick, M., Gerson, R., & Petry, S. (2008). *Genograms: Assessment and intervention* (3rd ed.). New York: W.W. Norton.

Gil, E. (2006). *Helping abused and traumatized children*. New York: Guilford.

關於作者

　　Angela M. Cavett,具有 PhD、LP、RPT-S 等背景,是位私人執業的心理師,提供兒童、青少年與家庭的評估和治療。她於北達科他州大學諮商心理學系擔任兼任教師。同時,她也是一位註冊遊戲治療師督導,提供與兒童心理病理學和處遇方面的訓練和督導,其中也包含遊戲治療。她也是 *Structured Play-Based Interventions for Engaging Children and Adolescents in Therapy* (2010)一書的作者。

家庭優點與需求遊戲

Stacey Slobodnick

目標

- 辨識出家庭內的優點及需求
- 增進家庭成員間的開放溝通

媒材

- 遊戲板（如附件）
- 遊戲卡（如附件問題卡）
- 藍色及紅色的西卡紙或書面紙
- 藍色、紅色及黃色彩色筆
- 剪刀
- 小獎品（分顆包裝的糖果）
- 一顆骰子

事前準備

　　將問題印到藍色西卡紙上，把它們剪成一張一張的卡片後疊在一起，或是把問題寫在藍色的書面紙上。將「我們家會＿＿＿＿的人是……」的問題印到紅色西卡紙上，或是把問題寫在紅色書面紙上。把附件中的遊戲板印到白紙上（可視需要放大）。把方塊塗成藍色，圓圈塗成紅色，星星塗成黃色。用一顆糖果當作棋子來代表一位玩家。

活動說明

　　首先，向家庭說明，大多數時候家庭都把焦點放在問題上，而不討論家庭的優點。家庭優點與需求遊戲可以幫助家庭關注他們的優點，也注意到有

047

哪些可以改變的地方。向家庭解釋這個遊戲中包含了對家庭優點的問答。當家庭回答不出某些問題的時候，那些問題的內涵即是家庭的需求。

由生日距離現在最近的人當第一位擲骰子的玩家，並依據骰子的點數在遊戲板上順時針移動糖果。而既然遊戲板上沒有「開始」的地方，因此第一位玩家可以決定他／她要從哪裡開始。

當玩家走到藍色方塊時，就要拿取藍色西卡紙中最上面的那一張卡，並且回答問題，西卡紙上可能是填空題或是待完成語句。

當玩家走到紅色圓圈時，就要拿取紅色西卡紙中最上面的那一張卡，並根據問題回答家人的名字。

當玩家走到黃色星星時，必須要完成星星上的指令，或者，如果上面寫著「獎賞」，則從治療師準備的糖果中，分給其他人每人一顆糖。

這個遊戲沒有終點線，而且本意也不是要比賽，因此可以事前決定遊戲的時間或是要玩幾輪才結束遊戲。

下列問題可以促進對活動的歷程反思：

1. 在這個遊戲中看到了哪些家庭的優點？

2. 透過這個遊戲，看到哪些家庭的需求或是需要改變的地方？

3. 所有家人一起玩這個遊戲，和一起玩其他遊戲有什麼不一樣？

治療師可以摘要家庭成員找出的優點及需求，並在治療中再次詳述。

討論

家庭能否辨識出他們自己的優點是很重要的，因為只有這樣，這些優點才能成為處遇方法的一部分。而為了避免負向感知對關係造成影響，家庭定期討論他們的優點也是重要的。

家長經常因為孩子而抓狂，不然就是疏離得不理不睬，因此他們需要支持與引導。協助家長辨識他們的優點是很重要的，例如，他們對孩子的愛與關心，以及他們對幫助孩子的承諾。

家長和孩子都同樣會喜歡從彼此那裡得到正向回饋。一般來說，家人會感謝彼此為對方所做的好事，並認為這個活動是用來激發正向回饋，而不是

一個對家庭的威脅。

這個遊戲可以用來促進家庭成員間的討論。遊戲的重要概念「是個啓程點，讓玩家跳脫遊戲，進而討論在遊戲中所帶出的心理議題。對治療師而言，在遊戲治療中的重點則是從啓程點出發，引導及帶領家庭在安全的遊戲環境及現實議題間來來回回地討論」（Schaefer & Reid, 2001）。

如同其他的治療遊戲，一開始就要訂定規則，例如，如果有家庭成員對於回答某些問題會感到不舒服，就可以有「跳過」的規則。

參考文獻

Schaefer, C.E, & Reid, S. (Eds.) (2001). *Game play: Therapeutic use of childhood games* (2nd ed.). New York: John Wiley & Sons.

關於作者

Stacey Slobodnick，具有 BSW、RSW 背景，是一位服務於加拿大安大略省兒童心理健康機構——格倫加達（Glengarda）兒童與家庭服務中心的臨床社工師。她在日間治療計畫中提供兒童與家庭臨床及個案管理的服務。目前她正透過加拿大兒童與遊戲治療學會取得遊戲治療講師的認證。

附件 家庭優點與需求遊戲：藍色問題卡

我喜歡媽媽／爸爸＿＿＿＿＿的時候。	我的兄弟／姊妹擅長做的事情是……
我希望我可以＿＿＿＿＿，就像我的兄弟／姊妹一樣。	我媽媽／爸爸知道怎麼……
＿＿＿（某人）＿＿＿，當你＿＿＿＿＿＿＿的時候，會讓我開心地笑。	我的家人和我期待……
我從我媽媽／爸爸那裡學到很棒的事情是……	當家裡的某個人＿＿＿＿＿＿時，我會覺得開心。

附件 家庭優點與需求遊戲：藍色問題卡

當我的＿＿（家人）＿聽我說話的時候，我覺得……

在未來，我們家……

當我的＿＿（家人）＿支持我的時候，我覺得……

我＿＿＿＿＿的時候，很像我媽媽／爸爸。

當我們＿＿＿＿＿的時候，我們從來不吵架。

我的＿＿（家人）＿是一個很棒的人，因為他／她……

當我們＿＿＿＿＿的時候，我們玩得很開心。

當我的＿＿（家人）＿把注意力放在我身上時，我覺得……

附件 家庭優點與需求遊戲：紅色問題卡

我們家會**擁抱我**的人是………	我們家會**幫助我**的人是………
我們家會**跟我玩**的人是………	我們家最**了解我**的人是………
我們家**愛我**的人是………	我們家**跟我最像**的人是………
我們家會**聽我說話**的人是………	我們家**信任我**的人是………
我們家**關心我**的人是………	我們家會**鼓勵我**的人是………
我們家會**花時間跟我待在一起**的人是………	我們家**讓我覺得自己很棒**的人是………

附件 家庭優點與需求遊戲：遊戲板

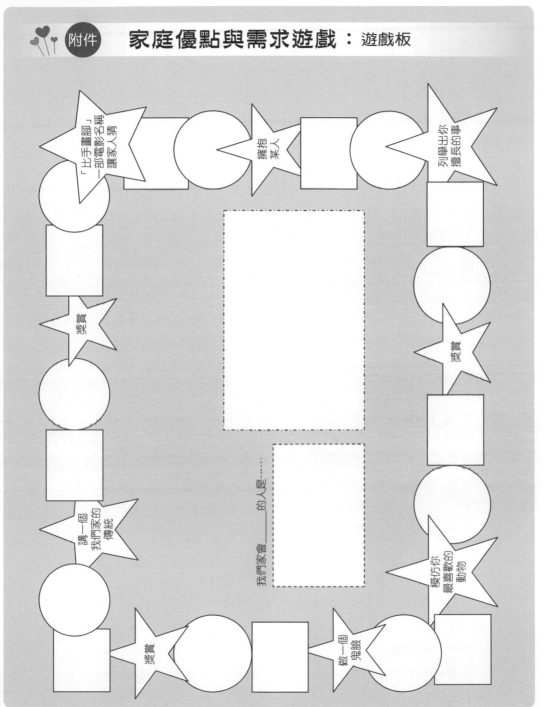

遊戲板上的文字：

- 「比手畫腳」一部電影名稱讓家人猜
- 擁抱某人
- 列舉出你的擅長的事
- 獎賞
- 獎賞
- 講一個我們家的傳統
- 模仿你最喜歡的動物
- 獎賞
- 做一個鬼臉
- 我們家會____的人是……

家庭時間軸

Liana Lowenstein

目標

- 辨識家庭經歷過的重要生活事件
- 評估家庭成員間的關係及動力
- 一般化每個人都會有正向與負向的生活經驗

媒材

- 透明膠帶
- 紙
- 尺
- 自黏標籤（2×4 吋）

事前準備

把幾張紙黏貼成一長條狀的大張紙，並用尺在紙上畫一條中線。

活動說明

向家庭說明時，首先指出所有家庭都會經歷正向和負向的生活事件。接著向家庭說明，他們要製作一條時間軸，描述他們一起經歷過的正向與負向事件。邀請家庭成員想出三到五個他們曾一起經歷過的正向生活事件，及三到五個他們曾一起經歷過的負向生活事件，並且把這些事件分別寫在自黏標籤上。家長或是比較年長的孩子可以幫年幼的孩子書寫，或者年幼的孩子可以用畫的，再由家長在圖畫下附註簡短的說明。

如果家庭不太容易想出重要事件，治療師可以給一些提示，例如：「寫下你們曾一起經歷過的快樂事件」、「寫下你們曾一起經歷過的傷心事

件」、「寫下你們記得曾共度的一個節日或是慶祝活動」、「寫下你們一起完成了某件事的時刻」、「寫下家裡某個人對你所做的事讓你感到又驚又喜的時刻」、「寫下你們家曾發生過的嚴重爭吵」、「寫下一次家庭旅遊或是外出經驗」、「寫下關於失落或傷害的經驗」、「寫下最有趣的時刻」等。在標籤的最上面寫上每個事件發生的日期。

當家庭在自黏標籤上寫完或畫完他們的回憶跟事件後，按照事件發生的時間先後順序貼到長條紙上。正向的事件貼在中線上方，負向事件則貼在中線下方。

治療師可以引導家庭更詳細地討論每一個回憶，以及他們對每個回憶的感受。下列問題可以促進活動的討論：

1. 你最喜歡的回憶是什麼？為什麼？
2. 告訴我們一個不好的回憶，並且說一說這個回憶讓你有什麼感覺？
3. 是什麼事情或什麼人幫助你一起度過那段難熬的時期？
4. 你希望未來會發生什麼好事，可以加進時間軸裡？

討論

這個活動是一項有價值的評估工作，因為透過此活動可以蒐集到家庭曾經歷過的重要事件。有些家庭會很享受這個活動，也會在會談中開放地討論他們的生活經驗；但也有些家庭在這個活動中需要費點力氣，因為他們可能會因為要談論自己的經驗而感到焦慮或是覺得丟臉。治療師可以透過給予支持性回饋，來傳達對他們的理解，並且一般化他們的感受。假設治療師已知道家庭曾經歷某些重大負向事件，但卻沒有出現在時間軸上時，治療師應該要等到這個活動結束後才說明：「對大家來說，現在要分享某些回憶可能還是太困難了，但如果你們感覺好一些了，隨時都可以把它們加進時間軸。」

在處理一些家庭曾經歷過的創傷或艱難事件時，治療師對家庭復原力的認可是很重要的。例如，治療師可以這麼說明，「雖然你們家曾經經歷這麼煎熬的時間，但你們仍然好好地在這裡……你們真的熬過了一些很困難的事！」接著治療師可以這樣問：「那段艱難的時間是怎麼讓你們變得堅強

的？現在或是在未來你們會怎麼運用從這段艱難的時間裡所得到的力量？」

除了在診斷上的價值外，這個活動也可以作為治療性介入，以催化不同議題的討論，例如改變與失落、家庭關係及個人成就。

關於作者

請參見第 25 頁。

家庭瑣事遊戲

Trudy Post Sprunk

♥ 目標

- 增進家庭成員間的開放溝通
- 增進家庭成員關係的連結

♥ 媒材

- 各式長條狀白色紙條或白色便條紙（每人一份）
- 鉛筆
- 容器、鞋盒或空垃圾桶

♥ 事前準備

安排座位讓每個人都擁有不會被打擾的空間，以便寫下自己的問題。

♥ 活動說明

讓每個人安靜地在互不干擾的原則下，在紙條上寫下針對每個家人／家庭事件的小問題（治療師可以協助幼兒書寫）。家庭瑣事的範例如下：

1. 誰最喜歡披薩？
2. 誰最會按摩？
3. 誰年紀比較大？媽媽或爸爸？
4. 誰會打呼？
5. 誰的笑聲最響亮？

邀請每個人在紙條背面簽名，對摺後放入鞋盒或其他空容器。

當所有紙條都放入盒中後，由治療師唸出其中一張的問題。請家庭成員試著回答紙上的問題，而寫下該問題的人要安靜等候別人回答。

當所有問題都答完後，治療師接著問：

1. 最好笑的小問題是哪個？

2. 有沒有讓人覺得不舒服或不好意思的問題？如果有，是哪個？

3. 你最喜歡哪個跟你有關的小問題？

讓家庭成員有時間感受和處理因遊戲而引發的正向和負向感覺。

討論

本活動旨在促進家庭的凝聚力，因為只有家庭成員才有可能答對家庭瑣碎問題。

此外，家庭瑣事常讓家庭成員發笑，並且增進對彼此的了解。經過這樣的遊戲，家庭成員間的關係將會有更多的正向經驗。

來尋求治療的家庭，通常家裡有個承擔症狀的問題小孩。家庭可能有婚姻議題、糾結、三角關係、權力階層衝突、溝通不良、疏離等議題。本活動可用於家族治療初期會談，讓家庭成員覺得在會談中與他人互動的過程是活潑有趣的。活動的趣味性能降低防衛並增進關係。當家人間的關係改善時，治療師可以進一步使用更能深入探索的技術來評估家庭功能。

關於作者

請參見第 29 頁。

初次會談家庭卡遊戲

Liana Lowenstein

♥ 目標

- 融入家庭
- 評估家庭關係與動力
- 辨識家庭生活的正向力量及確認家庭欲改變之處

♥ 媒材

- 問題卡（如附件）
- 西卡紙或索引卡
- 剪刀
- 撲克牌（五十二張標準版）
- 餅乾

♥ 事前準備

把問題卡影印在西卡紙上，並分別剪成一張一張的卡片，或把問題抄寫在索引卡上。

♥ 活動說明

用「我們要來玩個遊戲，讓我更認識你們家」來介紹遊戲，規則如下：「每人輪流從一疊撲克牌中抽出最上面一張牌。如果你拿到**偶數牌**，從問題卡中抽出一張卡片，並**回答卡片上的問題**；如果你拿到**奇數牌**，從問題卡中抽出一張卡片，並**請一位家人回答**卡片上面的問題。如果你覺得你無法回答問題，你可以請其他家人幫忙。如果你抽到 A，可以請一位家人擁抱你；如果你拿到 J，你要做十個開合跳；如果你拿到 Q 或 K，你可以得到一塊餅

乾。玩到最後，每個參與遊戲的人都能得到一塊餅乾。」

　　遊戲中是鼓勵家人討論的。如果治療師想要擴展家庭成員在遊戲中浮現的情緒或議題，可以適時暫停遊戲。

　　遊戲結束後，可以用下列問題促進討論：

1. 你對你的家庭有什麼新發現？
2. 你對家族治療有什麼新發現？
3. 最有趣或最讓人意外的回答是什麼？
4. 最難的題目是哪一個？
5. 相較於會談剛開始時，你現在感覺如何？

討論

　　用來與兒童或是整個家庭工作的治療技術是很有挑戰性的，對於以往習慣用談話方式來工作的治療師更是如此。本活動提供方法，將談話融入趣味遊戲。競賽「本身就是一種遊戲，所以是有趣的，而且也會讓參與者樂在其中」（Schaefer & Reid, 2001）。案主可以透過有趣的遊戲形式來表達自我。而在遊戲中蒐集的訊息可用來開啓家庭成員間的溝通。

　　問題卡上的問題是針對促進治療信賴關係，以及幫助家庭辨識出治療目標而設計的。遊戲是用來「激發出潛在訊息的表達」（Schaefer & Reid, 2001）。在遊戲中，治療師有充分的機會可以觀察家庭動力，將有助於擬定未來的處遇計畫。從遊戲中也可以評估利社會行為，例如，輪流、目光接觸、遵守規則與傾聽。

　　在遊戲中加入開合跳是為了將緊張、焦慮的感覺轉換為正向的發洩途徑；擁抱可以鼓勵家庭中滋養性的互動；餅乾則是讓成員願意投入活動的誘因。

　　治療師要提供支持性回饋，並且指出活動中所出現的情緒都是有價值的。

參考文獻

Lowenstein, L. (2006). *Creative interventions for bereaved children.* Toronto, ON: Champion Press.

Schaefer, C.E., & Reid, S.E. (2001). *Game play: Therapeutic use of childhood games.* New York: John Wiley & Sons.

關於作者

請參見第 25 頁。

 **附件** # 初次會談家庭卡遊戲：問題

填空題： 我們全家來到這裡是因為……	填空題： 好的治療師是個……的人。	問治療師一個能讓你放心跟他／她會談的問題。
請定義什麼是家族治療。 （你可以請治療師幫忙。）	通常是什麼樣的問題會讓家庭前來治療？ （你可以請治療師幫忙。）	在今天的會談中要發生什麼，才會讓我覺得來得很值得？
用一個詞彙形容你今天來到這裡的感覺。	是誰決定要你們在此時來尋求幫助？	說出一項你對家族治療的疑問或擔心。
說一說對於把你們帶到這裡的問題，你們曾做了什麼樣的努力。	舉例說明家裡狀況比較好的時候的樣子。	和你認為深受問題影響的人換位子。

附件 初次會談家庭卡遊戲：問題

除了你的家人之外，誰曾經幫助過你？	你的父母或手足認為家裡需要改變的是什麼？	你認為你們家需要改變的是什麼？
形容一下如果你們家的問題全都不見了，那會是什麼樣子。	是非題： 家庭去找治療師會談時，通常都是很緊張、不好意思和有壓力的。	在今天確認的會談目標中，哪一項對你最重要？
是非題： 我們家中的每個人對於讓事情好轉都扮演了重要的角色。	和你認為在所有家人中最願意改變的人換位子。	你們家最需要讓治療師知道的事情是什麼？
是非題： 只有神經病才會去治療。	和最容易跟他討論問題與擔憂的人換位子。	如果你或是你的家人得到幫助，你會有什麼感覺？

小花與雜草

Greg Lubimiv

目標

- 建立安全且開放的治療環境
- 辨識造成問題行為的議題
- 辨識家庭的優勢
- 設定欲處理的處遇目標

媒材

- 故事：「小花與雜草」（如附件）
- 各色書面紙或包裝用薄棉紙
- 綠色或灰色的硬紙板／西卡紙
- 毛根或冰棒棍
- 花的模型（如附件）
- 白色海報板
- 黑色彩色筆
- 剪刀數把
- 透明膠帶

事前準備

　　用書面紙或薄棉紙做一朵小花，並用毛根或是冰棒棍當作它的莖。在接下來的會談中，用這朵小花來示範。

　　影印數份小花的模型。

🏠 活動說明

活動開始時，先唸「小花與雜草」的故事給家庭成員聽。

向家庭說明，我們的生活其實跟貝兒的生活很相似。有時候我們的生活中也會長出雜草（問題），阻礙了我們的小花生長（我們的成長健康）。然而，雜草或是問題，都可能會是很有威力且棘手的，尤其是當我們越想將它們拔除（處理它們）時，就越是如此。

請家庭成員利用色紙或是薄棉紙做出小花，用毛根或是冰棒棍當作花莖；花的模型有助於製作小花。

每一位家庭成員至少要做三朵小花。

請家庭成員用綠色或灰色的硬紙板剪出一些雜草。

每一位家庭成員至少要做四株雜草。

邀請家庭成員把家庭的優點或是正在發生的好事寫在小花上。此時，家庭可能會需要一些提示來幫助他們找出優點，例如，有尋求幫助的動力、可以一起玩得很開心。每一位家庭成員至少要找出一個優點；但請治療師試著引導每位家庭成員想出二到三個優點。

用黑色彩色筆在海報板上畫出幾條線，當作土壤。請家庭成員把小花用膠帶黏在土地上。

接著，請家庭成員找出家中的問題，並把一個問題寫在一株雜草上。試著寫出家庭或家庭成員的所有重要議題。請家庭成員把雜草黏在小花上，覆蓋住小花。

詢問家庭他們是否認為小花會長得茁壯又漂亮，此時答案應該是否定的。詢問他們原因，並將之與故事連結。

詢問家庭他們是否能夠同時處理所有的問題，而這麼做為什麼是困難的。一般的回答是，他們必須一次只處理一株雜草／一個問題。

透過討論，讓家庭找出他們要先處理哪一株雜草／哪一個問題。通常，最好是引導家庭先處理最容易成功的問題，這會帶給他們希望感及正向力量，並發展出一個可以處理雜草／問題的計畫。

　　找出將在後續會談處理的前三株雜草／三個問題是有幫助的，讓大家在第一個問題被「拔除」以後，有心理準備接下來要處理什麼問題。

　　在後續的會談中，雜草跟小花的象徵可以用來強調家庭的正向成長與改變。

💗 討論

　　好幾個世紀以來，說故事一直都是有娛樂性及教育性的，同時也建立不同世代間的連結。超過半個世紀，故事都用來在治療中療癒孩子、少年及成人。就像 Okri（1996）所說的：「人們很容易忘記故事內容有多麼神祕與強大，但故事會無影無聲地發酵。它們會跟心靈與自我的所有內在素材工作。在改變你的同時，它們也成為你的一部分。」

　　治療性的故事可以有很多不同的運用方式。在這個活動中，「小花與雜草」的故事就是用來協助家庭清楚地找出問題，並且設定實際的處遇目標。

　　「小花與雜草」在針對難以處理的問題或是令人感到絕望的情況時，是特別有幫助的。

　　融合藝術活動會帶進不同的參與元素，也會將故事中的隱喻帶進現實生活。家族藝術治療「增強了家庭成員的溝通，並且透過藝術活動的內容及過程，發現家庭互動及行為模式」（Riley & Malchiodi, 2003）。「小花與雜草」是一項很有幫助的介入治療，用以評估家庭且幫助他們更開放及有效地溝通。

💗 參考文獻

Okri, B. (1996). *Birds of heaven*. London: Phoenix.

Riley, S., & Malchiodi, C.A. (2003). *Family art therapy*. New York: Guilford.

關於作者

　　Greg Lubimiv，具有 MSW、CPT-S 等背景。目前於加拿大安大略省東南部的兒童與家庭鳳凰中心（Phoenix Centre for Children and Families）擔任執行長。同時，他也參與投資兒童（Invest In Kids）的活動，協助發展一項從孕期至孩子滿一歲的創新親職計畫。自 1981 年起，他以治療師、訓練師及管理人員等身分在兒童心理健康領域中工作。他具有遊戲治療及家族治療的專業訓練背景，並且發行若干與這些領域相關及其他領域的書籍及文章，包含幫助兒童處理手足死亡的 *Wings for Our Children: The Essentials of Becoming a Play Therapist* 以及 *My Sister Is An Angeline* 等著作。他具有社會工作碩士學歷，並且是加拿大兒童與遊戲治療學會認證治療師督導。他曾因對遊戲治療的貢獻而獲頒莫妮卡赫伯特（Monica Hebert）獎。

 小花與雜草：故事

　　從前，有一朵叫作貝兒的小花，她住在一座大花園的角落。貝兒漸漸長大了。她沒有注意到她身邊有一些從另一座花園吹來的雜草種子。雖然這些種子已經開始發芽了，但是他們並沒有妨礙到她，所以貝兒也就沒有放在心上。

　　有一天早上貝兒醒過來時，天色還很暗，她覺得好冷，而且口乾舌燥。她猜想或許是因為時間還太早了，因此又沉沉睡去。幾個小時後，她醒來了，四周還是一片黑暗，又乾又冷。她想著：太陽發生什麼事了嗎？突然，她發現有一道閃爍的光。是太陽……不過好像被什麼給擋住了。她接著注意到身邊原本的小雜草都長成一大叢雜草了，而且他們現在還搶走了她的陽光、她的水，還有她繼續成長的空間。

　　貝兒要求這些雜草離開，可是雜草們不願意。因此，貝兒彎下腰來，抓住一叢雜草，試著把他們拔掉，可是雜草們的根現在太強壯了，不管貝兒多麼用力拔都沒有用。要是在他們還小、扎根不深時把他們拔掉就好了。

　　隨著雜草長得越來越高大、越來越強壯，貝兒也漸漸變得虛弱而且失去了光彩，貝兒覺得好絕望。然後，在一個烏漆嘛黑的早上，她聽到有一個聲音說：「嗨，妳好！」這個聲音是從下面傳來的。

　　貝兒往下一看，原來是一隻土撥鼠。貝兒叫土撥鼠走開，可是土撥鼠就只是坐在那兒盯著貝兒看。「妳為什麼不擺脫那些雜草，享受美好的陽光呢……今天天氣可好了！」土撥鼠這麼說。

　　貝兒邊哭邊告訴土撥鼠究竟發生了什麼事。土撥鼠點點頭表示他聽懂了。他告訴貝兒，有一個方法可以解決這個問題，接著他問貝兒需不需要幫忙。貝兒點點頭。

　　土撥鼠說，如果他們齊心協力合作，他就可以幫助貝兒一起把雜草拔掉。他們抓住一叢雜草，然後開始一起往上拔。他們拔了又拔、拉了又拉，可是雜草一點也不受影響。這時貝兒已經打算要放棄了。突然間，土撥鼠開始大笑，說：「我真是傻呀！我忘記我爺爺曾經教過我，如果想把強壯的雜草叢拔掉，一次拔一株，

永遠不要一次拔那麼一大叢雜草。」

　　貝兒點點頭，她覺得這聽起來有道理。貝兒選了一株雜草，她跟土撥鼠一起拔。他們拔呀拔呀，雖然很慢，可是雜草真的從地下被拔起來了。她接著又選了另一株雜草，他們繼續一起拔。很快地，雜草都不見了。貝兒抬頭看著美麗的太陽，溫暖的陽光好舒服。她從地底下喝了好大一口水。她又能繼續好好地長大了，而且很快地，她就綻放成一朵強壯、美麗的鮮豔花朵。

　　在那之後的每一天早上，貝兒醒來後會伸一個大懶腰，然後環顧四周，並且把那些在夜裡長出來的小雜草拔掉，因為他們還小，所以貝兒可以很輕易地就把他們拔出來。

　　土撥鼠有時候會來拜訪貝兒，他們會一起躺在陽光下，開心地聊天。

 附件　**小花與雜草**：花的模型

我是動物

Connie-Jean Latam

目標

- 評估家庭關係及動力
- 辨識家庭生活的正向力量及確認家庭欲改變之處
- 增進家庭成員間的開放溝通

媒材

- 多種塑膠動物玩具，包括家畜、農場動物、叢林動物、海洋生物、昆蟲，及恐龍，也可以邀請家庭成員用畫的、用勞作工具或用培樂土創作自己的動物
- 題目（如附件）
- 剪刀
- 容器、鞋盒或籃子

事前準備

　　將題目影印後一題一題剪下，對摺後放到容器中。將動物展示出來，好讓每一位家庭成員都可以方便看到並選擇自己的動物。

活動說明

　　向家庭說明他們即將要玩一個特別版的動物扮演遊戲，而且在遊戲中要用有趣的方式栩栩如生地模仿動物的姿態及行為。接下來像這樣解釋此活動：「從這些動物玩具中挑一個讓你最有感覺的動物。接著輪流抽卡片，卡片上會有一句敘述或一個問題。把它大聲唸出來，然後想一想，如果自己是這一隻動物，你會怎麼回答問題或是怎麼把句子完成。」

接著，問下列這些問題來進行歷程反思：

1. 你最喜歡哪個問題？

2. 舉出一位家庭成員，說一說你喜歡他／她答案中的什麼部分？

3. 你覺得（家庭成員）跟他／她所選的動物最相似或最不同的地方是什麼？

4. 如果你真的成為你選的那隻動物，會是什麼感覺？

5. 成為你所選的那隻動物時，對你而言最容易說出口的話是什麼？

6. 對你而言最困難的是什麼？

7. 你希望（家庭成員）可以永遠像他／她所選的動物一樣嗎？

8. 你是否希望（家庭成員）可以當其他動物？如果是的話，是哪一種動物？為什麼？

討論

在一個家庭中，每一位家庭成員都會有他／她獨特的溝通方式。有時候，會有某一位或某些家庭成員是比較謹慎及較不擅於表達的。這個活動用有趣的方式吸引家庭，以促進他們的溝通並且得以確認他們的態度及互動。

這個活動也可以用在評估階段。Gil（2003）強調遊戲在家庭評估中的價值：「家族遊戲治療師會注意家庭的語言、孤立，並找尋遊戲的象徵或是象徵語言。治療師們也會觀察家庭是如何進行遊戲、處理他們努力的結果。最後，家庭可能會有更深層的溝通，可幫助治療師了解他們當前的問題如何形成以及他們如何回應問題。」

參考文獻

Gil, E. (2003). Family play therapy: "The bear with short nails." In C. Schaefer (Ed.), *Foundations of play therapy*. New York: John Wiley & Sons.

Latam, C.J. (2010). *Everything is food! Art and play therapy exercises of wisdom and peace.* Kingsville, ON: Self Published by Connie-Jean Latam and Art of Living Resource Centre Inc.

關於作者

Connie-Jean Latam，是一位經美國自然療法學會認證合格的自然醫學醫師（D.N.M.），且是一位認證創傷與失落諮商師、認證成癮諮商師、認證催眠師、認證哀傷與喪親諮商師、認證接觸性治療（Certified Healing Touch）實務工作者及督導、Reiki 靈氣導師，及遊戲治療與藝術治療實務工作者。她是 *Everything Is Food！* 一書的作者及插畫家。自 1990 年起，她就一直持續私人執業，服務族群為成人、青少年及兒童。她也經營一所位於加拿大安大略省金斯維爾的藝術生活資源中心（Art of Living Resource Centre Inc.）。

 附件　　　**我是動物：**題目

我像這個動物，因為我……

我想要當（動物名稱），因為我……

這裡沒有我最想選的動物，讓我覺得……

我喜歡……

我很擅長……

我很享受這個季節（春、夏、秋、冬），因為我喜歡……

當我生氣的時候，我……

當我心情難過的時候，我……

當……我會覺得害怕。

我會……來保護自己遠離危險。

我對……會離得遠遠的，因為……

小朋友版：當爸爸或媽媽的動物生氣的時候，我……

當（活動中的其他動物）（做某件事）的時候我會很開心。

當……的時候，我會（模仿自己選的動物叫）。

當我……的時候，我會（模仿自己選的動物動作）。

我要／需要……

我想在現實生活中當這種動物，因為……

我的家庭動物農場

Paris Goodyear-Brown

目標

- 建立安全且開放的治療環境
- 評估家庭關係及動力
- 增進家庭成員間的開放溝通

媒材

- 紙盤
- 餐巾紙
- 塑膠刀
- 全麥餅乾
- 花生醬或巧克力醬
- 動物造型餅乾
- 相機（選擇性）

事前準備

在平坦的空間安排座位，讓每位家庭成員都有自己的空間可以創作。
把媒材擺放出來，讓每位家庭成員都方便拿取。

活動說明

提供一些全麥餅乾給家庭成員，並且請他們把餅乾一片一片地排在自己
的紙盤上。給每位家庭成員一些花生醬（或巧克力醬），並說明這些醬是用
來把餅乾黏在一起的。請家庭成員把花生醬（或巧克力醬）塗在全麥餅乾
上，當作是動物造型餅乾的底座。完成這個步驟後，給家庭成員看一些不同

種類的動物造型餅乾，包含家畜、叢林動物以及有糖衣的動物餅乾。提醒家庭成員選出可以代表每一位家庭成員的動物造型餅乾，也為自己選擇一種動物。當大家為每一位家庭成員選好動物之後，請他們假設這些動物都一起住在農場裡。引導家庭成員安排一件「農場裡的動物」正在一起做的事。接著請每位家庭成員編一個他／她的農場動物的故事。請告訴他們以下規則：這個故事必須要有開頭、過程跟結尾，而且所有農場裡的動物都一定要出現在故事裡。

當家庭成員結束自己的動物農場跟故事創作時，邀請他們分享他們的作品。在討論動物農場時，可以詢問下列問題，如：

1. 在農場裡當（動物名稱）的感覺如何？

2. 一次拿起一個動物，並且盡你所能地用不同的形容詞來形容它。

3. 如果你的農場可以有一些改變，你會想改變什麼？

替家庭成員拍下他們的動物農場（同時也作為臨床紀錄之用），接著家庭成員們就可以享用他們的動物農場了！

❤ 討論

「我的家庭動物農場」以趣味的食物創作來滋養家庭，同時，也協助家庭探索他們對於家庭動力的覺知。

年幼的孩子可能會需要其他家庭成員的協助提示，例如：「選一種動物當作你的媽媽。」在故事創作時，他們也可能需要更多的提示，例如：「後來發生了什麼事？」或是「在你的故事裡，大象做了什麼事？」

透過這個活動可以蒐集到重要的評估訊息，例如，治療師可以揭露以下這些問題：

1. 家庭成員間的距離有多近或多遠？

2. 他們彼此面對或是逃避？

3. 是否有聯盟或是排擠的情形？

以食物為主的介入技術，對飲食疾患、食物過敏或是有肥胖困擾的個案並不適用。

參考文獻

Goodyear-Brown, P. (2002). *Digging for buried treasure: 52 prop-based play therapy interventions for treating the problems of childhood.* Available at www.parisandme.com.

關於作者

　　Paris Goodyear-Brown，具有 MSW、LCSW、RPT-S 等背景，是美國田納西州納許維爾的社會工作師及註冊遊戲治療師督導。她是范德堡大學精神心理健康學系的兼任講師，也在田納西州中部幾所大學擔任客座講師，並持續私人執業，且是一位享譽國際的活躍講者及創新的治療師。她最為人知曉的即是發展遊戲本位介入（played-based interventions）於治療不同童年議題的研究，也曾獲得由遊戲治療學會頒贈的遊戲治療推廣及教育獎項。她是 *Digging for Buried Treasure: 52 Prop-Based Play Therapy Interventions for Treating the Problems of Childhood*、*Digging for Buried Treasure 2: 52 More Prop-Based Play Therapy Interventions for Treating the Problems of Childhood*、*Gabby the Gecko*、*Play Therapy with Traumatized Children: A Prescriptive Approach* 等書的作者，及折衷式遊戲治療模式原版 DVD——*10 Peas in a Pod* 的共同作者。她也是 *The Handbook of Child Sexual Abuse* 一書的編輯。

我的沙中世界

Sandra Webb

目標

- 評估兒童對自身生活史的理解
- 鼓勵兒童辨識並表達他們對重要生命事件或曾居住之處的感受
- 增進照顧者對兒童重要生命經驗的理解

媒材

- 沙盤
- 沙
- 各種代表不同類別的小物件或小雕像，例如人物（不同年齡、種族、技能、職業）、動物（寵物、農場動物、野生動物）、交通工具、植物，以及其他大自然素材（石頭、貝殼）、家具／家居用品、建築物、幻想人物；或是使用不同形狀及大小的彈珠和石頭
- 紙張
- 筆
- 相機

事前準備

若治療師能夠事前對兒童的早期生活史有些了解會有幫助，但並非必要條件，因為此活動所關注的焦點並不在此，而是了解兒童自己對他／她生命的觀點為何。

活動說明

註：這個活動提供給一位兒童及他／她的照顧者（們）參加。

這個活動最好的進行方式是不要有太多的敘述或討論，而是讓孩子自發地創造一個能表現他／她生命的沙中世界。在其他會談中，治療師可能引導孩子討論他的生命，但在此會談中，只用沙中世界作為開端，無須其他針對孩子生命史的談話。

　　邀請孩子創造一個關於他／她生命的沙中世界，請孩子將重要生命事件（正向及負向）、自己曾住過的地方、曾經參與自己生命的人（正向及負向）等元素包含在這個沙中世界裡。請孩子照他／她的意思分割沙盤。例如，孩子可能會想要依照年齡劃分沙盤（如：六歲的孩子可能就會把沙盤分成六區塊），或是寄養的孩子可能就會把沙盤分成三區塊，來表現他／她曾經住過的兩個寄養家庭以及原生家庭。孩子可以在沙子上畫線以劃分不同區塊（直線或橫線）、決定不同區塊的大小。治療師要與孩子澄清他們是如何劃分沙盤的。孩子可能會選擇實際標記出每個區塊，或是只用口語來描述不同區塊。

　　接著，請孩子選出那些讓他想到某些事件、回憶、曾住過的地方等等的物件或小雕像。在孩子創作時，傾聽他／她所說的話，但不參與任何他／她生命史的細節討論（除非孩子主動發問，並且當他／她詢問時，治療師盡量維持間短的討論即可）。活動中孩子也可能會要求家長／照顧者一同參與，評估的一部分即是關注於誰主導、誰跟隨、孩子對於創作的自在程度，以及家庭在過程中如何互動。

　　當孩子結束創作之後，邀請孩子說一個關於沙中世界的故事，並且把故事寫下來。如果孩子不想這樣做，也沒關係。孩子可能會不想進行這個部分，或是他／她可能會在過程中因其他事物而分心。孩子可能會在某一個區塊內放置比其他區塊還要多的物件，可以將這些物件記錄下來，且相信孩子正在用他／她自己的方式處理過去的經驗。在往後的會談中，孩子都會持續地處理他們的經驗。接受孩子所做的，並理解他／她會用自己感到安全的速度整合自己的生命經驗。鼓勵孩子及家長／照顧者想一想他們從這個活動學到了哪些新的事情。

如果孩子想要的話，治療師可以幫孩子／家庭拍下這個沙中世界，同時也作為臨床紀錄之用。

♥ 討論

此活動透過視覺、動覺的方式協助孩子「看見」他／她的生命。讓孩子用線性的觀點來看待自己的生命，而不是只用「好／壞／過去／未來」來區分生命史。孩子可以向參與會談的照顧者分享這些回憶，也可能會從這個過程中了解更多關於他／她自己生命史的事實或是經驗。透過此次經驗，孩子將開始整合不快樂及快樂的回憶，並且變得較願意著眼於未來。

對孩子而言，整合並更完整地了解自己的生命中曾發生過什麼是很重要的。當孩子能夠與他們的照顧者共同創作一個關於自己生命的連貫故事時，他們更有可能在生命中感到協調與滿足。沙遊是幫助孩子找到方法與照顧者分享他們的「故事」的方式之一。

這個方式對有血緣關係、寄養、領養家庭的孩子都有幫助，對一組以上照顧者的家庭也會是很有助益的介入方式。孩子跟照顧者們通常都會對彼此更了解，包含彼此記得的回憶、生活是如何變成孩子生命的一部分，以及孩子如何理解發生過的事。

沙遊讓孩子可以將一些潛意識的記憶帶到意識的範圍，使他／她能夠開始用新的方式理解並且處理。沙遊對孩子來說是一種自然的活動。有時候成人需要多一些時間來適應這個媒材，但孩子通常不需要花費太多力氣就可以進入沙遊的情境。

在後續會談中，孩子可能會創造一個關於他／她某部分生命的沙中世界。若能記錄（用表格或是透過照片）孩子在他／她的沙中世界用了哪些物件會是有幫助的，並且注意哪些物件是他／她會重複運用的或哪些會有所改變。

關於作者

　　Sandra Webb，具有 B.A.Sc.（兒童研究）學歷背景，是一位認證的兒童心理治療師、遊戲治療師講師及認證的治療遊戲治療師（Theraplay® Therapist）。她接受了 Gisela Schubach De Domen-ico 訓練及幫助完成了六年的沙盤—世界遊戲（Sandtray-Worldplay®）的訓練，以及接受 Daniel Hughes 博士的依附關係重建治療（Dyadic Developmental Psychotherapy, DDP）的進階訓練。她也是一位經社區及社會服務部認可的領養工作者，主要服務業務為本國及國際領養事務。她曾在北美及其他國家舉辦過領養、遊戲治療及沙盤—世界遊戲的工作坊。她為多家雜誌撰寫專欄並且與 Daniel Hughes 博士共同發行 *Building the Bonds of Attachment* 的 CD 及 DVD。她從 1995 年起就開始私人執業，持續與孩子、家庭及成人工作，她的專業領域是以依附治療為基礎的遊戲治療、依附關係重建治療（DDP）、遊戲治療（Theraplay®），及沙盤—世界遊戲等。她曾因對遊戲治療的卓越貢獻而獲贈莫妮卡赫伯特獎及加拿大科保與區域商會（Cobourg and District Chamber of Commerce）的理事長獎。

家庭生活尋寶遊戲

Angela M. Cavett

目標

- 融入家庭
- 建構對家庭生活及居住環境的了解
- 評估家庭關係及動力
- 評估家庭的因應技巧及周遭可用資源

媒材

- 尋寶清單（如附件）

事前準備

影印一份尋寶清單。

活動說明

註：此活動需用兩次會談時間來完成。

　　說明尋寶遊戲是用趣味的方式來認識、了解家庭。詢問家庭喜不喜歡尋寶遊戲，如果有家庭成員從來沒玩過尋寶遊戲，請先大致向他們說明遊戲的內容。將尋寶清單給家庭，請他們閱讀這份清單，並且討論他們可能會選擇哪些指定物品。接著請他們想一想誰要負責蒐集清單上的物品，簡言之，家庭成員需要一起分工合作蒐集清單上的物品，而工作的分配會視他們選擇哪些指定物品而定。

　　鼓勵家庭在家進行「家庭生活尋寶遊戲」，並且在下一次的會談把指定物品帶來。如果指定物品需要特定的運送方式，可以跟家庭或家長一起討論。針對搭乘大眾交通運輸工具的家庭，「家庭生活尋寶遊戲」的內容可以

調整為帶一些比較小、容易攜帶的物品，或是家庭也可以用該物品的照片或圖畫來替代。

在下一次會談，家庭會帶著他們蒐集到的物品回到治療室中，邀請他們展示並討論每樣物品。如果有遺漏的物品，則也會討論遺漏的原因及內在的感受。治療師可以用下列問題來引導討論，例如：

1. 在尋寶遊戲中，誰做了最多的決定？
2. 誰在蒐集物品的過程中玩得最開心？
3. 有任何人在尋寶遊戲中變得不開心嗎？如果有，這個情緒後來是怎麼處理的？
4. 舉出一個例子來說明你們家在尋寶遊戲中是如何分工合作的。
5. 要蒐集的物品中，你最喜歡哪一個？
6. 哪個物品是最難蒐集到的？
7. 你覺得這個遊戲的目的是什麼？

討論

在尋寶遊戲中，治療師的融入與評估過程會透過趣味地參與家庭而增強。尋寶遊戲讓家庭成員可以展現他們對自己家庭生活的重要觀點。饒富趣味的介入會讓抗拒降低，並且讓家庭可以主導整個參與過程。在治療方面，尋寶遊戲讓治療師得以回答下列問題：

1. 家庭是否堅持完成治療的家庭作業？
2. 家長對孩子是給予協助或發號施令？其互動是否具有支持性？他們的互動是否促進分享？
3. 家庭是如何做決定的？
4. 每位家庭成員在家庭中的角色為何？
5. 家庭的溝通型態為何？
6. 家庭有彼此一起玩的能力嗎？
7. 有任何關於孩子生命故事的提示線索嗎？
8. 家庭成員會做什麼來放鬆及自我安撫？

9. 家庭成員有什麼興趣嗜好？

10. 家庭是否有共同積極參與的時間？

　　透過這個活動可以獲得豐富的評估訊息。這個活動會將家庭議題及動力帶到表面來，進而能夠對之探索、討論及治療。在活動中，治療師對家庭帶來的物品保持興趣，並且詢問開放式問句以進一步探索潛在的想法及感受。

關於作者

請參見第 46 頁。

附件 # 家庭生活尋寶遊戲：尋寶清單

1. 家庭照

2. 每個孩子在嬰兒時期與家長的合照

3. 每個孩子在嬰兒時期與另一名成人的合照

4. 家中某個重要人物的照片

5. 家庭度假或出遊的照片

6. 最受喜愛的家常菜食譜

7. 某件幫助你放鬆的物品

8. 某件有趣的物品

9. 家庭旅遊所帶回來的紀念品

10. 某件手工做的物品

11. 家裡尺寸最大跟最小的鞋子

12. 某件可以代表你們家傳統或文化的物品

13. 一件傳家之寶

14. 某件你們家用來娛樂的物品

15. 某件你們家的無價之寶

16. 某件代表你們家的問題或煩惱的物品

17. 某件可以表現你們家的愛的物品

18. 某件可以幫助你們家的物品

 整個世界都是我們家的遊戲場

Gisela Schubach De Domenico

目標

- 使家庭成員共同參與非指導性活動
- 激發每位家庭成員的獨特創意、感受性及與生俱來的智慧
- 激發每位家庭成員幫助家庭健康成長的能力與興趣
- 移除對代罪羔羊（I. P.）的關注

媒材

- 沙盤，至少需要20×24吋大小、3至5吋的深度，並用60目（60-mesh）大小的沙將沙盤填至半滿
- 豐富的各種小玩具、大自然物件及象徵物，足以顯示人類生活經驗的複雜度與多樣性。前述這些物品可以放在架上陳列，或分門別類放在籃子裡
- 一大罐水
- 大蠟燭
- 火柴
- 數位相機

事前準備

將裝了半滿沙量的沙盤擺放在矮桌上，並將矮桌置於遊戲室的中央，靠近小物件。

在桌子旁準備二至六張高度適中的椅子。

活動說明

「沙盤—世界遊戲」的目的在於提供家庭共同的遊戲經驗。一方面，共

同的家庭沙盤遊戲邀請所有成員出席，並將他們自由選擇的獨特個人貢獻帶進沙中世界。每位成員的遊戲角色皆是被允許、受歡迎的。另一方面，共同家庭沙盤遊戲也要求所有人要有彈性地接受其他成員的獨特貢獻。成員不應該忽略或隔離彼此所提供的遊戲角色，而是去了解所有人並實際與之互動且遊戲。這樣的做法支持了成員在家庭遊戲世界呈現出家庭故事。家庭便有機會以自然、不斷變化、互動的方式在此時此刻與彼此連結。

很多時候有些家庭沒有時間也沒有空間能夠遊戲：有些家庭被困在不斷指責彼此的狀況中，或單純只要求「改變」的困境中。家庭充滿了關係，活生生地存在著，當家人主動自發地投入活動當中，便能夠成長發展。在這段治療時間裡，治療師對家庭展現賞識、關照與關心是相當重要的。

指導語 1：開始建立家庭世界

「我邀請所有家庭成員在這個沙盤中建立一個家庭世界：沙子可以移動，你們可以看到有一層藍色的底。你們可以用水把沙子塑造成任何樣子。這裡有一些不同的小玩具、大自然物件和圖片，可以讓你們每一位用來塑造出你自己最想要的家庭世界的模樣。在創造你們的家庭世界時，所有人都可以選擇要把什麼／誰帶進這個世界。先不論你的喜好，請你選擇那些『呼喚你』的東西。不需要知道每個物件代表什麼意思，只要專心一起玩就可以了。每座山、每座湖、每輛車子、每隻動物、每棵樹、每隻怪獸、每個魔術師……任何你放進家庭世界的東西對你們家來說都是一個禮物。這個家庭世界永遠都屬於你們所有人，所有人都平等地擁有它。每個人都可以和家庭世界裡的所有角色玩：所以只要你喜歡，你可以不限次數地重新布置所有物件。同時，毫無疑問地，你也可以在任何時候把這些小物件從家庭世界拿出來。簡言之，就是把那些物件放在你們認為屬於它們的位置。在遊戲時，你們可以和彼此交談，也可以安靜地遊戲。用你今天想要的遊戲方式進行。隨著你們所有人一起玩，你們的世界也會不斷地隨著時間改變樣貌，一直到每個人對於今天的家庭世界的模樣都有共識為止。」

指導語 2：家庭世界建立完成

「現在家庭世界已經變成它應該成為的樣子了，請安靜地一起看著這個世界，並且記住它從一開始到改變成現在的樣子。

接著大家輪流分享，在今天的家庭世界中你經驗到了什麼事，或是你現在的感受。我們先聽每個人說完。接著你們可以彼此分享、討論你們的經驗及你們對這個家庭世界的想法與感受。」

指導語 3：遊戲結束時間與分享時間

「在我們離開家庭世界前，我想邀請各位探索一下：今天的家庭世界以及你的內在智慧告訴你，你的家庭在此時此刻需要什麼？針對我們的家族遊戲治療目標，今天的家庭世界遊戲告訴我們什麼呢？」

指導語 4：結束階段

當治療師為家庭世界拍下照片時，他／她或許會理解到這個世界的不同面向，進而帶出現實生活裡的家庭世界／故事。治療師複述每一位家庭成員提出的看法，接著在家庭世界旁點燃一盞蠟燭，鼓勵每位成員多看一眼家庭世界與它所帶來的教導。引導家庭成員要祝賀彼此，並以每個人在過程中所體驗到的經驗為榮。被點亮的蠟燭邀請所有人榮耀家庭世界中神聖／值得尊敬的每個觀點。

討論

自由且自發性的「沙盤—世界遊戲家庭會談」為動態表達家族遊戲治療（Dynamic Expressive Family Play Therapy）奠定基調。家庭被視為具有智慧、有創造力、敏感的以及行動導向的存在（being）。沙盤中的治療性遊戲激發家庭與生俱來的能力，以達到其生存、照顧、和諧、健康、快樂等集體需求。隨著家庭探索改變的不同可能性和在共同遊戲中的轉變，解決問題的能力與對專業諮商的接受度都可能會有顯著提升。

　　建議在初始階段使用非指導性「沙盤—世界遊戲」的方式，家庭會因此與他們的創造性問題解決能力有所連結。此類型遊戲會談可被運用在處遇階段與結束階段中的任何時機。隨著家庭更能彼此一起遊戲，每位成員可以輪流單獨玩家庭世界，其他成員則在旁觀看；不增加也不減少任何角色──家庭成員只能玩家庭世界中現有的物件。在任何現有環境中，這是一個發現內在無限可能的好方法。

　　在家庭會談中，治療師維持非指導式、支持每位成員的創意表達會是很有幫助的。不需要期待「特定形式」的家庭世界。專注、支持與鼓勵遊戲過程的任何可能。讓家庭參與他們的「自我評量」。讓他們開始了解彼此。讓他們開始對於自己在尋找什麼及他們要處理何種問題有所領會。

　　治療師不鼓勵也不反映任何的責備及帶有評價或針對個人的回饋──例如「你總是製造麻煩」。反之，治療師應將發言者的回饋重新導向針對家庭世界，及其中的角色正在做什麼、說什麼、感覺到什麼等。提醒每一位成員，如果他們想讓家庭世界中的角色做些其他的事，他們可以自由地去改變。

　　治療師可以在會談結束時提出其他問題：

1. 今天你們家到這裡來並且一起遊戲，這是一項很棒的成就。我想知道，對你們每位來說，一家人聚在一起並且一起遊戲是什麼感覺？

2. 你們有發現你們每一位是如何對今天的家庭世界做出特殊的貢獻嗎？請思考每一位貢獻了什麼。你們可以互相提醒。

3. 當你們今天一起遊戲時，每一個人都有機會得到別人對你的付出。有些被放進家庭世界中的禮物是受歡迎的，也有些是不太容易接受的，更有些會令人覺得不開心跟難過。能不能分享你們是如何看待其他人的遊戲的呢？

　　治療師觀察家庭世界、遊戲中的家庭及彼此的互動，並且關注與支持他們以下行動的表現：

- 自發性、實驗性的遊戲──既能樂在其中，又能與眾不同的精神
- 接受別人、和別人遊戲的能力

- 好奇心、彼此的關聯、參與的狀況
- 尊重、情感與信任的表達
- 接受他人故事的能力
- 受苦與關懷

當與家庭世界共處時,關注:

- 有能力進行「英雄任務」的物件,據此,世界中的角色得以更有效地滿足他們的需求
- 智者、助人者及學習機會的體現
- 阻礙、破壞性力量與改變動力的體現

努力覺察自己的反移情:

- 你如何被會談過程感動
- 你對每位成員的遊戲所能給予的支持程度
- 你自己對於改變家庭世界、遊戲或家庭故事的需求

特殊考量及調整

當有些家庭可能因有些人「太軟弱」而無法表現,或是有些人「太過指責」、獨裁或是憤怒,而無法一起共同創造一個家庭世界時,可以考慮提供每位家庭成員個人的沙盤。如此一來,每個人都可以創造一個其他人不能碰也不能一起遊戲的世界。透過這樣的遊戲過程,每位成員和其他家庭成員分享他們個人獨立的世界。家庭成員開始學習發展出對彼此經驗的好奇心與同理反應。在家庭會談中創造的個人世界提供了治療師線索,了解家庭可以如何對個人的努力與需求展現最大的支持(詳細說明請見 De Domenico [2005])。

註:治療師若受過「沙盤—世界遊戲」訓練,並且已有個別、家庭及團體「沙盤—世界遊戲」經驗,對治療會更有幫助。

 **參考文獻**

De Domenico, G.S. (2004/1982). *Sandtray-Worldplay Therapy: Levels 1-6 training hand-outs*. Oakland, CA: Vision Quest Into Symbolic Reality.

De Domenico, G.S. (2005). *Sandtray-Worldplay: A comprehensive guide to the use of the sandtray in psychotherapeutic and transformational settings*. Oakland, CA: Vision Quest Images.

De Domenico, G.S. (2008). *Sandtray-Worldplay: An experiential home study course for individuals and groups: Volume 1*. Oakland, CA: Vision Quest Images.

關於作者

Gisela Schubach De Domenico，具有 PhD、LMFT、RPT-S 背景，是一位持照的婚姻與家族治療師、家庭諮商師，及註冊遊戲治療師督導。她發展並講授以現象學及歷程取向的動態表達遊戲治療（Dynamic Expressive Play Therapy）、沙盤—世界遊戲（Sandtray-Worldplay）與自然—世界遊戲治療（Nature-Worldplay Therapy），且於為期三十二天的「從視覺探索進入象徵現實」（Vision Quest Into Symbolic Reality）培訓基礎方法課程教授這些取向。她也在美國加州的奧克蘭私人執業，主要提供轉化歷程及臨床訓練、諮詢，及在美國及加拿大各地督導的服務。她是一位遊戲治療學會、美國認證諮商師全國委員會（National Board of Certified Counselors）及加州行為科學委員會（California Board of Behavioral Sciences）認證的培訓講師。同時也是沙盤網絡（Sandtray Network）及《沙盤網絡期刊》（*Sandtray Network Journal*）的共同創辦者及編輯，她也發表過相當多的專欄文章、六本訓練手冊，及兩本沙盤—世界遊戲治療的教科書。

家庭玩偶饒舌說唱會談

Catherine Ford Sori

目標

- 邀請非自願的青少年、孩童和家庭成員進入治療歷程
- 觀察並且評估家庭動力（例如：家庭成員如何分派任務、參與及享受玩樂的程度、如何做成決定、家庭的溝通型態，以及任何互動結構上的議題）
- 辨識玩偶饒舌說唱故事所反映的家庭議題

媒材

- 紙
- 替每位具有良好寫作技巧的家庭成員準備原子筆或鉛筆
- 至少二十至三十種廣泛且多元的玩偶，用以代表具有攻擊性、撫育、膽怯等性質的動物、人類和神話人物等（更詳細的清單，請詳見 Gil & Sobol [2000]）。（註：假如玩偶不容易取得，則可用一般二手零售商店容易找到的廉價填充玩具動物取代）
- 遊戲用麥克風（選擇性）
- 攝影機或錄音機（選擇性）

事前準備

　　在家庭抵達之前，可以先將玩偶分散放置在一張桌子或者地毯上。其他媒材則放在玩偶附近，以便需要時可以輕易取得。

活動說明

　　家庭玩偶會談（Family Puppet Interview, FPI）最早於 1974 年由 Irwin 及 Malloy 所提出，此會談需要家庭成員選擇玩偶，然後使用玩偶創作故

事，並且使用玩偶演出這些故事。在故事被演出之後，Irwin 及 Malloy 會問案主認知性的問題，譬如說，這故事的標題可能是什麼，或者每個人認為這故事的寓意是什麼。Gil（1994）進行活動時，以「停留在象徵中」拓展了基本的 FPI 技術。在所有隱喻象徵出現之前，她直接與玩偶對話，並且鼓勵玩偶回應，或者將某事加入一起討論，或者試著一起做些不一樣的事。然後，藉由詢問一些關於這個故事的標題、意涵，或者在家庭成員看見玩偶進行的故事與真實生活之間的任何相似處後，她才從隱喻象徵層面移轉到真實生活面。

在給予案主指示時，Gil（1994）強調，他們是使用所選的玩偶來將故**事表現出來**，而不僅只是敘述這個故事。「家庭玩偶饒舌說唱會談」則是 Gil 在家庭玩偶會談技術中，一種文化上及音樂上的改編。家庭成員透過饒舌說唱（rap）來述說他們的故事（這故事有開頭、有過程、有結尾），然後使用他們所選擇的玩偶來進行饒舌說唱演出，而不僅是表現出來而已。

先向家庭成員解釋，你將會為他們準備一個特別的活動，每個成員都會有玩偶並要說唱。首先，要求每個人選擇一個玩偶。此時，治療師退開而不參與，觀察並記錄每個成員如何選擇玩偶、拿了又放下的過程。在每位成員都選好他們的玩偶後，接著說明下列的指導語：

「請你們一家人編造一個具有開頭、過程與結尾的故事，但是它不能是個已知的故事，像是《灰姑娘》或《玩具總動員》之類的。你們要用饒舌說唱的方式寫出自己的故事，並且練習它，然後用玩偶來演出。」

玩偶們同時一起說唱，或是各自演出故事裡的一小部分、其他玩偶再一同加入合唱都沒有問題。這整個故事如何完成，都交由家庭成員共同協商決定。大約給這個家庭三十分鐘的時間去完成這個任務（註：因為這活動可能會超過既定的會談時間，因此部分家庭成員可以在下次會談中繼續完成他們的饒舌說唱演出）。

當家庭成員正在進行饒舌說唱時，治療師應該不涉入，並且離開治療室走到單面鏡後進行觀察（假如許可的話），或安靜地坐著，悄悄地在一個角落假裝從事別的工作，但其實是在觀察：家庭成員如何分派任務、參與及享

受玩樂的程度、如何做成決定、他們的溝通型態，注意任何互動結構上的議題（聯盟、糾結、疏離）；支配者、離開者、領導者的出現；誰是撰稿員和演唱者（詳細說明請見 Gil & Sobol, 2000）。這些過程的觀察在評估家庭動力時是重要的。

　　在家庭成員開始演出之前，治療師要求每個玩偶先介紹他／她自己。當家庭成員表演饒舌說唱時，治療師應該注意到這活動排練及演出之間的差異（Gil & Sobol, 2000）。這活動首先以「停留在象徵中」來處理（Sori, 2006）。舉例而言，治療師可能會問媽媽的小羊玩偶，有一個大黃蜂的兒子，感覺怎麼樣，或者一隻猴子與一隻章魚如何玩在一起，尤其當一個是生活在樹上，一個是生活在海洋裡時。這些問題應該被限定是與家庭及故事具體相關的，包括這些玩偶們如何克服逆境、如何一起工作，以及每隻玩偶擁有怎麼樣的優勢（詳細說明請見 Gil, 1994 及 Gil & Sobol, 2000 關於進行 FPI 更多的問題建議）。

　　接著，討論將聚焦於下列問題：

　　1. 撰寫饒舌說唱故事與使用玩偶演出它，感覺怎麼樣呢？

　　2. 進行活動時，什麼讓你感到驚訝？

　　3. 關於這個活動，最棒與最困難的部分是什麼呢？

　　4. 你注意到這活動與你的生活之間有什麼相似之處？

　　有關饒舌說唱的影像（或聲音）影帶能在稍後的會談之中使用，以拓展此隱喻象徵，或針對已經出現過的主題與議題進行討論。許多家庭成員（尤其是孩子）喜歡看他們自己的演出，對治療師而言，這影帶可以重複觀看，以便理解活動中的所有意義（Gil & Sobol, 2000）。

討論

　　饒舌說唱一般被使用在邀請與處遇青少年及家庭成員（Sori, in press; 2008）。饒舌說唱與許多文化及不同年齡層團體有關，並且對於讓非自願的青少年及孩童進入治療當中，是一種非常有用的方式。同時，它也是一種媒介方法，讓許多父母可以投入其中，並且能夠用以引出家中年輕成員在撰

寫與演出饒舌說唱時的「專長」。

　　這個活動是用以評估一個家庭，他們一起工作的能力、界線與結構、溝通型態，甚至是依附發展水準的有效方式。因為這是一個好玩的活動，且在今日與大多數的父母、青少年、兒童文化相關，因此，它是一個邀請家庭成員投入，並鼓勵他們在治療過程中積極參與的極佳方式。使用玩偶及饒舌說唱是迴避案主的防衛或不情願，進而揭露更多訊息給治療師的一種方式。

　　在後續的活動中，治療師可以運用家庭成員曾選用過的相同玩偶，或者是出現在先前會談中某主題的新玩偶，寫下治療師自己的饒舌說唱，甚至是寫下該家庭更好的饒舌說唱／故事結尾。

　　家庭玩偶饒舌說唱會談不但可以在治療初期用以參與及評估家庭動力，也可以在治療結束時（來「玩」成它吧！），透過相同（或新的）玩偶及饒舌說唱來反映他們的治療經驗。治療師也許可以透過創造他／她自己的玩偶說唱呈現這個家庭的情況、他們的努力、他們的優勢及進步、他們的未來目標，為這個家庭的改變留下註記（Sori, in press）。

參考文獻

Gil, E. (1994). *Play in family therapy*. New York: Guilford.

Gil, E., & Sobol, B. (2000). Engaging families in therapeutic play. In C. E. Bailey (Ed.), *Children In therapy: Using the family as a resource*. New York: W. W. Norton.

Irwin, E. C., & Malloy, E.S. (1975). Family puppet interviews. *Family Process, 14*, 170-191.

Sori, C.F. (in press). Using hip-hop in family therapy to build " rap" port. In H. G. Rosenthal (Ed.), *Favorite counseling and therapy homework assignments* (2nd ed.). New York: Routledge.

Sori, C.F. (2008). " Kids-rap:" Using hip-hop to promote and punctuate change. In C.F. Sori & L.L. Hecker (Eds.), *The therapist's notebook: Vol. 3. More homework, handouts, and activities for use in psycho-*

therapy. New York: Routledge.

Sori, C.F. (2006). Family play therapy: An interview with Eliana Gil. In C. F. Sori (Ed.), *Engaging children in family therapy: Creative approaches to integrating theory and research in clinical practice*. New York: Routledge.

關於作者

　　Catherine Ford Sori，具有 PhD、LMFT 之背景，是州長州立大學婚姻與家族諮商領域的副教授及領導者，同時也是芝加哥家庭健康中心的助理教授（芝加哥大學的一個聯盟機構）。她在普渡大學西拉法葉取得兒童發展與家庭研究的博士學位，專攻婚姻與家族治療。她致力於家庭制度與健康照護，並且在癌症支持中心擔任孩童與家庭服務的主任。她的專長領域還包括整合遊戲於家族治療、培訓兒童與家庭諮商員、兒童喪親之痛、整合音樂和舞蹈於伴侶及家族治療、離婚及再婚家庭、道德與靈性工作。她也是下列六本書的作者及編輯，*The Therapists' Notebook for Children and Adolescents*、*The Therapist's Notebook II*、*The Therapist's Notebook III*（與 Lorna Hecker 博士合編）、*Engaging Children in Family Therapy: Creative Approaches to Integrating Theory and Research in Clinical Practice*，以及 *The Therapist's Notebook for Integrating Spirituality* 第一冊與第二冊（與 Karen Helmeke 博士合編）。她撰寫了許多書籍章節和期刊文章，並且發表上述各領域的主題研究，也是美國婚姻與家族治療學會認可的督導，並且是遊戲治療學會和美國諮商學會的成員。同時，她也是好幾份期刊的編輯委員。

成功食譜

Katherine M. Hertlein

目標

- 增進個人與家庭需求的自我覺察
- 辨識家庭內的優勢與弱勢
- 針對治療會談,發展未來目標

媒材

- 一張任何規格的剪貼紙
- 原子筆或彩色筆
- 剪貼簿裝飾(可能是烹飪、食物、食譜相關的飾品,或任何有助於家庭成員完成活動的角色)
- 每位家庭成員製作廚師帽或圍裙所需的材料(選擇性)

事前準備

為這活動安排一個平坦的地方來擺放媒材,以方便每位成員能輕易取得。

活動說明

要求家庭成員一同合作,發展出一個成功食譜,食譜裡要有「促進家庭快樂成功」的必要成分。這成分包括原料、數量以及烹飪指導說明書。這些成分不見得與食物有關,而是要與情緒感受、想法、感官知覺以及行為有關。舉例而言,某個家庭列出了這些成分:「愛」、「遊戲玩樂時光」、「信任」、「尊重」,以及「擁抱」。

為了增加這活動的吸引力,每一位家庭成員可以製作廚師帽或圍裙,這

有助於提醒家庭成員有意識地將活動及治療目標放在心上。

家庭成員概要說出這食譜後，治療師可詢問下列問題，譬如：

1. 說說這食譜是如何被創造出來的。每個人各自貢獻了什麼？

2. 當你構思這食譜時，你想到了什麼？

3. 當你構思這食譜時，你感覺如何？

4. 有沒有什麼成分讓你出乎意料？如果有，是怎樣讓你出乎意料的？

5. 說說這烹飪指導說明書產生的過程。最重要的步驟是什麼？最不重要或可以改變的是什麼？

6. 關於要用什麼原料及如何製作的過程，最後是如何決定的呢？

7. 家庭中的每位成員能做什麼或改變什麼，好確保這食譜可以順利完成呢？

在身為「助理廚師」的角色上，治療師能夠做些什麼來幫助這食譜能順利產生呢？

活動開始後，詢問家庭成員他們想看到什麼樣的食譜。有哪些成分要增加或減少呢？想要新增或移除什麼？有哪個步驟想要改變呢？討論有哪些要納入新食譜之中以及必要的步驟是什麼。用剪貼紙及飾品，和家庭一同合作來製作他們的新食譜。

在完成這個食譜後，接著進行下列歷程問題：

1. 還有誰也會知道這個食譜嗎？在什麼情況下，你會和誰分享呢？

2. 哪道小菜可以跟這個食譜相輔相成？

3. 如果需要增加成分或修改烹飪指導說明的話，你是怎麼知道的？

4. 如果要改變某些成分的話，要有什麼條件呢？也就是說，在你的家庭生活裡，你要如何添加更多的_____？（譯註：此空格由成員自行描述想要在家庭生活中添加的物件成分，如前述的愛、尊重、合作……關鍵不只在添加什麼，更著重如何添加或需要什麼發生。）

5. 為了能夠完成這個食譜，你可能需要什麼工具？

💬 討論

　　本活動協助家庭成員及治療師雙方更理解家庭成員如何看待他們自己，以及在處遇中找出主題。對於治療中需完成的目標而言，剪貼紙可作為一種視覺上的提醒。透過成功食譜來發展出達成目標的計畫，進而找出處遇目標。

　　在討論食譜的製作過程時，這活動也同時指認了家庭裡的歷程問題。此外，它還提供家庭成員彼此合作的機會，一起達成目標，並寫下創造正向開端的歷史。

　　一個可能會發生的挑戰是，家庭無法在食譜上達成共識的無力感。藉由要求每一位成員去創作他／她自己的食譜，來當作本次會談的家庭作業，並且將它帶回到下次會談中，以面對這個挑戰。在這次會談過程中，將聚焦在食譜的共通性，以及食譜內容要有什麼的共同看法。治療師甚至可以進一步思考，處遇的終點目標就是完成一道整合過的家庭食譜。當家庭越能整合食譜，就越靠近處遇終點。

關於作者

　　Katherine M. Hertlein，具有 PhD、LMFT 背景，是內華達拉斯維加斯大學婚姻與家族治療系的副教授。她在普渡大學蓋萊默分校完成婚姻與家族治療的碩士學位，並且在維吉尼亞理工大學完成婚姻與家族治療的博士學位。她是美國婚姻與家族治療學會、遊戲治療學會，以及美國性教育師、性諮商師與性治療師學會的成員。她曾經擔任內華達遊戲治療學會的主席。她已經出版了五十篇期刊文章、書籍章節，以及五本書，包括 *The Therapist's Notebook for Family Healthcare* 和 *The Couple and Family Therapist's Notebook*。

🎈 思想泡泡

Trudy Post Sprunk

♥ 目標

- 評估家庭關係與動力
- 辨識每位家庭成員是如何感知家庭動力（譬如溝通型態與感受）
- 增進家庭成員間的開放溝通
- 增進家庭凝聚力
- 增進因應策略

♥ 媒材

- 鉛筆
- 思想泡泡工作單（如附件）

♥ 事前準備

這個活動有五個版本，會談開始前先決定這次要使用哪個版本。

為每位家庭成員準備數張思想泡泡工作單；如果多於四人，則一人兩張。

安排座位，好讓每個人都有平坦的地方可以隱密地書寫。

♥ 活動說明

版本一的活動說明：「有趣的事」

請家庭成員安靜地在自己的工作單上寫下自己的名字。然後在火柴人的下方寫上家庭成員的名字（譯註：火柴人，the stick figures，如下圖🕴）。

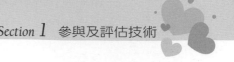

　　讓每位家庭成員在每一個思想泡泡中，寫下他／她與其他人說過且／或做過的趣事。

　　所有人寫完每個思想泡泡後，請每個人一一分享他／她所寫下的某個人的趣事。舉例來說，這家庭可能一致同意，先分享爸爸曾說過或做過的趣事。在每個人分享完他們自己與其他人的內容之後，請他們就剛剛分享的內容，檢視自己的想法與感受。

　　治療師的另一種做法是蒐集家庭成員完成的工作單，唸出這些思想泡泡的內容，再請大家去猜測不同的思想泡泡是誰寫的。

版本二的活動說明：「重複叨念」

　　在每一個火柴人頭上的思想泡泡裡，請家庭成員寫下每個人（包括自己在內）最常出現的重複叨念或問題。

　　在完成之後，請每個人分享他／她所寫的。說完後，引導他們討論家庭成員重複叨念的影響，以及其有效或無效之處。

版本三的活動說明：「感受」

　　在每一個火柴人頭上的思想泡泡裡，請每個人寫下自己和其他家人最常經驗到的感受。

　　在每個人完成任務後，鼓勵家庭成員分享他們所寫的，並請他們舉例，通常在什麼時候他們會觀察到某位家庭成員的感受，以及這感受會如何影響著大家。

版本四的活動說明：「擔憂」

　　在每一個火柴人頭上的思想泡泡裡，請每個人寫下他們認為大家在擔憂什麼，以及他們能做些什麼來減少這擔憂。

　　然後每個人分享他們的回應。在大家輪流分享完他們的回應後，請他們列出減少擔憂的其他方法。

版本五的活動說明：「沒說出來的話」

在每一個火柴人頭上的思想泡泡裡，請家庭成員寫下他們認為其他人想說、卻因為某個原因而不能說出的事情。

然後每個人分享他們的回應。在大家輪流分享完他們的回應後，討論有什麼可以幫助大家更坦誠地交流。

討論

使用版本一的思想泡泡，提供家庭成員一起分享、一起大笑的機會。這會增加家庭連結感，降低彼此間的疏離感。

使用版本二的思想泡泡時，家庭成員分享他們對於其他人重複叨念的知覺以及它的效果。這有助於其他家人驗證其自我知覺是否合乎現實。在討論過程中，治療師鼓勵家庭成員去探索何以會重複叨念，並找出如何避免叨念的方法。

在填寫版本三的思想泡泡時，每個人都提出對自己及對其他人主要情緒狀態的看法。這開啓了彼此對於感受及看法的溝通。這讓每個人參與其中，協助評估及增進理解。版本五也能增強家庭內的溝通。

孩子往往敏銳地意識到父母的情緒狀態，並且深受父母的壓力及煩惱所影響。版本四的思想泡泡，提供了一個場合讓家庭成員分享他們的擔憂，以及他們可以做些什麼或想些什麼來減少這些擔憂。這工作單不但加深了家庭間的覺察，且豐富了關於因應策略的治療性對話。

關於作者

請參見第 29 頁。

 附件 思想泡泡：工作單

家庭成員

家庭成員

家庭成員

家庭成員

影像記錄團隊

Trudy Post Sprunk

目標

- 建立一個安全且開放的治療環境
- 確認家庭裡導致問題行為的互動模式
- 增進家庭成員間的開放溝通

媒材

- 紙張
- 色鉛筆、彩色筆或蠟筆

事前準備

　　為每位家庭成員安排一處平坦的繪畫空間。重要的是，畫紙放置之處不在每個人視線直接所及之處。準備著色材料，以便每位家庭成員可以輕易地取用。

活動說明

　　請每位家庭成員安靜且獨自作畫，想像有一組隱形的影像記錄團隊會看見每一位家庭成員在家時會做些什麼。

　　完成之後，請每位成員陳述他們所畫的家庭生活；討論家庭成員觀點上相似與不同之處，及處理因為這活動的結果而出現的感受；詢問每位家庭成員感受到或想到的是什麼等等。

　　下面的提示與探索將有助於活動的進行：

　　1.你注意到這些畫之間有什麼相似之處？

　　2.其他家人對家庭的感受，有讓你發現什麼嗎？

3. 你希望在家中的生活可以有何不同？

4. 你喜歡什麼樣的家庭生活？

討論

這技術提供了家庭成員與治療師一個方法，用以評估家庭中每個人所經驗到的家庭生活及家庭關係。治療師也許可以了解到家庭聯盟、三角關係、角色等等。在介入治療時，這些資訊對家族治療師而言非常珍貴。

無論家庭成員怎麼看待家庭生活，或是他們希望有何不同，「影像記錄團隊」提供家庭一個討論與處理他們對於家庭生活真實感受的機會。

要求家庭成員參與右腦活動（例如，藝術）的結果，往往也會刺激左腦的活動（例如，分析、認知、理性）。案主從事這些藝術活動時，也會對這些已完成的作品產生自發性的見解（Gil, 2003）。此外，繪畫提供家庭成員機會，將他們的內在自我投射到外在表象。受過訓練的治療師能夠使用這視覺紀錄來了解個別信念與感覺。了解每位家庭成員的內在世界，有助於治療師看見每一個人是如何影響這家庭的功能，而此洞察力能夠幫助治療師寫下處遇計畫、設定處遇目標，以及提供有效的治療。

參考文獻

Gil, E. (2003). Family play therapy: "The bear with short nails." In C.E. Schaefer (Ed.), *Foundations of play therapy*. New York: John Wiley & Sons.

關於作者

請參見第 29 頁。

我在家庭裡的角色是什麼？

Heather Venitucci 與 Jacob Gershoni

目標

- 展現家庭內的角色與關係動力
- 增進家庭內的開放溝通
- 在家庭成員之間建立信任感與創造安全感
- 鼓勵角色實驗的探索與討論

媒材

- 紙
- 黑色麥克筆
- 原子筆、鉛筆及彩色筆
- 提問單（如附件）

事前準備

在白紙或彩色紙上，寫上下列稱謂頭銜，一張紙寫一個：

- 代罪羔羊
- 統治者
- 撫育者
- 一家之主
- 討好者
- 怪咖
- 藝人
- 搖錢樹（金錢製造者）
- 管家
- 操煩憂慮者
- 計畫者
- 組織者
- 戰士
- 抱怨者
- 女伶
- 熊寶寶

- 樂觀者
- 悲觀者
- 懷恨在心者
- 情人或充滿愛的人
- 守密者
- 找藉口的人
- 安靜者
- 多話者

- 神秘者
- 巫師
- 和事佬或中間人
- 冷漠者
- 容易被忽視者
- 老闆
- 童話公主
- 觀察者

將這些紙攤開在地板上，並將稱謂頭銜朝上。

檢視提問單，並在必要時進行修正，以符合某些家庭的特殊狀況。

活動說明

說明活動的指導語：「今天，我們將要進行一個遊戲，讓你找出你在家庭中常扮演的角色。你可以看到地板上有許多寫了不同稱謂頭銜的紙。」

請家庭成員輪流讀出這些稱謂頭銜，並討論這些稱謂頭銜對他們而言意味著什麼。接著：「現在，我想要你們每個人去選擇兩個或三個稱謂頭銜，你覺得是描述你在家庭裡所扮演的角色。舉例而言，在**莎莉**家裡，她的哥哥及妹妹遇到事情時都來找她，卻要她保守秘密，不然他們會不高興。她第一個選的可能是守密者。同時，她也可能是家庭裡面又會演戲又愛說搞笑故事的人，所以她第二個選的可能是藝人或怪咖。她也可能覺得只要家裡出了問題，她總是受到指責，所以她第三個選擇可能是代罪羔羊。」

家庭成員選了兩、三個稱謂頭銜後，請他們坐下來並且將這些稱謂頭銜放在他們面前，然後說：「現在，我唸出一個問題，請你們舉起最能代表你狀況的那張稱謂頭銜。」如果之前提供的角色沒有一個符合的話，給家庭成員一些紙，好讓他們寫下或畫出他們自己覺得適合的稱謂頭銜或人物角色。這會提供一個極佳機會來讓家庭成員根據一本喜愛的書、一齣電影或一首歌曲，攜手合作共同創造一系列的稱謂頭銜／角色。

唸出每一個問題，並且允許家庭成員去理解彼此及彼此的回應。他們可

能會用單一字詞或近乎沉默的方式來表達他們的感受，也可能會滔滔不絕地討論及分享。

下列的探索將有助於進行這項活動：

1. 對於家中每一位成員所扮演的角色，你有什麼樣的理解或學習？

2. 你希望這個家可以有什麼不同？

3. 在你家庭裡，你喜歡哪個成員所扮演的角色？

4. 哪一個角色讓你想要嘗試體驗一天看看？

5. 你想要做哪一件事來改變你在家裡扮演的角色？

6. 你可以找誰幫你忙，做好你的角色？

7. 你想要謝謝哪個人所扮演的角色？

最後，如果還有時間，拿出彩色筆，請成員選擇他們最有感覺的稱謂頭銜，在它周遭寫下一些話、想法、感受及印象。請成員分享哪個角色是他們喜歡或不喜歡，以及想要嘗試、想要改變或想要拋棄的。

討論

本活動改編自 Dayton（2003）與 Lipman（2003）所發展的類似練習。

社會計量與心理劇的創始人 Jacob L. Moreno（1977）相信我們每一個人都生在一個環境裡，在這環境裡，我們基於原生家庭所分配到的角色而學會一些行為特性，稱之為我們的「社會原子」（social atom），無論我們去哪都帶著這樣的社會原子同行，重現家庭裡所學到的角色關係。Moreno 對這信念的回應方法，是為人們提供一個有趣且自發的方式，探索他們被分配到的角色、表達對這些角色的感受，並鼓勵人們對於不想要或失功能的角色做出選擇與改變（Lipman, 2003）。

這活動促進角色探索的第一步，提供家庭成員一個有架構的方式辨識自己的家庭角色，並思索及說出對這些角色的任何感受。家庭成員在積極傾聽中，分享角色的難處、理解不同角色的優勢，以及考慮改變角色的可能性，進而在鼓舞下互相支持。這些往往會增進家庭間的連結與溝通，以及加深家

庭內的信任。

「藉由探索角色，我們能夠探索 [與他人之間] 關於自己的面向……適應良好的人傾向於扮演多元的角色……當我們經驗到我們生活裡的角色平衡，並且能在角色之間輕易地流動進出，便能保護自己免於感受到耗竭、憂鬱或束手無策……僅僅是命名我們所扮演的角色、觀看這角色是否平衡，我們便能觀照自己的生活……進而寫下自己的處方」（Dayton, 2003）。在家庭單位裡的角色滿意度與角色平衡感，有可能提供家庭內外之間，更健康、更令人滿意的關係。

參考文獻

Dayton, T. (2003). Treatment of addiction and trauma in women. In J. Gershoni (Ed.), *Psychodrama in the 21ˢᵗ century: Clinical and educational applications*. New York: Springer Publishing.

Lipman, L. (2003). The triadic system: Sociometry, psychodrama, and group psychotherapy. In J. Gershoni (Ed.), *Psychodrama in the 21ˢᵗ century: Clinical and educational applications*. New York: Springer Publishing.

Moreno, J.L. (1977). *Psychodrama. Vol.1*. Beacon, NY: Beacon House.

關於作者

Jacob Gershoni，具有 LCSW、CGP、TEP 等背景，是美國團體心理劇學會認證的心理治療師。他在私人機構執業及紐約市的心理劇訓練機構裡擔任共同主持人，提供個別諮商、伴侶諮商與團體工作。他也是哥倫比亞長老教會醫學中心的工作人員。身為美國團體心理治療與心理劇學會所認證的訓練者、教育者及實務者（TEP），他替團體治療師與對心理治療行動方法感興趣的其他治療師們提供了訓練課程。他畢業

於耶路撒冷希伯來大學（1971）與密西根大學（1975）。他的研究訓練一直聚焦在家族治療與心理劇。自從 1980 年，他在紐約市 Identity House 以及 Institute for Human Identity 兩機構，積極致力於為男同志、女同志、雙性戀與跨性別社群提供諮商服務。他的工作經歷包括在加州奧克蘭市的 Fred Finch Youth 中心，以及在紐約市的 Queens Child Guidance 中心工作。

Heather Venitucci，具有 MSW 背景，在 2010 年以優異的成績，在亨特學院的社會工作學院完成了社會工作碩士學位。其間，她和 Jacob Gershoni 及 Nan Nally-Seif 在心理劇訓練機構接受訓練，她在那裡帶領團體，並且和伴有憂鬱、焦慮、創傷及成癮行為的個人與伴侶進行工作。在研究所之前，她使用創造性書寫及角色扮演和貧民區學齡兒童工作，這些兒童有虐待、暴力、憂鬱、成癮以及家庭衝突等議題。從 2000 到 2005 年，Heather 和她的先生在紐約市建立了一個劇院，好讓他們的劇組 The Actor's Playground 可以落腳。在那期間，她和百老匯的老將，如東尼獎得主 Norbert Leo Butz，以及和演員 Sandy Duncan（譯註：獲 2015 年東尼獎提名）、Didi Conn（《火爆浪子》，Grease）、Katherine Narducci（《黑道家族》，Soprano's）與 Julie Bowen（Parenthood, Boston Legal, and Ed）等人一同工作。在 Heather「一個女人系列」的早期演出版本裡，《父親與我》（此版本最後被稱為《父親與女兒》）讓她在 2006 年 The Strawberry One-Act Festival 獲得提名為最佳女演員，不但進入決選，並且被選為《The Strawberry One-Act Festival: Volume 4 最佳演出》的電影節出版品之一。

附件 **我在家庭裡的角色是什麼？**：提問單

1. 你擅長什麼角色？

2. 哪個角色讓你很掙扎？

3. 你擅長扮演哪個角色？

4. 哪個角色最吸引你？

5. 哪個角色帶給你傷痛？

6. 你認為哪個角色是最容易的？

7. 你認為哪個角色是最困難的？

8. 你想要拋棄哪個角色？

9. 你想要改善哪個角色？

10. 哪個角色讓你覺得（生氣、悲傷、焦慮、孤單、疲累、骯髒卑鄙、快樂）？

Section2

處遇技術

處遇技術

　　介入治療的處遇階段是幫助家庭針對治療目標進行工作的時機。一個處遇計畫應該為每個家庭而開展，並且為每位案主獨一無二的需求量身打造。即使不同的案主有相似的問題，處遇計畫也無法一模一樣地大量生產（Dattilio & Jongsma, 2010）。處遇計畫理應確認家庭的處遇需求、預期目標及達到這些目標的策略。「充分告知的處遇目標」定義為：(1)對家庭是重要的；(2)對孩童與家庭而言是實際且可達成的；以及(3)行為上是可測量且特定的。儘管在評估期間可能會出現各種議題，治療師必須在處遇期間排定這些議題的優先順序。

　　發展處遇計畫且制定目標後，家庭則可致力於實踐這些目標。有時，目標需要增加或重新制定，而非一成不變。

　　在處遇階段期間，家庭在治療工作上投注心力，使得系統內產生改變，並且整合這些改變。治療師協助家庭發展技巧與強化改變，直到這些成為家庭模式的一部分。案主在治療關係中產生信任時，深層議題可能會在這處遇階段出現。

　　治療師在會談期間，同時專注於內容與歷程兩部分。內容意指家庭成員說了什麼，而歷程是指這些念頭是如何溝通的。藉由專注在他們討論的過程中，治療師能幫助家庭去改善他們彼此互動的方式，進而提升他們處理問題內容的能力。

　　最終，家族治療有助於強化家庭動力、增進溝通、處理感受、提供心理教育、改善親職功能，以及重建界線。本部分包含範圍廣泛的各種活動，有助於協助家庭找出他們的處遇議題。

依附沙盤

Barbara Jones Warrick

目標

- 增加親子間正向互動的頻率
- 增進親子間的開放溝通
- 擴展照顧者對孩子的理解

媒材

- 裝半滿沙量的沙盤
- 各種代表不同類別的小物件或小雕像,例如人物(不同年齡、種族、技能、職業)、動物(寵物、農場動物、野生動物)、交通工具、植物,及其他大自然素材(石頭、貝殼)、家具/家居用品、建築物、幻想人物等

事前準備

在父母與孩子所坐的桌子旁放置沙盤,並讓孩子可以方便地取用小物件。

活動說明

註:本活動設計為一位家長及一位孩童共同參與。

告知父母與孩子,孩子即將在沙裡建構一個**世界**,用以幫助彼此親近。告訴家長,他/她的角色將會是觀看、聆聽,及對孩子所建構的**世界**保持好奇。在邀請父母開口提問之前,藉由你對孩子的示範詢問,協助父母表達對孩子**世界**的好奇。

隔著沙盤,你自己和父母坐在孩子的對面。教導孩子使用一旁的物件,在沙裡建構一個**世界**。這**世界**可能與孩子想要的任何事有關。告訴孩子,你

及父母會在一旁觀看，當他／她完成時，要讓你們曉得。

當孩子完成時，請他／她談談這**世界**。對這**世界**的任何好奇，都使用孩子的用語及說法，請孩子多說一點（同時也替父母示範這個歷程）。舉例來說，假如孩子在提到狗的時候使用「狼」這個字，請孩子多告訴你一些關於「狼」的訊息。當孩子描述對於「狼」的感受、想法與經驗時，邀請孩子「留意這感覺怎麼樣」或詢問「這**世界**裡有誰會知道這（感覺、想法、經驗）？」當談論到這**世界**時，把焦點放在這**世界**上，並且用身體姿勢指向這**世界**（用手指指向／用手比向／在空中圈出你所說的物件）。在孩子尚未具體說出他／她自己**世界**裡的任何物件或動作前，切記勿自行給出任何名稱。

轉過頭面向父母，詢問他／她在孩子的**世界**裡，他／她想要知道更多什麼。重新架構父母的提問，以確保這問題不帶任何假設，且尊重孩子及這**世界**。重複這個歷程直到你感受到孩子已能充分向父母分享自己的經驗，或直到會談即將結束（切記要保留充足的時間來完成以下步驟）。

指向這**世界**，詢問下列問題：「假如這**世界**是個故事，或我們可以從這**世界**學到某件事，那麼這故事的標題將會是什麼呢？我們可以從這**世界**學到什麼呢？」舉例來說，孩子可能將這**世界**的標題訂為「快樂的一天」或描述從這裡學到「如何交朋友」。

當這世界的標題或學習出現後，根據孩子的回應，請孩子及父母留意兩次會談之間的期間。舉例來說，「留意何時你經驗到**快樂的一天**」或「留意何時你（知道**如何**）**交朋友**」。

最後，感謝孩子的認真，和讚美父母保持他／她的好奇心。

討論

依附關係的研究（Webster-Stratton, 1992）確認了兒童主導遊戲的重要性，在於增進兒童的自尊與增強親子間的聯繫。這個技術的主要目的在透過結構化的沙盤活動，增強親子間的聯繫。在活動中運用沙盤，提供了一個撫育與涵容的環境。在示範表現好奇心與重新架構父母的提問時，孩子**世界**的完整性確保了孩子會經驗到被看見、被聽見、被理解以及被重視。

　　當有第二個沙盤時，可改由父母來擺放物件，小孩則變成觀察者來進行。這個應用的禁忌有二，一是在治療初期不宜使用，二是年紀太小與注意力不集中的孩子無法專注觀察父母的活動。進行兩個**世界**的工作時，可能要規劃一個較長的會談時間，或在兩個會談間做足準備。

　　另一種活動版本是，每一個建構者從他／她的**世界**中，找出一個想要去拜訪對方**世界**的物件。先邀請孩子看看他／她的**世界**裡有沒有任何物件想要去拜訪父母的**世界**。獲得父母的允許後，才讓孩子移動選好的物件到另一個**世界**。然後請雙方（先從孩子開始）去「留意這**世界**有何不同」。接著重複這歷程，邀請父母選擇一個物件去拜訪孩子的**世界**。假如任何一方沒有意願去接受一個拜訪者進入他／她的**世界**，則探索做什麼才會獲得允許（這物件將會被放置在沙盤**世界**外或是沙盤邊框上）。然後請親子雙方觀察這情況。即使一個建構者拒絕一個物件進入他／她的**世界**，也要請雙方去留意這會是什麼情況，感覺又如何。

❤ 參考文獻

Webster-Stratton, C. (1992). *The incredible years: A trouble-shooting gulde for parents of children aged 2-8 years*. Lancaster, UK: Umbrella Press.

關於作者

　　Barbara Jones Warrick，具有 M.Ed.、CPT-S 等背景，是兒童與家族治療師，自 1988 年開始在社區機構與私人場所執業，並獲得遊戲治療師督導認證。她在沙盤評估之 Erica 方法的訓練中，師事於 Margareta Sjolund 博士，並在沙盤—世界遊戲方法（Sandtray-Worldplay™ Method）裡接受創始人 Gisela De Domenico 博士的六年訓練計畫，並在加拿大與美國帶領沙盤治療的工作坊。

💕 **避開地雷**

David Narang

❤ 目標

- 增進孩子對於衝動控制及其他因應技術的適切運用
- 運用家長指令的協助,教導孩子控制衝動
- 教導父母如何給予孩子明確、支持性、具體的引導
- 改善親子間的互動,以便家長指令清晰且不具懲罰性,促使孩子接受並尋求更多的家長回饋

❤ 媒材

- 可作為眼罩的頭巾或枕套
- 切割成方形的紙板,以作為地雷
- 剪刀
- 彩色筆

❤ 事前準備

切出大約十片左右的正方形紙板作為地雷。假如「地雷」這個字對你的某些案主不夠刺激或是過於強烈的話,請運用其他的隱喻。然而,有時強烈的字眼也可能會激起孩子參與的意願。在正方形紙板上,使用彩色筆寫下各式問題,以反映出對權威人物的信任感不足、情緒調節錯誤、認知錯誤,或因應技巧不足。舉例來說:

1. 當感覺生氣或有壓力時,沒有停下來深呼吸。
2. 推/打同輩,而不是好好地說。
3. 憤怒時,對人大吼。
4. 認為老師不喜歡我。

5. 不告訴父母什麼事讓我心煩。

6. 不認為自己有應付無聊的能力。

7. 不相信學校裡有人盼望我成功。

8. 犯錯後覺得沒救了，乾脆一錯再錯。

9. 犯錯之後，覺得自己不值得被愛。

10. 犯錯後沒有改過。

安排治療空間，以便正方形紙板能散放地板上。

✿ 活動說明

註：本活動設計為由一位家長及一位孩童共同參與。

向兒童／青少年與父母說明，生活中有許多我們必須避免的地雷，如果沒有避開，那麼我們生活裡的某部分可能會爆炸。幫助兒童／青少年去預測與避開地雷，是家長的工作之一；同樣地，接受來自家長的指引，則是兒童／青少年的責任之一。

複習寫在正方形紙板上的地雷，提醒孩子活動進行時，要盡量避免踩到地雷問題。

將這些地雷設置在地面一處平坦的區域上。隨著孩子與家長的興趣越來越高（孩童與十幾歲的青少年通常是渴望嘗試這活動的），詢問家長是否願意在活動期間承擔孩子安全的責任。如果準備好的話，讓家長在孩子頭部繫上頭巾作為眼罩。

家長此時需要使用指令（例如：向前、向左、向右、停止）來協助孩子在不要踩到地雷的情況下，從地雷區的一端移動到另一端。

活動期間，假如父母的指令不夠清楚具體、過度焦慮或語氣嚴厲，協助他／她調整指令，以免孩子難以跟隨；假如孩子的回應不適當，也同樣予以調整協助。計算孩子踩到多少次地雷。

重複這活動，這一次，沒有家長的指引，然後計算兒童／青少年這一次踩到多少次地雷。在沒有指引的情況下，一些年輕人可能非常驚訝他們踩到地雷的次數增加了。在父母與孩子之間起個頭，考慮是否接受家長的指導。

透過下列問題，增加對歷程的覺察以及增進其他情境技巧的一般化：

1. 對家長：在指引孩子的過程中，怎麼樣才是最有效率的？

2. 對兒童／青少年：當你的媽媽／爸爸幫忙或不幫忙時，你踩到地雷的次數有什麼不同？

3. 對兒童／青少年：如果在學校或在家裡，事情越變越糟，糟到你要找人幫助時，你是怎麼知道的？

4. 對家長及孩子：對（孩子的名字）而言，做什麼才會讓他／她在遇到困難時，比較容易尋求協助呢？

討論

對立反抗且／或過動的孩子，會接受到很多關於他們行為的負向回饋。這一再重複的批評經常導致更多對權威人物的憤怒與不信任，甚至減少依附上的安全感。假如這模式繼續下去，許多孩子可能會在他們的品行上，惡化為嚴重困擾。

運用這個活動所提供的方法，治療師幫助家長學習如何用具體且支持的方式給予孩子指引。對兒童／青少年而言，他／她聽從家長指引的程度所得到的立即回饋，能改善他／她的表現。

這個活動之後，治療師幫助孩子與家長去討論，孩子如何知道尋求協助的時機（例如：和老師的衝突升高，每天都有），以及在促進信任的基礎上，家長如何回應孩子的求助。而孩子學到了在行為出現問題前，他／她都能尋求協助。

關於作者

David Narang，具有博士背景，是加州聖莫尼卡的心理師。他曾在洛杉磯擔任某心理衛生診所的主任。目前，他透過聖約翰兒童與家庭發展中心，督導一個以學校為基礎的心理健康計畫，同時他也保持著私人執業。他督導過許多心理治療師。與他人合著《美國的拉丁孩童與家庭：現今研究與未來方向》（*Latino Children and Families in the United States: Current Research and Future Directions* [Contreras, Narang, Ikhlas, & Teichman, 2002]）一書中的某章節，以及出版許多期刊文章。

打破生活常規計時賽

Liana Lowenstein

目標

- 建立生活常規
- 減輕親子間的緊張關係與衝突

媒材

- 說明書（如附件）
- 道具（詳見下頁所建議的道具）
- 碼表或手錶
- 紙
- 筆
- 獎品（選擇性）

事前準備

　　在前一次的會談討論這活動所需道具的清單（如下頁所示），並決定好在該次會談裡，家庭成員及治療師分別要帶來哪些道具，然後根據實際需要修改調整道具。

　　列印第126頁的三段說明書，並把它分給每個人，或將說明書謄寫在紙上或索引卡上。依據說明書與適用的道具設置以下三站：

第一站：早晨的常規

任務	道具
起床	放在地上的枕頭
盥洗	牙刷、毛巾、梳子
著裝	寬鬆的襯衫
享用一頓健康的早餐	紙盤、塑膠叉子
準時離開家裡前往學校	背包

第二站：放學後的常規

任務	道具
享用一頓健康的點心	紙盤與叉子
集中注意力地完成課業	紙與鉛筆
自由時間	小玩具
和家人一起享用晚餐	為每位家人準備的盤子與叉子

第三站：就寢前的常規

任務	道具
盥洗	牙刷、毛巾
換上睡衣	睡衣
故事時間	故事書
就寢時間	枕頭、毛毯

活動說明

　　本活動是針對生活常規不佳的兒童而設計，進行時以一位孩童及一位家長為佳。其他家庭成員可以觀察靜候，輪到時再上場（或者，其他家庭成員可以充當啦啦隊，在比賽過程中替孩童加油打氣）。向家庭成員說明他們將會參與一個有趣的活動，以幫助他們在家裡更能執行常規。活動概述如下：

　　孩子及家長將從第一站（早晨的常規）開始。家長閱讀說明書給孩子聽，並教導孩子完成每一項任務。孩子將盡其所能地以最快速度完成每一項任務。一旦第一站的所有任務都完成，孩子及家長將快速地移動到第二站（放學後的常規），家長將教導孩子完成這一站的每一項任務。一旦完成，孩子及家長將繼續前往第三站（就寢前的常規），家長將再一次地教導孩子盡其所能地以最快速度完成每一項任務。

　　這活動是一個計時賽，看孩子能用多快的速度完成這三站的所有任務。孩子準備好要進行第一站的任務時，治療師便開始計時；待孩子完成第三站的任務，便停止計時。治療師將記錄孩子完成比賽所花的時間。

　　一旦孩子完成三站裡的所有任務，他們可以重新開始遊戲，看看他／她是否能打破原先的紀錄。至於打破紀錄要不要給予獎品，則可以自由選擇。

　　大部分的孩子在進行第二次時，會更快地完成比賽。一旦孩子越來越熟悉任務，也就更容易完成，治療師便能指出孩子是有能力打破舊紀錄的。

　　在整個比賽過程裡，鼓勵父母去讚美孩子。治療師可以在某些任務上示範讚美，譬如：你已經準備要睡覺了，很棒；我喜歡你專心寫作業的樣子。

　　遊戲之後，透過詢問下列歷程性問題，將有助於討論：

1. 哪項任務做來最有趣？

2. 什麼樣的早餐及點心是健康的？請舉個例子。

3. （對孩子）對你來說，專心完成作業容不容易？如果不容易，什麼策略方法可以使得它變得容易些？

4. （對孩子）在你的自由時間裡，你喜歡做的事情是什麼？

5. （對父母）在家裡你是否有個規則，你的孩子在自由時間之前要先完成功課？假如沒有，你認不認為這是要執行的重要規則？

6. 你們家會一起吃晚餐嗎？假如有，什麼是你們在這段時間所享受的？假如沒有，你們會想把它列入生活常規嗎？

7. （對孩子）故事時間是你睡前的例行事項嗎？假如是，你最喜歡的書是什麼？假如不是，你會想把它列入生活常規嗎？

8. 在第二回合要更快地完成任務是否是比較容易的？假如是，怎麼做到的？

9. 你認為這活動在家裡對你有什麼幫助呢？

討論

親子間的衝突經常在日常生活常規裡升高，透過有趣且引人入勝的活動，這介入幫助父母建立與執行持續性的生活常規。Kaduson、Cangelosi 與 Schaefer（1997）強調，當孩子覺得指令有趣且樂於接受時，將學習與記憶得更快。此外，透過遊戲，孩子將獲得獨特的勝任感。

這討論問題促進目前生活常規的探索，並且鼓勵適當家庭儀式的整合，例如：整個家庭一起用餐、故事時間等等。

活動之前，先行安排一場會談，有助於評估目前的生活常規與討論生活常規裡所需的改變；並讓父母做好準備，在活動進行時負起教練的角色且學習合宜的讚美方式。治療師與家人可以更有創意，也可以修改道具，以進一步提高參與程度。

參考文獻

Kaduson, H.G., Cangelosi, D., & Schaefer, C.E. (Eds.) (1997). *The playing cure: Individualized play therapy for specific childhood problems*. New York: Jason Aronson.

關於作者

請參見第 25 頁。

附件　打破生活常規計時賽：說明書

早晨的常規說明書：

（孩子穿著睡衣、將頭放在枕頭上，假裝睡著時，就開始計時。）

1. 叫醒孩子下床

2. 洗臉（拿毛巾擦臉 10 秒）、刷牙（10 秒）、梳髮（10 秒）

3. 脫下睡衣換穿衣服（脫掉睡衣並換上寬鬆的襯衫；假如孩子不適合在會談中寬衣，則修改成在孩子腰部綁上襯衫）

4. 享用一頓健康的早餐（使用盤子與叉子，假裝 20 秒）

5. 前往學校或日托中心（揹著背包，走出門外）

放學後的常規說明書：

1. 準時到家，享用一頓健康的點心（走進房間，前往第二站，使用紙盤與叉子享用點心，假裝 20 秒）

2. 完成家庭作業（修改成適合孩子的年紀，譬如：寫字母，或寫姓名）

3. 自由時間（修改成符合孩子的興趣，譬如：完成拼圖，或親子玩傳接球三次）

4. 和家人一起享用晚餐（使用盤子與叉子，假裝 30 秒）

就寢前的常規說明書：

1. 洗臉（拿毛巾擦臉，10 秒）、刷牙（10 秒）

2. 換穿睡衣（脫下襯衫並換上睡衣；假如孩子不適合在會談中寬衣，則修改成在孩子腰部綁上睡衣）

3. 父母讀一篇故事給孩子聽（父母大聲唸出書的第一頁），父母將孩子送上床（孩子躺在枕頭上，父母幫孩子蓋上毛毯），親吻說聲晚安

行為遙控器

Rebecca Fischer

目標

- 減少孩子的行為問題
- 教導父母如何執行有效的兒童管理策略
- 增進親子間正向互動的頻率

媒材

- 電視／DVD 遙控器（或運用藝術媒材自行創作）
- 紙或紙板
- 剪刀
- 膠水或膠帶
- 彩色筆或蠟筆

活動說明

　　向家庭成員解釋，他們即將學到一個特別的方法，可用來幫助他們處理問題行為。拿出遙控器，並和成員討論它在電視、DVD 及音樂播放器上的用途。說明會談中所使用的遙控器是一個特殊的「行為遙控器」，用以控制行為與想法，就如同普通遙控器控制電視一樣。逐一檢視不同按鍵，並說明每個按鍵可能代表的行為。這遙控器可以依據孩子的表現而加以修改，大致包含下列功能：

- 暫停鍵：孩子（或父母協助，但不適用手足）「暫停」失控或焦慮行為，以便在真實生活中遇到麻煩時，給孩子時間去決定他／她的下一個步驟或要使用何種因應技巧（如：深呼吸）。
- 快轉鍵：孩子／父母可以在「暫停」模式當下「快轉」，好了解他／

127

她的行為可能會導致什麼結果。

- 停止鍵：假如孩子／父母在「暫停」模式期間判斷他／她的行為可能會導致負面的結果，他／她能夠選擇停止這行為，並轉換成一個新的行為。

- 播放鍵：孩子／父母可以選擇在「暫停」模式後，繼續原有的行為或開始一個不同的行為。

- 倒帶鍵：孩子／父母可以「倒帶」或思索他／她可以換個能讓結果比現在更好的行為。

- 音量鍵：能幫助孩子／父母選擇在某個情境下音量要有多大聲（例如：降低大呼小叫的聲音，改用較低的音量說話）。

- 靜音鍵：孩子可以決定他／她需要「關靜音」的行為（例如：發牢騷）。

- 頻道切換鍵：孩子／父母可以瀏覽不同的頻道（行為），做出最好的決定。

接著，家庭成員一起合作，運用媒材創造他們自己的行為遙控器，並且設置對應於他們特定問題行為的各種按鍵（若是家中孩童年紀較小，可以減少按鍵數）。

然後，孩子與父母進行角色扮演，在各種場景練習使用行為遙控器，舉例來說：

1. 孩子要求吃餅乾，但父母因為時間太接近晚餐時間而拒絕孩子。孩子轉而對父母發脾氣，父母則破口大罵並且罰孩子回到自己的房間裡。

2. 孩子們為了看哪個電視節目爭執不休，甚至演變成肢體衝突。

3. 父母協助孩子完成他／她的家庭作業時，孩子因為不會寫家庭作業而感到挫折，甚至將作業扔到房間另一頭。父母很不開心並對孩子破口大罵。

鼓勵家庭成員用他們自己的情況來進行角色扮演。接下來的過程，以下列問題來引導討論：

1. 遙控器可以怎麼幫助到你們每個人的行為呢？

2. 當你感到挫折或生氣，脾氣快要失控時，你能夠按遙控器上的哪個按鍵？

3. （對孩子）在哪些情況下，你的父母需要提醒你去使用你的行為遙控器？當他們提醒你的時候，你會怎麼回應呢？

4. 假如每個家庭成員都使用這遙控器，會發生什麼正向改變呢？

切記要建立的規則是，不允許孩子企圖使用遙控器控制另一個手足的行為。

在會談結束時，家庭成員可以帶遙控器回家提醒自己，並且在接下來的會談中，和這家庭繼續探索這技術的成效。

♥ 討論

大部分的案主都熟悉遙控器，並且了解各種功能，諸如：暫停、倒帶及靜音。在這活動裡，遙控器成了一個具體的、看得見的工具，來幫助家庭成員控制負向行為並且執行適切的因應技巧。運用內在遙控器控制負向或衝動行為，有助於案主感受到賦權以及自己能夠控制自己的行為。此外，「快轉」及「倒帶」鍵鼓勵案主在衝動行事之前去思索他們行為的因果關聯。

許多父母發現，雖然孩子在治療中學習到因應技巧，卻無法在真實生活情境中運用。攜帶遙控器回家能夠讓家庭落實他們在治療中已經學到的因應技巧。

關於作者

Rebecca Fischer，具有 PhD 背景，於托雷多大學取得博士學位。她曾經在住院及門診體系與兒童、青少年及家庭工作。她目前在私人機構執業，擔任心理學博士後研究員，並且正在取得俄亥俄州的心理師執照。

❤ 生日慶祝會

John W. Seymour

🏠 目標

- 強調家庭生活中個別孩子的價值
- 增進父母撫育孩子的能力
- 協助家庭成員在生活裡，恢復或建立相似的家庭傳統

🏠 媒材

- 用以製作生日卡片的工藝用品，譬如：書面紙及彩色筆
- 白板及白板筆（或是全開海報紙及合適的筆）
- 簡易的茶點（選擇性）
- 宴會帽、大聲公等等（選擇性）
- 小型生日蛋糕附蠟燭（符合文化背景及納入健康考量）、點燃蠟燭的火柴、切蛋糕的刀子、盤子、餐巾紙，及叉子（選擇性）

🏠 事前準備

準備生日慶祝會裡的宴會遊戲。

🏠 活動說明

本活動分成好幾個部分：在會談中計畫一個生日慶祝儀式、在會談中執行此儀式，以及簡要地確認家庭成員想要做什麼，以便在家庭生活裡融入這樣的體驗。

計畫

會談中治療師或案主的主導程度、對家庭成員的引導方式與時機，這些

都會影響遊戲治療理論的變化程度。這活動可略微調整以便反映上述變化。在某些情況下,這活動可能在家族遊戲治療會談中自發性地引入;在其他情況下,可能以較為結構的方式呈現,首先和父母一起討論計畫,然後在稍後的遊戲會談併入實施。

　　無論這活動是如何引入,治療師要解釋家庭傳統的重要性在於撫育個別家庭成員,及發展與家人的凝聚力,以向家庭說明這活動的目的。常見的良好家庭傳統組成要素有:支持的家人與朋友、欣賞個人與家庭優勢,以及遊戲、茶點與禮物的分享。同時也鼓勵家庭成員舉例說明。

　　和家庭成員圍成一小圈,詢問他們關於家人的生日:小時候是如何慶祝父母生日的?家裡過往至今是如何慶祝生日的?會邀請誰?安排什麼活動?提供什麼餐點?交換什麼禮物?假如案家很少慶祝生日,則邀請他們想像他們將會如何慶祝生日?

　　在白板或海報紙上,列下慶生會的四個部分:邀請、充滿樂趣的活動、餐點、禮物。詢問父母在今日的會談裡他們能夠做什麼,以便落實孩子的生日儀式。引導這討論如下:

　　邀請:還會邀請誰?在一個設備完善的遊戲治療室裡,木偶、玩偶或填充動物可以作為「替身」,用以代替不在會談裡出現的家庭成員或客人。治療議題包括誰會被邀請或不被邀請以及其理由(這議題變化很大,小自簡單的缺席,大到複雜如離婚後重組家庭的尷尬、物質濫用或安全事件如家庭暴力等)。

　　充滿樂趣的活動:幫助家庭成員利用現有的遊戲材料和他們的想像力來規劃幾個簡單的派對遊戲。單單是海綿球就可以玩出許多遊戲,或者有點年代的遊戲,如「抓鬼遊戲」也都可以使用。治療議題包括鼓勵成人計畫及參與具有撫育性遊戲的能力/意願,以及孩童參與遊戲的能力/意願。

　　餐點:這可能是「假裝」的餐點或由治療師所提供的簡單餐點。治療議題包括確認孩子或家人所喜愛的食物、連結文化優勢,以及在「生日快樂」(或家庭的其他選擇)的歡樂歌聲中,肯定孩子對家人的特殊價值。

　　禮物:每位家庭成員使用現有的手工藝材料為孩子製作一張生日卡,並

且思索送這張卡片給孩子時，想要跟孩子說什麼。針對過生日的孩子，請他／她製作一張卡片來表達長大了一歲對他／她而言將意味著什麼。另一種有意義的變化是，請所有家庭成員製作一張帶有孩子名字的卡片，孩子的名字以藏頭詩呈現，詩句所用的字或成語，代表孩子的不同特質。治療議題包括家庭成員將正向文字放入給孩子的詩句的能力，以及孩子接受肯定的能力。

執行

當家庭成員針對上述四部分完成他們的計畫後，治療師或其中一位家庭成員便在白板或海報紙上填寫綱要。接著治療師鼓勵家庭成員於會談中執行計畫，只提供有助於慶生會進行的必要鼓勵，並且留意治療議題在會談最後是否出現，或是下一次會談再行討論。

從晤談室轉換到家中

完成慶生會後，治療師可以讓家庭成員回顧討論。鼓勵家庭成員報告他們的經驗與觀察。討論的問題可以包括：

1. 這生日慶祝會對你而言像是什麼？
2. 你喜歡什麼？
3. 什麼是讓你不舒服的？

接著，討論家人希望把生日慶祝併入家庭生活的部分。詢問家庭成員，他們認為在家裡提供一個正向且具撫育性的生日慶祝會的重要要素為何。此外，詢問家庭成員他們如何加入自己家庭與文化的傳統，好讓這些慶生會在家裡更具意義。

這項簡單的活動能提供家庭在會談中正向的撫育經驗，甚至激勵家庭在日常生活中，策劃更多類似的撫育經驗。

討論

許多家庭將慶祝孩子的生日作為家庭傳統的一部分。生日強調了孩童對家庭的價值，並給予孩子獲得親情與友誼的機會。儘管文化差異在所難免，

但是慶生通常包括了邀請來賓、遊戲及社交時間、餐點，以及交換禮物。這些非常簡單的步驟反映了諸多家庭儀式所共享的深層模式（Doherty, 1999; Imber-Black & Roberts, 1998; Imber-Black, Roberts, & Whiting, 2003）。這些家庭傳統是成員與家庭聯絡之所在，當孩子年齡漸長之際，更是依附聯繫的增強物。

除非家庭有特定的文化或宗教禁忌，在家族治療中帶入慶生會，對孩子及參與的家庭成員雙方而言，都是有意義的事件。有些家庭可能曾經有豐富熱鬧的慶生會習俗，卻因為親人死亡或離婚所造成的家庭改變或轉變壓力，或因為家庭火災或天然災害所帶來的生活方式改變，導致現在無心慶祝。也有部分家庭，過往無意於發展或維持有意義的家庭傳統，因而長期下來對生活較不關心，遑論撫育家庭成員。

在家族治療裡的生日慶祝會，為錯過的生日提供一個療癒的機會，對家庭而言，則是恢復或開始一個有意義的傳統的起始點，使得孩子與家庭的生活更加富足。雖然此活動提出了一個基本的輪廓和材料，仍然鼓勵治療師將此活動改編使之適合自己的治療取向、家庭文化和現有的傳統，同時將材料和場所列入考慮。關於發展生日或其他節慶的家庭傳統的其他建議，請參閱 Cox（2003）。

參考文獻

Cox, M. (2003). *The book of new family traditions: How to create great rituals for holidays and everyday*. Philadelphia: Running Press.

Doherty, W.J. (1999). *The intentional family: Simple rituals to strengthen family ties*. New York: Harper Paperbacks.

Imber-Black, E., & Roberts, J. (1998). *Rituals for our times: Celebrating, healing, and changing our lives and relationships*. New York: Jason Aronson.

Imber-Black, E., Roberts, J., & Whiting, R.A. (Eds.)(2003). *Rituals in families and family therapy (2nd ed.)*. New York: W.W. Norton.

關於作者

　　John W. Seymour，具有 PhD、LMFT、RPT-S 背景，在明尼蘇達州立大學曼卡托分校諮商系擔任助理教授。自 1978 年起即擔任家族治療師與遊戲治療師。他是一位獲得遊戲治療學會認證的遊戲治療師督導，也是美國婚姻與家族治療學會認可的督導。在大學教授研究生家族治療與遊戲治療課程之前，他曾在不同的單位工作，包括醫院、機構與住院治療單位。

記憶盒

Karen Freud

❤ 目標

- 增強家庭溝通技巧
- 增進家庭成員間的凝聚力

❤ 媒材

- 白紙（每位家庭成員一張）
- 繪畫媒材，譬如彩色筆或色鉛筆
- 壓克力顏料或廣告顏料及畫筆
- 雜誌照片、布置用的裝飾品，以及其他拼貼用材料
- 膠水
- 有蓋子的紙盒

❤ 事前準備

安排一個平坦的空間來進行這個活動。將上述材料擺放在平坦的地方，以便每位成員能輕易取得。

❤ 活動說明

每位家庭成員領取一張紙，畫出記憶中家人一起完成某件好事的圖畫。

當畫作完成後，家庭成員使用上述媒材，一起合作裝飾紙盒的外觀，可以彩繪它、貼上雜誌照片及其他裝飾品……用不同的方式美化紙盒。

邀請成員們討論他們選擇畫出的回憶。歷程性的問題可以包括：

1. 是什麼使得這件事顯得特別？

2. 一家人共同完成某件有趣的事情，是什麼感覺呢？

3. 你們家人想一起做的其他事情是什麼？

4.裝飾紙盒時，你們是否都同意如何裝飾它？假如不是，你們如何處理
　這些不一致呢？

5.一起裝飾這紙盒的感覺如何？

　　將所有家人的畫作放置在盒子裡，並蓋上盒蓋。家庭成員可以把記憶盒帶回家。當有需要時可以拿出來看，並且放入更多畫作或照片拼貼畫。也可以放入小飾品或照片。

討論

　　本活動藉由專注於家庭裡的正向經驗，增強家庭間的連結。分享不同回憶的故事塑造了開放的溝通，而一起裝飾紙盒不僅鼓勵更開放的溝通、妥協，並且尊重每一個人的選擇與決定。

　　Linesch（1993）提到，除了自我表達之外，藝術治療過程對家庭成員而言，也允許了「人際間的溝通與關係的建立」。Linesch 更進一步解釋說，「對語言文字的依賴阻礙了溝通模式的發展機會；藝術過程鬆動僵化的人際界線，活化陳腐的互動模式。」與家庭成員使用藝術治療的進一步好處是，藝術治療過程是「一個具有創造性與生產性的努力過程，也正因為如此，它促進了自我價值與成就感」。

參考文獻

Linesch, D. (1993). *Art therapy with families in crisis*. New York: Brunner/Mazel.

關於作者

　　Karen Freud，具有BA、A.T.背景，受訓於多倫多藝術治療研究中心。目前主要於多倫多各社福單位提供個別和團體藝術治療會談和工作坊。她的經歷包括與兒童和成人工作，也於心理健康機構、長期照護機構等服務，並私人執業。

同心協力

Linda E. Homeyer

♥ 目標

- 增進了解其他家庭成員觀點的能力
- 增進家庭成員間的同理心
- 辨識家庭內的溝通型態
- 建立家庭成員共同合作經驗,以建立有效的人際互動技巧

♥ 媒材

- 裝半滿沙量的沙盤
- 代表不同類別的小物件或小雕像,像是人物、動物、植物、建築物、交通工具等等

♥ 事前準備

　　檢查沙盤,以確保沒有被埋藏起來的物件,並將沙鋪平,以創造一個平坦的表面。確認小物件或小雕像有分門別類放好,以便案主容易取得(關於如何組織沙盤材料的進一步資訊,請參考Homeyer & Sweeney, 2010)。

♥ 活動說明

註:本活動設計為一位家長及一位青少年共同參與。

　　這半指導性、共同的沙盤創作可用來辨識親子間的互動不足處或同理心範圍(或限制)。

　　親子兩人一組進入沙盤治療室,邀請雙方站在沙盤周圍(站立使當事人處於「活躍」狀態,有助於他們更容易投入並開始動手)。然後,解釋活動如下:

「這裡是一個沙盤以及一些物件。請在沙裡建構一個你的一週生活。你可以隨心所欲地使用很多或很少的物件。請你們個別在自己的區域進行工作（治療師用他／她的手在沙中畫一條分隔線，將沙盤分隔成兩個同等大小的部分）。一旦你完成了，請坐下來等候，我會等你們兩個人都完成了，才開始討論你們的沙盤。」

當家長與青少年在建構他們各自的場景時，觀察他們的個別歷程以及兩人間的互動是很關鍵的，舉例而言：他們其中一位是否全然地專注在自己的創作中而沒有去意識到另一人呢？其中一人是否侵入到另一人身體或情感上的空間呢？他們是否尊重另一人的沙盤空間呢？他們是否從另一人那裡「拿取」空間呢？公然地還是偷偷地呢？務必要留意的是，不只有沙盤裡所創造出的內容，還有他們的肢體語言。

一旦雙方已經完成沙盤裡他們各自的部分，將椅子拉近沙盤，並邀請他們分享他們的創作。治療師可以說：「首先，請和我們分享你的創作內容。我們會在你說完之前等待，然後才會問問題。」當一個人分享時，一定要觀察另一個人的反應。

當個人分享他／她自己在沙裡的場景後，可能的提問如下：

1. 在分享你的場景時，你的感覺如何？

2. 我注意到當你建構這沙盤時，你似乎有些（匆忙、優柔寡斷、挫折、分心或心不在焉）。請多告訴我們一點，當你在創造沙盤時，你經驗到什麼？

3. 場景中你在哪裡（假如沒有明確說明時）？

一旦分享個別場景後，開始鼓勵親子間更多的反應與回饋：

1. 媽媽／爸爸，當你看到孩子的場景及聽到他／她談論它時，有什麼感覺呢？

2. 媽媽／爸爸／青少年孩子，我注意到你剛剛在自己那邊的沙盤時，似乎有些困難。你能告訴我們，那時你經驗到什麼呢？

3. 你們的場景有什麼相似／不同的地方呢？

4. 有什麼改善了你們今天的溝通？

5. 有什麼阻礙了你們今天溝通的開放與真誠？

6. 透過今日的活動，你了解到對方的什麼呢？

7. 在彼此的一週生活沙盤裡，什麼是最大的壓力源？

8. 在彼此的一週生活沙盤裡，什麼是最幸福／快樂／有成就的部分呢？

隨著討論進行，假如他們希望的話，允許他們移動或增加／刪除沙盤場景中的要素。這反映了更多生活裡的動態面，而不僅止於靜止的那一面。

在討論期間，治療師示範反映感受與表達同理心。治療師評論什麼正在增進或干擾溝通。

💬 討論

一旦家庭成員變得漸漸疏遠彼此，對他們而言，去覺察彼此世界裡的生活事件與觀點，將會變得越來越困難。

這情況常見於青少年與父母之間，因為處於發展階段的青少年努力想突破父母的控制。此外，家長往往對他們青少年孩子的生活「應該」像是什麼樣有著期待，這與十幾歲青少年的真實經驗有所脫節。

一起做沙盤，允許了治療師去洞察每個人專注多少在彼此身上。一些家長專注於自己，並與他們青少年孩子疏遠，以致他們可能無法覺察到青少年正在建立些什麼，直到討論時間到了（反之亦然）。其他人可能過度涉入他們的青少年孩子，忙著協助他／她建立場景，且／或增加或移除孩子場景裡的元素。

示範同理心的表達及反映感受是第一步，幫助兩位家人學習也能如此表現。關鍵在於邀請一個人對另一人分享。觀察溝通型態提供給治療師充足的訊息，以幫助兩人設定改善他們溝通方式的目標。

沙盤治療過程中象徵與隱喻的自然發展，可能也可以幫助兩人在未來的治療會談中發展共同的語言。透過共同分享的經驗，增加了互動的豐富性，也提升了彼此的評價。

參考文獻

Homeyer, L.E., & Sweeney, D. (2010). *Sandtray therapy: A practical manual*. New York: Routledge.

關於作者

Linda E. Homeyer，具有 PhD、LPCS、RPT-S 等背景，是德州大學的專業諮商教授。她教授遊戲治療與沙盤治療，以及提供臨床督導。她也於世界各地教學及廣泛地寫作。她的許多著作被翻譯成韓文、西班牙文、俄文及中文。她最新的著作是與 Daniel Sweeney 博士合著的 *Sandtray Therapy: A Practical Manual*（《沙盤治療實務手冊》，心理出版社）。

💚 改變鍊

Sara Michelle Mennen

💚 目標

- 減少孩子的行為問題
- 增進父母對於有效能的親職與行為規範之原則的理解
- 增進父母對於孩子的目標酬賞
- 提升家庭成員之間正向口語回饋與愉快交流的頻率
- 重新建立父母的位階

💚 媒材

- 書面紙
- 膠帶
- 剪刀

💚 活動說明

　　向家庭成員解釋這活動將會幫忙孩子改善他／她的行為，例如，他／她的口語與身體攻擊。透過治療師的協助，家庭一起合作創造紙鍊。說明如下：

1. 將每一張書面紙摺成三等分，讓每條紙大約是 3×11 吋的長度。
2. 沿著當初摺疊時所形成的線進行切割，將每張紙裁成條狀，約九至十二條。
3. 將第一條紙圍成圓圈，並用膠帶將兩端黏在一起。
4. 拿起第二條紙穿過第一個圓圈後串起來，然後用膠帶將兩端黏在一起，開始製作紙鍊。
5. 一起合作來完成剩餘的紙鍊。

引導父母允許孩子帶領紙鍊的製作過程,如此孩子便從活動中獲得了控制感及所有權。當孩子完成紙鍊時,父母可以口頭讚美他/她的努力。

紙鍊完成後,治療師解釋活動規則如下:

1. 當孩子想要某事有所改變時(譬如要催促弟妹移動時),他/她首先須要以尊重的態度去**請託**另一人做這項任務或進行改變。

2. 若請託這個人改變行為,而對方卻無動於衷,那麼孩子將會撕下紙鍊上的一環。

3. 撕下紙鍊的一環後,孩子走向父母/監護人,將紙鍊交給他們,並解釋發生了什麼。

4. 父母/監護人收下孩子交來的紙鍊,並在口頭上肯定孩子採取請託而非攻擊的行為。然後,父母/監護人將會處理這需要介入的情境,並且和孩子討論,他/她向成人尋求協助會有什麼好處。

5. 父母將保留所有撕下來的紙鍊,以加強孩子理解他/她在好幾種情況下都能控制攻擊行為。

6. 也可以在孩子撕下紙鍊的每一環時,給予獎勵。

孩子及父母可以在會談中角色扮演一個常見的情境來練習這些步驟,舉例來說,當孩子正在看一個喜歡的電視節目時,孩子的手足突然切換了頻道。

假如情況許可的話,讓家裡的每一個孩子都能創造他/她自己的紙鍊。父母及/或監護人也能創造他/她自己的紙鍊,以示範活動及加強這些步驟、歷程與正向的行為。

討論

很多時候,當孩子無法得到他們想要的事物時,他們沒有學會有效的方式來控制他們的行為與/或情緒。因此,他們以不適當的方式反應,如大喊大叫、打人、踢人或丟東西。有時,這行為透過負向的關注而被增強,使得這循環一直持續下去。改變鍊的活動幫助孩子克制口頭或身體的攻擊,並且提供父母機會去稱讚孩子所展現的適當行為。此外,這活動幫助了主要照顧

者重新建立父母的位階。藉由保留這些撕下的紙鍊，孩子能夠因為「努力」控制他／她的行為，而得到更進一步的正向口頭回饋。孩子可以將這些紙鍊帶給治療師，以換取更進一步的回饋。

關於作者

Sara Michelle Mennen，具有 MS、NCC、LPC、LAMFT、RPT 等背景，是明尼蘇達州認證的遊戲治療師。目前服務於一家兒童與成人的社區心理健康中心。其臨床興趣領域包括遊戲治療策略、針對青少年及成人雙方的辯證行為治療（Dialectical Behavior Therapy, DBT）策略，以及積極地與社區進行整合服務的合作。

結束時刻

Steve Harvey

目標

- 使用會談中實際的遊戲事件來增加家長對小孩正向口頭溝通的比率
- 增進小孩順暢轉換活動的能力
- 創造能描述親子間互動的隱喻故事
- 增加親子之間正面互動的頻率

媒材

- 多套符合年齡的玩具及遊戲
- 符合年齡的扮裝服飾（選擇性）
- 紙
- 彩繪用具（如彩色筆或蠟筆）
- 紙夾或黏著劑

事前準備

　　這個技術需要應用在好幾次會談裡。本活動需要各式各樣的玩具及遊戲。一般而言，能增進家庭互動的玩具或活動比較適合，例如：大圍巾、大枕頭及彩繪材料。使用扮裝服飾有助於表達想像力，對活動而言是非常適合的，不但有許多運用方法，還能適時變換以符合家庭互動狀況。

活動說明

　　在治療師向家庭宣告這次會談即將結束時，代表親子遊戲時間就要畫下句點，這個活動就可以上場了。說故事較適合有幼稚園或學齡前兒童的家庭（四到七歲）。對於較年長的兒童（八到十一歲），可以透過更複雜、更完

整的角色敘述來改編故事，以吸引他們的參與。

在宣布會談即將結束後，便可以引入故事。例如，治療師會說：「在我從十數到一後，遊戲時間將會結束。」然後，從十開始，治療師會在每個數字間，扮演起說故事的人／旁白，並一步一步地依照時間序，重述在遊戲互動時間發生的事。

例如，如果媽媽和她的五歲兒子在會談開始時一起畫畫，然後玩拔河，治療師會當起旁白，並開始說：「十……男孩和媽媽開心地一起畫畫。九……男孩瘋狂地在整張紙上畫畫。八……然後媽媽和男孩拿起了彈力繩並開始在他們中間一起拉扯。七……男孩和媽媽在笑，然後……六……他們在拉扯時假裝生氣。五……但其實他們並不生氣，並且他們輪流拉著繩子。」治療師繼續數著數字並說出每項事件，直到他／她數到一為止。然後他／她會說：「一……然後他們準備停止玩下去，而且他們真的停了。」

在前幾次的會談，故事會敘述家長及小孩實際在玩樂時所做的事。小孩（們）會被稱為男孩或女孩。然後故事會以一個數字跟著一個活動片段，來加以敘說下去，直到治療師數到一為止。這時會談結束，家庭準備離開。

治療師很明確地選擇會談中要強調的事件，並以正向的方式重述之。在剛開始進行這活動時，故事的陳述會貼近實際的互動。經過幾次會談後，治療師會開始說出情緒上的內容與主題，並會謹慎地將其重新架構以助於親子互動。正向的情緒互動——尤其是明顯的非口語溝通，例如微笑以及安撫小孩的碰觸或擁抱——都會在故事中被強調。像前面提到的拔河例子中，任何微笑或逗趣的表情會被當作附註提及，例如：「充滿微笑的爭辯」。

當家庭成員適應了以說故事的方式當作結束活動，治療師可以開始漏掉幾個數字的內容並請不同的家庭成員提供該數字的敘述。例如：治療師可以說：「六……然後，（小孩或家長），你覺得下一個部分是什麼呢？」目標是要讓家庭成員在治療師最少的協助下，發展他們自己在遊戲會談中的故事版本。治療師的角色是以友好的態度幫助家庭以隱喻的方式，辨識會談中的重要主題。

此時，在充滿戲劇性的故事敘述過程中，可以加入一些媒材。家庭成員

可以為代表自己的角色（如小貓）命名。當他們習慣自己說故事時，他們也可以在主題上增加細節、發展劇情。例如：在一次戲劇遊戲會談裡，一個小孩扮演一隻尋覓家的小貓。治療師建議小孩重述故事，並從小貓找到一個住處開始發展故事。重要的是，治療師藉由將故事連結到會談中實際發生且有個人關聯的互動，好讓浮現出來的故事可以聚焦在家庭的遊戲會談中。

當家長及小孩發展出自己的故事題材，治療師可以協助他們畫出故事中的重大情節。這些畫可以結合文字，做成一本書；可以用紙夾或黏著劑將這些畫彙整起來。這本書可以帶回家，並作為達成治療目標的部分回家作業。把這本自製的圖畫書當作床邊故事，特別有助於有睡眠障礙的兒童。

討論

參與治療的受困擾家庭經常在正向溝通上遇到困難。相較於正常家庭，受困擾家庭的互動在創造力與想像力上少了份自然流暢，尤其在受挫的小孩身上最能看到。

這個活動結合說故事與繪畫，設計成以親子遊戲會談中的實際互動為起點，發展出共同說故事的活動。當旁白的治療師可以幫助家庭成員形塑富有想像力的口頭表達。接著加入故事隱喻與主題，用來描述情緒上的互動和傳達正向主題。

本活動的積極面是用來幫助家長使用更正向的方法跟小孩溝通，甚至是處理當下的糾紛，如：玩樂時段結束時可能發生的小爭執。使用繪畫來詳盡闡述故事，可以幫助家庭成員一起延伸這個想像活動。對家庭而言，製作故事書則是一個讓家庭把活動帶回家的有效方法。

這個活動的發展設計是要幫助兒童和他們的家長以主動與建設性的方式一起享受玩樂。這個方法可以協助治療師處理目前的關注焦點以及家庭關係（Harvey, 2006）。

參考文獻

Harvey, S.A. (2006). Dynamic play therapy. In C.E. Schaefer & H. Kaduson (Eds.), *Contemporary play therapy*. New York: Guilford.

關於作者

　　Steve Harvey，具有PhD、RPT-S、BC-DMT等背景，是美國持有執照的心理師，也是在紐西蘭臨床與教育實習領域方面註冊的心理師。他是一名有註冊的遊戲治療督導及經過認證的舞蹈律動治療師。他現在擔任紐西蘭紐普里茅斯（New Plymouth）塔拉納基區（Taranaki District）健康部兒童及青少年心理健康服務的諮商心理師。他協助開創運用遊戲治療取向和家庭工作，並於 *The International Journal of Play Therapy*、*Contemporary Play Therapy*、*Play Diagnosis and Assessment*，以及 *Blending Play Therapy with Cognitive Behavioral Therapy: Evidence-Based and Other Effective Treatment Techniques* 撰寫許多這方面的專業章節與文章。他廣泛地於國際間演講與提供諮詢，主題是關於家庭遊戲應用於評估與處遇有依附或心理創傷的兒童方面。

為我們的孩子創造更好的世界

Theresa Fraser

目標

- 建立一個安全開放的治療環境
- 鼓勵家長確認共同的價值觀、希望與目標
- 針對特定家庭目標進行工作時，確認家長能如何支持孩子及他們自己
- 設定處遇目標

媒材

- 裝半滿沙量的沙盤
- 各種代表不同類別的小物件或小雕像，例如人物（不同年齡、種族、技能、職業）、動物（寵物、農場動物、野生動物）、交通工具、植物，以及其他大自然素材（石頭、貝殼）、家具／家居用品、建築物、幻想人物
- 紙
- 筆（每位家長一枝）
- 相機

活動說明

註：要完成這項活動至少需要三次會談，且它是為家長及一位孩子所設計。

第一次會談（與孩子工作的會談）

邀請孩子在沙盤中建構一個世界。以下這六個階段與 De Domenico（1995）發展的沙盤―世界遊戲方法（Sandtray-Worldplay Method）一致。

1. 簡介工具

治療師向案主介紹沙盤、沙、水及小物件，並邀請他／她隨意運用這些工具，在沙盤中創造他／她想要的世界。

2. 自由與自主的玩樂／建構

當遊戲開始時，治療師無須有任何口語或非口語的互動。這個階段的所有遊戲被視為相互有關聯的。

3. 案主經驗階段

當案主在某一時間點完成時，他／她可以說：「我做完了。」治療師鼓勵案主看著這個世界，並邀請他／她若有需要可以做任何調整。假如案主開口陳述想法，治療師（見證人）反映這些話以支持這經驗，而非開啟任何案主與見證人之間的互動。這支持了 De Domenico（1995）的論點：「這世界映照出案主。」

4. 案主與治療師共同經驗階段

治療師（見證人）邀請案主帶領著他／她進入案主的世界裡。治療師與案主坐在同一邊，並用他／她的角度來看世界。治療師可以提問，譬如：「這世界裡的誰曉得每一個人？」「這世界裡的哪個地方，動物會覺得安全？」這些問題應該聚焦在增進案主經驗自己的世界。

5. 反思階段

當案主與治療師「離開」這世界時，治療師詢問案主，假如這世界是個故事的話，它的標題應該為何？對案主或所有觀看的人而言，這世界所要傳達的訊息可能為何？De Domenico（1995）寫道，「找到這世界的教誨應用到當事人日常生活的實際做法，這工作便可算完成。」

6. 拍照階段

邀請案主拍下他／她的世界。

在會談結束時，詢問孩子在父母下次前來會談時，是否可以把他／她的世界的照片分享給他們看。拍下這世界，並且，可能的話，將其留在沙盤中直到下一次父母的會談開始。假如這世界確定無法保留，那麼，在案主離

開、治療師反思這世界與案主的經驗之後，才將沙盤予以拆除並復原。

第二次會談（與父母工作的會談）

在這次會談，展示孩子所創造的世界（或世界的照片）給父母看，並且邀請每位家長從孩子的世界裡選擇兩個物件放入空的沙盤裡。然後邀請他們增加額外的小雕像或物件，且一起合作來為孩子建構他們想要的世界。更進一步來說，邀請他們建構一個給孩子的理想世界、他們想要孩子擁有的各種關係（家人、家族、朋友等等）、他們想要孩子參與的活動、對孩子有幫助的社區支持等等。請父母安靜地建構世界，不要和治療師說話，也不要交談。

治療師待在會談室裡，並觀察著。當父母雙方都覺得他們已經完成時，邀請他們每一位分享建構了什麼，以及建構過程中他們經驗了什麼。鼓勵兩人在不打斷或詢問的情況下，專心聆聽彼此分享。

當雙方引領著另一半及治療師去參觀這世界時，治療師可以反映或好奇探詢世界的特殊區域。上述之互動可以提供每個人機會，更近距離地認識這世界。會談的這部分即是案主—治療師共同經驗的階段。

在反思階段，治療師邀請父母去思考出現了哪些共同主題或不同主題。治療師可以針對這些主題給予評論回饋。此時也適合討論，來自孩子世界的影像是怎麼融入父母的共同世界。

為了便於進一步的探索與討論，可以詢問下列問題：

1. 描述你為孩子設想的理想世界。
2. 描述存在於這個理想世界裡的親子關係、手足關係、交流互動及動力。
3. 討論在你們這個家以外，你想給孩子引入什麼樣的關係，例如：家族、朋友、社區支持。
4. 你想要你的孩子去參與什麼樣的活動？為什麼？
5. 在你為孩子所建構的理想世界裡，你想要分享或認同的要素為何？
6. 為了給孩子創造更好的世界，需要改變什麼？

7. 為了孩子，你們每一位可以做些什麼來創造更好的世界？

8. 治療如何能幫助你們來創造更好的世界？

邀請父母雙方一起寫封信給孩子，說出他們對於孩子所成長的世界，抱持著什麼樣的希望與夢想。邀請他們使用相機或手機拍下他們的共同世界的照片，並附在信裡面。

提醒父母，他們將會在下一次會談裡與孩子分享這些信件。

第三次會談（與父母及孩子工作的會談）

請父母讀信給孩子聽。討論信件及孩子對信件內容的反應。然後確認對於後續會談的治療目標。

討論

對家庭而言，這個活動非常具有威力。要求父母仔細觀察孩子的沙盤，會有助於他們以一個較客觀的高度去探索孩子所經驗到的議題。

這個活動能夠幫助父母去思考，他們對孩子懷抱了什麼希望與夢想，以及他們個人將會承擔的角色，以便為其建構及創造更美好的世界。此外，此項會談能幫助他們更加同心協力地去確認必要的支持與介入。

信的書寫與創造尊崇了他們的親職角色，也一併頌讚他們為孩子所保有的願望。

參考文獻

De Domenico, G.S. (1995). *Sandtray-worldplay: A comprehensive guide to the use of sandtray in psychotherapeutic and transformational settings*. Oakland, CA: Vision Quest Images.

關於作者

Theresa Fraser，具有 MA、CYW、CPT 等背景，擅長與兒童、青少年和家庭工作。目前擔任兒童心理健康機構的創始臨床心理師與個案管理員。於 2009 年出版 *Billy Had to Move* 一書，旨在幫助兒童面對寄養安置的經驗。她也為世界各地的寄養安置機構提供工作坊，這些機構的要務是為經歷創傷和依附障礙的兒童提供每日生活所需。她是漢博和莫哈克學院的兼任教師，也是一位經認證的遊戲治療師，並且是加拿大兒童與遊戲治療學會理事長。

白鴿與獵人

Susan Perrow

（轉譯自傳統印地安故事）

❤ 目標

- 提高每位家庭成員的覺察，理解每個人都能有所貢獻
- 啟發討論，找出家庭成員合作達成共同目標的方法

❤ 媒材

- 「白鴿與獵人」的故事（如附件）
- 白鴿、老鼠、獵人的紙偶外型輪廓（如附件）
- 剪刀
- 膠帶
- 細繩
- 兩根冰棒棍
- 米粒（約略一匙）或碎紙屑
- 一張網或紗（約 15×15 吋）
- 土壤顏色的布料或大張色紙（選擇性）
- 盆栽植物或插有植物的花瓶（選擇性）
- 陶土或培樂土（選擇性）
- 紙張
- 彩色筆

❤ 事前準備

註：以下步驟可以在會談前由治療師完成，或家庭可以協助紙偶製作及場景
　　布置。

紙偶的準備方法如下：影印白鴿、老鼠、獵人紙偶的外型輪廓，為了提高耐用度，可使用西卡紙。多影印幾張。將老鼠、獵人及數量足以成群的白鴿剪下，好讓每位家庭成員至少都能扮演一個角色。將每隻鴿子黏到一條線上，並將老鼠、獵人黏到冰棒棍上。

以下布景及道具建議用在紙偶秀上，但並不強制，因為即使不使用亦可上演戲劇。用土壤顏色的布料（或大張色紙，讓它看起來像土壤）鋪在桌子上。把插有植物的花瓶或盆栽植物放在一邊用以代表樹，並將一些米粒（或碎紙屑）撒在樹下。用陶土做出一個小山丘當作老鼠窩並放在另一邊。

♥ 活動說明

將「白鴿與獵人」（Perrow, 2008）的故事唸給家庭聽。

接下來，用紙偶秀的方式重述故事。當治療師說故事時，家庭成員可以坐在桌子後方或圍坐在地板的地毯上並操作紙偶。這樣有助於所有家庭成員的參與，以及維持他們對故事的興趣。為了幫助角色選擇，將每個紙偶的角色名稱分別寫在紙上，摺起來後再請家人各抽一張。或者，治療師可以更有目的地分派紙偶給每一位家人。依據每個家庭的成員數量，有些成員可能需要操作不只一個紙偶。

如果結束後還有時間（或在下次會談），可以再演出一次紙偶秀，並讓每位成員更換角色。

第一次紙偶秀時並不建議家人間主動討論（這樣每位成員才有時間吸收故事完整的含意），但在第二次之後的演出就可以鼓勵對話及討論。

紙偶秀結束之後，下列的歷程問題有助於討論：

1. 扮演獵人、其中一隻白鴿或老鼠的感覺如何？（治療師可以探索家庭成員所透露的感受或議題。）
2. 你最喜歡扮演哪個角色？你最不喜歡扮演哪個角色？
3. 對於家人一起工作，你有什麼新發現？

💙 討論

在人類歷史上的許多傳統文化中，身為社群導師及引導者的智慧「長者」，會善用隱喻及故事。他們會利用「智慧」故事來引導及管理行為，啓動小孩及大人的想像空間，並以正向積極的方式鼓勵他們。這個治療性故事的範例激發隱喻與故事的再現，引導並轉化挑戰的行為及狀況。

在這個歷程中，使用隱喻及說故事的方式，試圖將焦點從家裡爭執的「責備」，轉移到每位家庭成員都有義務要讓事情變好的體認。讓家庭成員參與故事的紙偶秀可以強化這經驗及轉化。

使用故事來處理挑戰性行為及狀況的目的，並不是把「壞」行為修正「好」，而是要讓行為或狀況回歸完整／平衡。值得強調的是：這故事並不是意圖要道德化或引發罪惡感！目的只是要單純反映真實的家人關係中發生了什麼事，並透過故事的隱喻及旅程，提供家人可以接受的方法來處理這個行為或狀況，並且找到可實現的解決方法。

隱喻的使用在治療性故事工作裡是一個必要元素。隱喻能幫助聆聽者建構想像的連結。隱喻是故事旅程裡不可或缺的部分，它同時扮演負面角色（絆腳石、試探者及把行為或狀況脫離平衡的誘惑，在本故事中為「獵人」和「網子」）以及正面角色（將行為或狀況導回完整／平衡的協助者或引路人，在本故事為「白鴿領袖」和「老鼠」）。

治療師可以運用對操偶者的觀察及故事結束後的討論，來評估互動及態度的類型，以及治療性地介入處理家庭所提出的議題。

💙 參考文獻

Perrow, S. (2008). *Healing stories for challenging behaviour*. London: Hawthorn.

關於作者

　　Susan Perrow，具 M.Ed.背景，並有三十年的教學、諮商和說故事的經驗。在完成教師說故事訓練之跨文化研究的碩士論文後，她在澳洲的南十字星大學制定了一百五十小時說故事模組。從 1995 年起，在澳洲、非洲、歐洲和亞洲從事教師訓練和親職教育的工作，專長是說故事、療癒式故事書寫，和創意式教養。

白鴿與獵人：故事

（2008 年由 Susan Perrow 譯自傳統印地安故事）

某天早上，一群白鴿飛越過大地尋找食物。突然間，鴿子領袖發現了撒在一棵榕樹下的白色米粒。牠領導著鴿子飛向白米。當牠們降落地面時，對自己的好運感到欣喜若狂。

飢餓的白鴿們開始啄食白米，但過了幾分鐘之後，牠們發現自己的腳被獵人鋪設的捕網給纏住了。下一刻，牠們從捕網抬起頭時發現獵人正走向牠們。獵人手中拿著一個大棍子。鴿子深信自己飛翔的生命即將結束了。

但鴿子領袖擁有過人的智慧及勇氣。牠對著牠的鴿群說：「聽我說，眾白鴿。我們的確深陷困境中，但我們不必失去希望。我有個主意，如果我們帶著捕網同時向上飛，我們仍能平安無事。我們個子小，各自行動時能力有限，但團結起來我們就可以容易地把捕網抬起且飛走。」

鴿群並不確定這主意會不會成功，但牠們別無選擇。因此，每隻白鴿都用喙拾起捕網的一部分。然後牠們一同振翅離開榕樹飛到高空中。獵人只能無能為力地看著鴿群逃離。

當牠們飛了一段安全的距離時，領袖對鴿群說：「我們解決了一半的煩憂，但我們仍陷於危險中。我們無法把腳從捕網中拔出。我有一個朋友，牠是一隻住在隔壁山腳洞穴中的小老鼠，說不定牠能用牠銳利的牙齒咬破捕網，讓我們重獲自由。」

鴿群再度接受領袖的好主意，然後飛向老鼠的住處。當牠們在老鼠家前的地面降落時，老鼠問鴿子領袖：「怎麼了，朋友？你看起來很憂愁。我可以怎麼幫你？」

領袖說：「如你所見，我們被捕網困住了。我們已經成功地一起帶著捕網飛來這裡。你可以現在幫忙我們，並讓我們自由嗎？」

老鼠說：「當然可以啊。」然後牠就開始了工作。牠用著自己尖銳的牙齒把

捕網的繩索咬斷。一隻接著一隻，所有的鴿子都重獲自由了。

白鴿們感謝老鼠的幫助。老鼠說：「不客氣！」

牠們也感謝自己的領袖將牠們從鬼門關前救了回來。牠們對這隻教導牠們如何聯合力量來面對問題的白鴿感到驕傲。出自內心的喜悅，唱著歌，牠們一起飛越廣闊的藍天。

附件　白鴿與獵人：紙偶外型輪廓

 附件　**白鴿與獵人**：紙偶外型輪廓

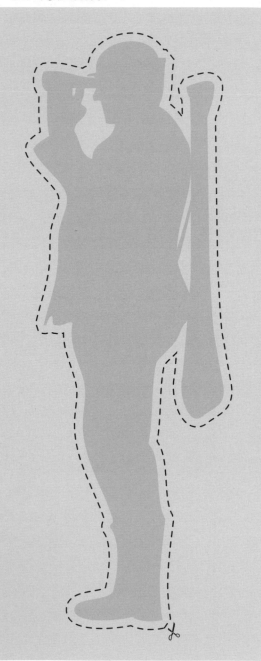

與家人一同演出夢境

Deborah Armstrong Hickey

♥ 目標

- 幫助家庭成員能同理並融入主導此活動的孩子
- 增進家庭成員遵守此孩子領導的能力
- 增進孩子向家庭成員口語表達自己需求的能力

♥ 媒材

- 毛線或遮蔽膠帶
- 戲劇遊戲道具，如：圍巾、劍、能發出聲響的物品（包括樂器），以及玩具屋（選擇性）
- 可以製作面具、戲服、布景的美工材料（選擇性）

♥ 事前準備

以毛線或遮蔽膠帶，劃分出一大塊「夢境重演」區。

♥ 活動說明

註：本活動至少需要九十分鐘。可以花一次長時間的會談或分兩次會談來完成本活動。

向家庭說明我們的夢境包含了體驗，在夢中我們可以輕鬆解決問題、發自內心表達自己，也能夠隨心所欲，不管它有多麼可怕，或完全不同於我們平常的所作所為。然後請孩子針對他／她所做過的夢導一齣戲，且讓孩子知道，如果想要的話，他／她可以改變夢境。如果孩子答應，家長及其他家庭成員會被告知孩子就是導演，他們也需要遵從導演想要他們做、說和感覺的事。

161

活動的步驟如下：

1. 孩子會指定他／她夢境的主題，並描述他／她在夢中的兩、三種感覺，以及他／她在夢中注意到的人與物。接著他／她會如同「正在」發生般地描述夢境，此時治療師也會記錄孩子所述。

2. 告訴家庭成員，在孩子述說夢境的過程中以及之後的所有時間，都不要問問題、詮釋或者說任何話。

3. 孩子接著會決定哪位成員要扮演夢中哪個角色；這包含選擇某人來扮演他／她自己，因為他／她是導演而不是演員，並且指派某人來扮演很重要的物件或事情。

4. 準備必要的道具及房間，包含沿著「夢境重演」區四周圍繞的毛線／遮蔽膠帶。

5. 孩子將指導每個人的言語、行動、感覺，重現他／她希望他們在夢境中的所作所為（通常孩子的夢境很短，足以完整演出整個夢境，但有時候選一或兩個片段就足夠了）。夢境可以被演出一次、兩次，甚至三次，直到孩子滿意這演出的過程。

6. 假如孩子想要的話，可以把夢境結局改成自己比較喜歡的版本。

7. 家庭成員在孩子的導演下，去做出、說出、感覺孩子要他們做的事，且暫時先不提問。

當夢境重演完成後，家人會跨出「夢的空間」然後進行討論。以下問題可以引導討論：

（對孩子／導演）：

1. 這活動讓你感覺如何？

2. 你最喜歡哪個部分？

3. 有什麼是你不喜歡或希望能有不同的？

4. 當你在指導演出時，你有些什麼感覺呢？

（對家庭成員／演員）：

1. 這活動讓你感覺如何？

2. 你最喜歡哪個部分？

3. 有什麼是你不喜歡或希望能有不同的？

4. 在扮演角色或物品時，你有些什麼感覺呢？

要確保家庭不會討論或詮釋夢境本身。

討論

做夢的特徵是可以讓想像力、真實性以及充滿情緒的問題進入意識中。孩子，尤其是幼童，經歷的噩夢會比其他年齡層來得可怕。同時，夢境也是一個發覺他們內在所思所感的可靠來源。這個活動專門為有困難同理及融入孩子的家庭而設計。在這樣一小段的時間中，有了治療師的陪伴，孩子內心深處的一小部分能被加以探索。家長不但能發現孩子內心深處之事，也能經驗到身處其間的感覺，以及孩子可能正在經歷的感受為何。

對孩子來說，這是一個指導他／她的父母體現與體驗他／她內在感受的機會。它也給孩子機會去重現一個可怕或煩憂的夢。作為一位導演／觀察者，孩子可以從旁觀者（由外向內）的眼光看到自己心中深處所藏，也可以幫助他／她獲得夢境素材的掌握及控制。

夢境非常私密而且高度個人化，因此，治療師進行此活動時必須確信家庭成員能夠守密，並尊重孩子私密及脆弱的夢境內容。儘管這個活動不大可能會被視為不當治療，但是，假如孩子正承受著創傷且正夢到它，仍然得保持警覺並謹慎以對。

治療師參與過自己的夢工作，且參考國際夢境研究學會（IASD）的倫理守則後，才鼓勵家庭成員參與此活動，是最恰當的準備。這個活動並不是要詮釋或分析夢境，相反地，應該要在活動期間避免如此做。

這個活動適宜地落在 Satir 與 Baldwin（1983）經驗性家族治療的範疇之中。這個活動亦符合親子家族治療（1969）的理論與技術。經驗性家族治療期望提升家庭的覺察與自我表達，並開啓家庭成員間更深層的連結與溝通。伴隨著能成為自己及開放地與他人連結的自由，使得這些深層的溝通被當作健康的基礎。親子家族治療透過非指導性遊戲治療原則來鼓勵家長參與

治療提供者的角色。這方法已被證實能有效降低孩子的症狀，並增加家長對孩子感受的同理心。

參考文獻

Bleandonu, G. (2006). *What do children dream?* London: Free Association Press.

Foulkes, D. (1999). *Children's dreaming and the development of consciousness.* Cambridge, MA: Harvard University Press.

Guerney Jr., B.G. (1969). Filial therapy: Description and rationale. In B. G. Guerney Jr. (Ed.), *Psycho-therapeutic agents: New roles for non-professionals, parents and teachers.* New York: Holt, Rinehart and Winston.

International Association for the Study of Dreams. http://www.asdreams.org/

Satir, V., & Baldwin, M. (1983). *Satir step by step: A guide to creating change in families.* Palo Alto, CA: Science and Behavior Books.

Siegel, A., & Bulkeley, K. (1998). *Dreamcatching: Every parent's guide to exploring and understanding children's dreams and nightmares.* New York: Three Rivers Press.

關於作者

Deborah Armstrong Hickey，具有 PhD、LMFT、RPT-S 等背景，擁有婚姻與家族治療師的執照，並在表達性與遊戲治療擁有超過三十年的資歷。她帶領夢的研究，並擔任國際夢境研究學會的委員，且跟自己的夢境工作超過四十年。她是卡佩拉大學婚姻與家族治療諮商員教育方案的核心教師，並在南卡羅萊納格林維爾的心靈花園（The Mindgarden）持續私人執業。

爆炸的氣球

Lauren Snailham

目標

- 學習、練習並實踐合宜的怒氣抒發策略
- 辨識出壓抑憤怒會如何導致問題

媒材

- 氣球（每位參與者及治療師各需兩個）
- 大張的紙
- 膠帶
- 彩色筆
- 護目鏡

事前準備

把紙張貼到牆壁上。

活動說明

提供每位家庭成員一顆氣球（建議要求每位家庭成員戴上護目鏡，以防止氣球爆炸時可能有的傷害）。然後請他們回想一段當他們感到生氣時的回憶（告訴他們這時候是要想起生氣的情境，**不是**當時的生氣情緒）。請他們把生氣的情緒吹到氣球中。請他們回想另一段生氣的時刻，把**那股**氣吹進氣球裡。請他們一再想起不同的生氣情境，持續把氣吹進氣球裡。

氣球最後總會爆炸。請家庭成員說說看氣球爆炸時的感覺如何。詢問：

1. 當你把生氣的情緒壓抑太久會發生什麼事？
2. 那會讓你做出什麼事？

再給每位家庭成員一顆氣球,並要他們再次憶起一段生氣的回憶,把那時生氣的情緒吹到氣球中。當氣球充滿空氣,請家庭成員馬上停止,並說說看生氣的情緒。在他們講自己的怒氣時,要他們慢慢放掉氣球中的空氣。完成後,問家庭成員這次所做的活動跟上次有何不同。治療師可以幫助他們看到,如果氣球充滿空氣後再洩掉,氣球就不會爆炸。

詢問家庭成員有哪些方法可以防止自己在感到生氣時爆炸。把這些因應策略寫在紙張上。如果他們在想出辦法上有困難,可以提供以下的建議:

1. 跟一個人談論感覺。
2. 慢慢地從十倒數。
3. 慢慢地呼氣、吐氣直到身體放鬆。
4. 回想一段快樂的回憶。
5. 想像一個「停車再開」的標誌(譯註:交通號誌)。

有了清單後,請家庭票選最喜歡的因應策略。請家庭成員在會談中練習策略,以確保他們能熟練運用。然後要求家庭在家中使用此策略。為了增進家庭動機,可以提議他們舉辦一個競賽,看誰能在適當的狀況把這因應策略做得最好。

可以唸 *The Angry Feeling*(Snailham, 2008)當作結束的另一個選擇(譯註:可參考《我變成一隻噴火龍了》)。

在下次面談時,問家庭下列問題:

1. 可否告訴我自從上次會談後,你使用哪些因應策略來防止自己生氣爆炸?
2. 誰最能管好自己的怒氣?
3. 有誰爆炸了嗎?如果有,是什麼阻礙了你使用因應策略呢?
4. 清單上還有什麼其他的策略是你會想要嘗試的?
5. 你如何幫助另一個人來預防日後在家的情緒爆炸?

♥ 討論

　　許多家庭在適當的抒發怒氣方面感到困難。有些家庭成員會外化他們的怒氣，因而在語言上或肢體上變得具有攻擊性；有些則是用退縮或自我隔離來表達怒氣。這兩種因應模式都不是健康的方式。這個活動技巧提供了一個參與性的方式來幫助家庭了解壓抑怒氣的危險，以及這會如何導致破壞性的行為或讓狀況顯得無望，進而給予家庭機會看見怒氣在增長時適時釋放的助益，以及他們（或氣球）可以更好地因應怒氣。

　　這個活動提供家庭一系列的怒氣管理技巧，讓他們能應用在家中或其他地方。這些技巧能天天使用，並會讓他們感到賦權及成功。

♥ 參考文獻

Snailham, L. (2008). *The angry feeling*. Kwa-Zulu Natal, South Africa: Self-Published.

關於作者

　　Lauren Snailham 具有臨床心理學碩士背景，是在南非夸祖魯—納塔爾省德班的一個私人機構執業的臨床心理師。她為各種心理適應困難的兒童、青少年及成人提供衡鑑與處遇服務。她在臨床工作裡整合了遊戲治療、心理治療與親職介入。她著作了一系列有關情緒、霸凌、虐待、離婚、創傷、焦慮、憤怒、酒癮及失落的治療用書。這些書被治療師、家長及教師廣泛地使用。

家庭疊疊樂

Nikole Jiggetts

目標

- 讓家庭成員執行新的有效溝通方法
- 學習在討論火爆話題時減少緊張與衝突
- 提升家庭成員之間正向口語回饋與愉快交流的頻率

媒材

- 疊疊樂遊戲
- 索引卡
- 彩色筆
- 紙張
- 原子筆

事前準備

對於如何進行疊疊樂遊戲，治療師應該要有清楚的了解。

活動說明

疊疊樂是一種使用木頭積木的架疊遊戲，在不使積木塔傾倒的情形下，把下層的積木抽出疊到上層。用在促進家庭關係時，除了遵守遊戲的基本規則外，治療師還可以加入下列的規則：

家庭要圍坐成一圈或面對面坐下。在他們中間架設好疊疊樂。討論積木塔看起來像是什麼，或對他們來說代表什麼（治療師可以在談話中間穿插「結構很穩」、「組織緊密」等敘述）。然後每位成員按照遊戲規則，輪流從塔中抽出積木。每當成員抽出一塊積木時，他們要說出一句另一位家庭成

員常說的負面陳述，如：「你每次都做不好」或「回你房間去，我現在不想理你」。成員要一直拿著積木直到講完為止（治療師會記錄每位成員的陳述）。遊戲會持續進行，直到高塔傾倒。積木塔倒下後，請成員看著自己手邊的積木，反思積木或「負面陳述」會讓他有什麼感受（在反思期間，治療師會繼續記錄，並說明每次拿走一塊積木會如何使組織變弱直到傾倒，就如同負面陳述會削弱一個家庭）。

這時，請家庭把疊疊樂疊好並再玩一次。這次，每抽出一塊積木要講一句正向陳述，如：「媽媽，妳做的飯好好吃」或「謝謝姊姊教我功課」。一旦完成陳述，就把積木疊放到塔的上方，而不要留著積木。當每個人都輪過一次後，治療師暫停遊戲並請大家反思高塔。治療師解釋高塔下方的空洞代表負面陳述，會讓關係基礎顯得不穩；然而，高塔上方很穩固，成員的正向陳述堆砌了一個更穩固的家庭組織。家庭可以持續玩到高塔傾倒，或留著高塔並持續分享正向陳述，直到每個人都至少提出三個為止。成員會把正向陳述寫在索引卡上，並把這些陳述交給想給予的家人。

接下來的活動可以問下列問題：

1. 當遊戲中有人提出負面陳述時，你的感覺如何？
2. 當遊戲中有人提出正向陳述時，你的感覺如何？
3. 從這個活動中可以學到什麼？

討論

本遊戲可以鼓勵家庭成員間更開放的溝通及玩樂。因為它是個「具有明確規則、期待、目標，又能降低抗拒，因而讓家庭有更多互動方式」的遊戲（Gil, 1994）。此外，玩家庭疊疊樂並輪流分享感受與情緒，會讓每一個人都能不被打擾地說話。在這具有架構的設定中，家庭成員間的溝通更能被清楚地聽見。

這個遊戲可以幫助家長對於孩子的感受更具有洞察力。這個場合可以營造出互相體恤的環境，讓家庭更開放而直接地溝通。

　　大多數家庭喜愛玩樂，而這個活動創造出一種嶄新的情緒氛圍，能促進家庭成員間的凝聚力。

❤ 參考文獻

Gil, E. (1994). *Play in family therapy*. New York: Guilford.

關於作者

　　Nikole Jiggetts，具有MSW、LCSW、RPT等背景，是維吉尼亞州彼得斯堡及里奇蒙國家諮商團體企業（National Counseling Group, Inc.）的社會工作師。她提供臨床督導，並在家庭環境及門診機構實行遊戲治療。她針對已被診斷為心理健康失調的孩子及家庭，每個月提供以家庭環境為基礎的創新介入訓練。

家庭位置圖

Heather Venitucci 與 *Jacob Gershoni*

目標

- 辨識家庭成員中未表達的需求與渴望
- 增進家庭成員間的開放溝通
- 揭開家庭未說出或被隱藏的感受
- 在與家庭連結的情況下,探索自我分化

媒材

- 紙張
- 黑色彩色筆
- 膠帶
- 語句完成範例(如附件)

事前準備

在白紙或有色紙張上寫下以下字詞,每張一個字詞。

興奮	遊戲	電影	擁抱	怒氣	笑聲	哀傷	孤獨	空間	隱私	安靜	歡樂	爭辯
音樂	焦慮	共處	電視	金錢	愛情	理解	尊重	電腦	鼓勵	乾淨	死亡	讚美

準備一張白紙,好讓家庭成員有機會表達沒被列出的字詞。

在家庭來之前,先將字卡黏貼在房間牆壁上。

在會談前,決定要跟家庭探索的議題,並依此準備造句題目。可以從範例中挑選造句題目或創造更適合家庭處境的題目。

活動說明

　　向家庭說明活動：「我接下來要唸一個句子，而你回應的方式是站在符合你答案的字卡旁。」

　　一次唸一個句子。在家庭成員選完答案後，請他們分享選擇這個答案的原因。如果成員還沒準備好要口頭分享，請他們寫在紙上，並分享他們所願意分享的。如果所有的成員都不願意分享，便改成進行關於三緘其口原因的討論，以及他們需要什麼才能安心地向家人開口。

　　基於不同程度的信任，提供家庭機會提出他們自己的問題。

　　討論可以聚焦在下列問題：

1. 這個活動最棒及最困難的部分是什麼？
2. 說說你從另一位家庭成員那裡得知的事。有任何讓你感到驚訝的事嗎？
3. 大家有什麼相似之處嗎？當大家回應的方法類似時，有什麼感覺？
4. 大家有什麼不同之處嗎？當大家回應的方法跟自己不同時，有什麼感覺？
5. 你還有其他想要表達的字詞嗎？
6. 有哪個字詞可能在接下來半年／一年／五年，對你而言會變得更重要或更不重要？
7. 你覺得此活動的目的為何？

討論

　　這個活動是從 Romance（2003） 的類似活動改編而來。這個位置圖（locogram）活動可以運用在所有與家庭工作的階段，亦可用以促進一般家庭議題或特定家庭議題的討論，如：生病、失落、離婚、新生兒降臨、再婚家庭動力、學校問題，以及家庭系統中的成癮、虐待、創傷的影響。

　　位置圖活動所呈現的架構與範圍，為家庭成員創造一個安全的空間，好探索難以表達的感受及未被說出的爭執、渴望、需求。每位成員有機會在不

被干擾或批評的情況下進行分享。本活動的關鍵是在不暗示一個人的「不好」與「錯誤」下，看重敞開表達的價值，同時強調家庭組織中的所有感受都很重要。當家庭成員練習積極傾聽、耐心等待輪到自己發言、容許不舒服的感受時，往往會帶出家庭中的自發討論。此外，家庭中的相似與相異處會被揭開，並締造一種連結感。同時，不舒服的感覺也會透露家庭組織中充滿挑戰的行為、不健康的溝通模式、爭執、不和諧之處與角色分配的衝突。

在家族治療中運用行動，營造出即刻感，促發深層的自發肢體與情緒互動，在在都能探索家庭動力。「治療師的行動指令，著眼於清楚明確、此時此地的個人參與。『讓我們看』、『說說看』、『向他說明』、『看著他』、『假裝你是他』、『表達自己但不要說話』及『試著停留在那個感受裡』，都是一些指令，在他人在場的情況下，把注意力焦點完全放在個人體驗上」（Farmer & Geller, 2003）。由此，在連結家庭之際，獲得自我分化的可能。

💠 參考文獻

Romance, J. (2003). It takes two: Psychodrama techniques with straight and gay couples. In J. Gershoni (Ed.), *Psychodrama in the 21st century: Clinical and educational applications*. New York: Springer Publishing.

Farmer, C. & Geller, M. (2003). Applying psychodrama in the family systems therapy of Bowen. In J. Gershoni (Ed.), *Psychodrama in the 21st century: Clinical and educational applications*. New York: Springer Publishing.

關於作者

請參見第 109-110 頁。

附件　**家庭位置圖**：語句完成範例

關於家庭最重要的事是⋯⋯

我希望我們有更多的是⋯⋯

我們需要的是⋯⋯

我希望我們擁有的是⋯⋯

我並不關心的是⋯⋯

我不需要的是⋯⋯

讓我感到快樂的是⋯⋯

讓我感到不悅的是⋯⋯

讓我感到憂愁的是⋯⋯

我們家中最棒的是⋯⋯

家庭樂隊

Ken Gardner 與 *Lorri Yasenik*

目標

- 增進家庭成員的非口語溝通
- 增加父母親與孩子的契合程度
- 辨識家長對孩子的情緒需求與狀態之敏感度及回應能力

媒材

- 玩具鼓或打擊樂器（手鼓或鈴鼓）
- 八張索引卡
- 骰子一個

事前準備

在每張索引卡的正面寫上「改變」這個詞，並在卡片的背面畫上身體打擊樂器形狀的簡易圖案。這些圖案應該要能看得出與身體打擊樂器類型之相關（參見以下列表）。一開始將使用下列八種身體打擊樂器。若要增加變化或挑戰難度時，可使用更多類型的身體打擊樂器。

卡片#1：「拍手」

卡片#2：「踏腳」

卡片#3：「搓手」

卡片#4：「拍臉頰」

卡片#5：「舌尖彈擊」

卡片#6：「用腳打拍子」

卡片#7：「拍肩」

卡片#8：「喔喔」（用嘴巴發出貓頭鷹的聲音）

活動說明

　　先請家長閱讀家庭指令（如下），準備帶領活動進行。治療師首先應該示範身體打擊樂器的八種類型，並且請家長思考，他／她可能會如何「表演」或變化每一種身體打擊樂器，以符合孩子目前的發展能力（若家中有比較年幼的兒童，可以考慮只使用四種類型的身體打擊樂器）。值得特別提醒的是，父母可以選擇延長或縮短節奏、增強或降低音量或響度、加快或減慢節奏，好讓每個人都可以跟得上拍子。

　　請家長唸出下列家庭指令：

「我們首先要學習的是用身體的不同部位發出特別的聲音。在我們熟悉這些聲音之後，我們要跟著鼓聲的節拍，製作一小段音樂。為了成為一個家庭樂隊，我們需要複製鼓的節奏或節拍。鼓手是領導者或指揮，任何一位拿鼓的人都可以開始一個新的節拍或節奏，其他人必須緊緊跟上。」

　　第一步：「讓我們先來看看，要用嘴巴或身體發出什麼樣的聲音。每個人拿一張卡片，我們先輪一遍，發出卡片上的指定聲音。」

　　第二步：「接著把所有卡片放到中間，背面（**譯註：有圖案的那一面**）朝上，並且混在一起。」

　　第三步：「我要把鼓傳一圈，請每個人快速輪流在鼓上敲出一段節奏。從我先開始。請注意我是用力敲或是輕輕敲、敲得很急或是很慢，還是不快不慢。」

　　第四步：「OK！現在我們已經練習完畢，接著要開始一起演奏，這樣我們才是身體打擊樂器所組成的樂隊。我們用擲骰子決定誰是指揮或領導者，點數最高的人先當鼓手，敲出一段節奏。坐在領導者右邊的成員，從中間拿起一張『改變卡』，並依據卡片上指定的身體打擊樂器，發出和鼓聲一樣的節奏。一旦順利跟上這個節奏後，請轉向右邊的成員，並將此節奏傳給下一個人，然後持續演奏它直到繞一圈回到領導者身上。當這節奏或節拍回到領導者身上時，大家才停止演奏。」

　　第五步：「再來第二輪，原來的鼓手將鼓傳給右手邊的成員，讓他成為

新的鼓手。領導者可以開始一個新的節拍或節奏,並把它傳給右邊的那個人。這個人需要拿起一張新的改變卡,複製這新的節奏。其他人必須用新的身體打擊樂器複製這位領導者的節拍與節奏。」

持續這順序直到所有的家庭成員都當過指揮。

第六步:「最後一輪,我們要把中間的改變卡混著使用。其中一位先用鼓打出新的節拍,當節奏傳到你時,請你拿一張改變卡,按照卡上的指定身體打擊樂器,複製這段節奏。每一個人都要拿一張改變卡,並依卡上的身體打擊樂器把這段節奏傳下去。我們一起來聽聽看這段合奏。」

在最後一輪結束後,藉由問下列問題來促進討論:

1. 關於家庭樂隊,什麼是最有趣的部分?
2. 成為領導者或指揮的感覺如何?
3. 你最喜歡哪張改變卡?為什麼?
4. 假如你能做出代表你的家庭的節奏或節拍,那聽起來會像是什麼樣子?
5. 假如你能增加另一種樂器,你會想要選擇哪一種?在你的家庭樂隊裡,誰擅長演奏這項樂器?
6. 在你日常的家庭生活裡,何時你會需要加快或減緩你的步調或節奏?
7. 如果別人和你同步的話,你會怎麼知道?

♥ 討論

當家長及其他家庭成員必須反映並重演彼此的行為時,諧調(attunement)行為因此而獲得強化。這項活動提供一個豐富的機會來審視家長的敏感度和諧調性,因為家長可能需要支持某些兒童或修改特定節奏,好讓每位孩子都能夠有意義地參與活動。

在家庭樂隊遊戲之後所設計的歷程問題,可用來促進家庭成員間的討論,以及提供方法讓家長認可個人的貢獻。治療師也有個機會來評論家庭一起「玩」的能力。在觀察及追蹤活動的過程中,治療師對於家庭成員在活動中如何觀察、跟隨、彼此支持,要適時予以回饋。

治療師在家庭傳遞認可、安撫、安全、支持及保證等需求時,要適時強化及延伸家長的感覺及亮點。

關於作者

Lorri Yasenik(具有 MSW、RFM、CPT-S、RPT-S 等背景)和 Ken Gardner(具有 M.Sc.、R.Psych、CPT-S 等背景)為落磯山遊戲治療學會的共同主持人。此學會是國際認可的專業訓練方案,提供和兒童與遊戲治療的相關及經驗性學習機會。Lorri 是一位認證/註冊遊戲治療督導、臨床社會工作師,也是一位註冊家庭協調者。在她的治療生涯中,和孩子與家庭工作的範圍有:創傷處遇、嚴重衝突分離與離婚、情境與發展議題等。Ken 是一位臨床心理師,並且是一位認證遊戲治療督導,專長是在學習/適應領域、有發展挑戰的兒童以及成就動機。Lorri 和 Ken 有大量的顧問和訓練師經驗,並定期在大學教授遊戲治療、調解、評估以及諮商。他們同時是 *Play Therapy Dimensions Model: A Decision Making Guide for Therapists* 一書的作者。

玩偶家庭雕塑

Darryl Haslam

♥ 目標

- 蒐集家庭裡的象徵主題與結構等訊息
- 確認家庭裡導致問題行為的互動模式
- 增進家庭成員對火爆話題的開放溝通
- 增進對其他家庭成員觀點的理解與接受度

♥ 媒材

- 至少六至十二隻代表不同主題或表達型態的玩偶（或填充動物），例如：溫馴的／俏皮的 vs.攻擊的，一般的 vs.神秘的／古怪的等等

♥ 活動說明

　　治療師告訴家庭，他們即將運用玩偶（或填充動物）參加一個趣味家庭活動。向家庭成員解釋，這練習的本質類似於 Satir（1972）所建立的家庭雕塑方式。假如會談中有年幼的孩子，治療師應該以適合他們發展水準的方式來說明此活動的規則與目標。

　　這個練習的解釋方式，舉例如下：

「請每個人輪流挑選一個代表你家庭裡每位成員的玩偶，包括沒有出席的，並將玩偶放置在這個房間裡的某處。玩偶們可以靠在一起或相距甚遠，可以放得很高或很低，可以放在明顯的地方或藏起來。這些玩偶擺放的方式，就像是你在家裡感受到的一樣。」

　　「我想要你用這些玩偶創造一個雕塑，用以代表你的家人以及你在家裡對這些事情的感覺。假裝這些玩偶所形成的雕塑，是呈現你的家庭給其他人看的一幅畫面。選擇用以代表家裡每位成員的玩偶，並將他們放置在房間裡

179

的某處，讓他們代表你們家人彼此互動的樣子。」

向家庭解釋擺放玩偶「沒有絕對正確的方式」，並且「你所用的方式在這裡都是被允許的」。另外向家庭解釋，這裡的規則是「我們接受每位家庭成員看事情的角度，我們不必辯論、爭論或貶低家庭任何一位成員在活動中所做的一切」。在解說之餘，治療師藉由展現熱情、接納每位成員在活動過程的一切而加以示範。

在每個人完成玩偶雕塑之後，提出問題以便蒐集更多資訊，例如：

1. 用玩偶創造這一切後，你有什麼想說的嗎？

2. 在他們之間存在著什麼樣的感覺呢？他們之間有誰是朋友嗎？有人在爭吵嗎？害怕彼此嗎？有人感覺孤單或被遺棄嗎？

治療師可以問更多關於玩偶雕塑某方面的問題，前提是關於玩偶本身而不是別的問題。此時，治療師並不適合詮釋雕塑（來連結此時此刻），特別是年幼的孩子完成雕塑之後。而是花心力記住或寫下值得注意的，以便在稍後會談裡或下次會談中與家長討論。

活動後，藉由詢問下列歷程性問題來促進家庭討論：

1. 你怎麼看你們的作品？

2. 全家人一起進行活動的感覺如何？

3. 當進行這活動時，你從家人身上學到什麼？

4. 關於玩偶雕塑，什麼最讓你感興趣或驚訝？

治療師在活動中注意到某些事情，例如玩偶雕塑的主題，或是家庭本身觀察到的反應，都可以詢問特定詮釋性問題。如此做時，治療師應該小心不要就自己的觀察或推敲遽下判斷或斬釘截鐵的評論。

和年長成員討論觀察後的假設，或是促進家庭的反思，治療師可能的討論方法如下：

1. 我想要知道關於這部分你怎麼想？

2. 我發現一件有意思的事，是在……的時候。

3. 玩偶雕塑以及你進行活動的方式，跟你真實生活中的家庭有什麼相似之處？

維持討論的探索性及支持性，以提供家庭正向經驗。

討論

文獻指出，在治療情境中使用玩偶及類似媒材可喚起情感，不論是運用在兒童工作（Bromfield, 1995; Irwin, 2002）或是和特定家庭工作（Ross, 2000）皆能受益。在家族治療蓬勃發展的年代，文獻所記載的家庭雕塑技術，是有效且動態的家族治療介入技術（Duhl, Kantor, & Duhl, 1973; Satir, 1972）。因此，結合遊戲取向的媒材，例如玩偶，以及動態介入技術，例如家庭雕塑，成了治療師處遇方案的有力選擇。

此活動的目的是幫助家庭成員以一種創造性、多重感官和象徵性的方式表達自己的感受和看法。年幼的孩童經常掙扎於要不要向父母及其他家庭成員表達自己的感受，然而，遊戲治療建構了一個自然的載具來幫助他們做到這件事。另一個目的是展現家庭的象徵性主題與結構。家庭互動的呈現，如靠近或疏離、接納或排拒、掌控或被動，以及敵意或合作，都應該加以注意。由於主題是以象徵性的方式表達，所以遊戲緩衝了附著其上的困難情緒，更因它的間接特質，使得成員更容易開放地表達主題。再次強調，治療師應該留意，避免成員彼此間針對創作有任何批評或責難。假如發生的話，治療師可以歷程處理（process）家庭裡傷害性評論的影響，以及它是如何阻礙開放表達與情感上的靠近。

在討論階段，年幼的孩童可能會失去注意力甚至坐不住。這並不罕見，也不該嚴格要求，只要治療師及父母能夠簡短討論所獲得的領悟即可。將整個會談過程攝影下來，有助於稍後與家庭（或者只跟父母）重新觀看，並深入討論活動過程。

參考文獻

Bromfield, R. (1995). The use of puppets in play therapy. *Child & Adolescent Social Work Journal*, *12*(6), 435-444.

Duhl, F.J., Kantor, D., & Duhl, B.S. (1973). Learning, space and action

in family therapy: A primer of sculpture. In D. Bloch (Ed.), *Techniques in family psychotherapy*. New York: Gruen & Stratton.

Irwin, Eleanor C. (2002). Using puppets for assessment. In C.E. Schaefer & D.M. Cangelosi (Eds.), *Play therapy techniques* (2nd ed.). New York: Jason Aronson.

Ross, P. (2000). The family puppet technique for assessing parent-child and family interaction patterns. In K. Gitlin-Weiner, A. Sandgrund & C. Schaefer (Eds.), *Play diagnosis and assessment* (2nd ed.). Hoboken, NJ: John Wiley & Sons.

Satir, V. (1972). *Peoplemaking*. Palo Alto, CA: Science and Behavior Books.

關於作者

　　Darryl Haslam，具有 PhD、LCSW、RPT 等背景，是密蘇里州立大學春田校區社會工作學院的助理教授。他從楊百翰大學獲得社會工作學士及碩士學位，並從德州理工大學婚姻與家族治療系獲得博士學位。他擁有超過十五年的臨床實務經驗，並在醫療、心理健康、軍事和家庭暴力等機構工作過。此外，他一直擔任社工及家族治療實習生雙領域的臨床督導。整合遊戲與家族治療是他最主要的專業興趣。他研究遊戲治療超過十四年，並於 2003 年獲得遊戲治療學會認證，成為一位註冊遊戲治療師，目前正努力取得遊戲治療師督導認證中。他發表許多關於遊戲治療的論述，並教授研究所層級的遊戲治療和家族遊戲治療課程。他也在這領域撰寫了好幾本學術著作，包括 *The Couple and Family Therapist's Notebook*（Hertlein & Viers, 2005）一書中標題為 The Puppet Reflecting Team 的一章。

家庭光譜

Heather Venitucci 與 *Jacob Gershoni*

❤ 目標

- 建構家庭成員間的信任與凝聚力
- 辨識導致問題行為的家庭互動型態
- 揭露家庭成員間的異同

❤ 媒材

- 狀態聲明的範例（如附件）

❤ 事前準備

　　會談之前，決定要與家庭一同探索的議題，並依此準備狀態聲明。從範例中挑選符合家庭狀況的，或者自行創造更合適的狀態聲明。

❤ 活動說明

註：如果家庭裡有公開衝突，並不適用此活動。但若該衝突已有部分被處理過，且成員間彼此有更多的親密感，則不在此限。

　　在活動開始之前，向家人說明：「在這個練習裡，我們將先專注在我們自己身上，並避免評論其他家庭成員的選擇。重要的是，在感到安全的情況下，我們才有辦法誠實分享、不批評他人。」

　　接著，當治療師在解釋活動時，從房間的一端走到另外一端，說明光譜（線段）的概念。在某些情況下，運用物體、膠帶、繩索、圍巾等來表示線段，也有助於成員理解。

　　解釋這活動如下：「請你想像有一條線，代表著一種連續的狀態，延伸橫越整個房間，這條線的兩端終點代表著兩個極端，譬如：一端為『很

多』，另一端為『很少』。在這活動中，我將會說出兩個狀態聲明。請你沿著光譜（線段）站在某個地方，代表你對這狀態聲明的感受。舉例而言，這一端（治療師走向一端）代表著我現在非常疲累，而這一端（治療師走向另一端）代表我現在有著很多能量。」

請成員沿著線段的不同位置站立以表示他們自己的感受，接著請他們分享。關於分享，下列有好幾個選項可以選擇：

1. 請家庭成員安靜地進行這個活動，並留意自己和他人的相對位置。

2. 請家庭成員分享他們為什麼選擇站在光譜的這個位置。

3. 請家庭成員兩兩分享。

4. 請家庭成員兩兩分享，然後返回到大團體中，和另一個人再次進行分享。鼓勵每個人積極傾聽，並允許成員表達對另一位家庭成員的感受。視家庭成員信賴安全感的程度而定，請成員「互換角色並以他們的觀點進行分享」經常是有趣的。這允許家庭成員暫停他們自己的角色，進入另一人的角色（愛說話的女兒變成了安靜的母親，或長期不和睦的父子互換角色，並發現在「扮演」另一人時的心情）。

以下列問題來進行這活動的歷程評論：

1. 與其他家人有任何相似之處嗎？有任何不同之處嗎？你留意到在家裡有其他相似／不同之處嗎？

2. 今天從其他家人身上知道的事情，還有什麼想說或想問的呢？

3. 你認為這活動的目的是什麼？

4. 關於分享，自己做決定的感覺怎麼樣？

5. 不說話的溝通，感覺如何呢？

6. 關於這活動你還想要探索什麼？還有誰想要發表狀態聲明／問題嗎？

討論

這活動改編自 Romance（2003）發展的一個相似練習。光譜在家族治療的所有階段都是一個很有價值的工具。它可作為會談一開始的暖身（check-in），在彼此分享的暖身活動後，允許家庭成員釋放今天被壓抑

的情緒。這促進了家庭透過特定主題的探索產生連結。在稍後的工作階段，當探究離婚、失落、疾病、成癮及衝突等較為困難的議題所帶來的更深層感受時，這光譜結構提供了安全感；可以保持沉默的選擇，有助於減輕焦慮，並且減輕了會談中一直出現「要說些事」的壓力恐懼。

這個光譜揭露了家庭成員間相似與不同之處，並提供他們一個以視覺、身體、口語的方式彼此溝通的機會，在個別化及個人選擇的情形下，加強家庭成員間的親密感。光譜經常揭露出家庭單位內的次團體及家庭動力，可作為討論家庭系統內角色及關係的跳板。

家庭內的感受經常以負向模式來表達，進而造成衝突。痛苦的互動常讓成員感到被誤解、忽視及傷害。光譜活動提供成員一個安全練習「在一起」的新方法，鼓勵成員以健康的方式表達難以說出口的感受，所有成員有機會用行動「說話」，安靜的成員得以「發聲」，多話的成員則練習安靜。

Moreno（1977）相信「一個人，只要和另一個人互動並真實溝通，便可以將潛能發展到極致……[Moreno] 更進一步宣稱，因為我們在互動中受傷，所以也應該在互動中療癒」（Lipman, 2003）。在家族治療中使用Moreno 的行動方法，提供成員一個機會去打下更深層次的信任以及情感表達基礎，讓成員在矯正性家庭互動中獲得療癒。

參考文獻

Lipman, L. (2003). *The triadic system: Sociometry, psychodrama, and group psychotherapy*. In J. Gershoni (Ed.), *Psychodrama in the 21st century: Clinical and educational applications*. New York: Springer Publishing.

Moreno, J.L. (1977). *Psychodrama. Vol. 1*. Beacon, NY: Beacon House.

Romance, J. (2003). It takes two: Psychodrama techniques with straight and gay couples. In J. Gershoni (Ed.), *Psychodrama in the 21st century: Clinical and educational applications*. New York: Springer Publishing.

關於作者

請參見第 109-110 頁。

附件　**家庭光譜**：狀態聲明的範例

❤ 作為團體初期的支持：

「我覺得在這裡很舒服 ── 我覺得在這裡很不舒服。」

「今天我很想分享 ── 今天我不想分享。」

「我今天過得很糟 ── 我今天過得不錯。」

❤ 歡迎盡情討論和分享有關會談的任何想法和感覺：

「我喜歡這個房間 ── 我不喜歡這個房間。」

「我不喜歡來這裡 ── 我喜歡來這裡。」

「我覺得這個對我們有幫助 ── 我覺得這個對我們沒幫助。」

❤ 聚焦在特定議題上：

「我對分離（結案、離婚）有很多感受 ── 我對分離（結案、離婚）沒什麼
　感受。」

「我對癌症（或其他疾病）很生氣 ── 我對癌症（或其他疾病）一點都不生
　氣。」

「當我想到（家中沒有到場或過世者名字）我覺得難過（生氣、孤單、麻
　木）── 當我想到（填入名字）我不覺得難過（生氣、孤單、麻木）。」

家庭結構遊戲

Amber L. Brewer

目標

- 增進親子間正向互動的頻率
- 父母親建立和執行一致的家規
- 減少孩子的行為問題

媒材

- 紙張
- 彩色筆
- 小糖果
- 各種適齡的玩具和遊戲

事前準備

　　這個技術需要好幾次會談的時間。第一次會談,會用到紙張、彩色筆和一包糖果。後續會談中會使用到玩具和遊戲。通常,玩具和遊戲比較能促進家人之間的互動。遊戲媒材如泡泡水、玩具公仔、洋娃娃/娃娃屋、玩偶和桌遊都可以。

活動說明

註:這個技術需要好幾次會談的時間。

第一次會談

1. **暖身**:向家庭說明在接下來幾次的會談中,會讓大家一起學習如何愉快相處。他們可以選擇想玩的遊戲,為了減少爭執,會談中要遵守大

家所制定的「遊戲室規則」。而這些遊戲規則**只**適用於會談中。

2. **確認問題行為**：詢問家庭成員，在遊戲當中，發生什麼樣的事情會讓大家玩得不開心。很多時候，家庭成員只會聚焦在兒童的問題行為，因此協助家庭製作一份不管父母或小孩，每個人都可能有的問題行為表。表中可能會有的問題行為包括：罵人（name-calling）、打人、大叫、不合群、不分享等等。家長的問題行為可能是掌控遊戲或未給予孩子適當的關注。進一步探索為何這些行為是有問題的（比如：會有危險、令人生氣或權力拉扯）。

3. **選出「最嚴重」問題**：請成員們確認表中最嚴重的三個問題行為。在最嚴重的問題旁邊寫上「1」，次嚴重的問題旁寫上「2」，以此類推，直到最嚴重的三個問題都選出來了。

4. **腦力激盪問題行為的教訓**：詢問大家是否知道這些問題行為的教訓是什麼。探討在不同的地方（如：學校、家裡、社區）出現問題行為時，各會導致什麼樣的教訓。然後討論為了大家的安全和平安著想，這教訓是怎樣產生的。

讓家長帶領家人進行討論，有什麼教訓可以避免讓這三大問題出現在會談中的家庭遊戲時間。

鼓勵家長詢問孩子們，執行這些教訓的步驟和細節。例如：有人建議暫時隔離（time-out），家人們就要討論有哪些適合進行處置的地方、隔離多長的時間，或要不要事先給警告等。如果孩子們不願意幫助父母親制定規則，那麼就讓家長來替大家制定規則。

讓家長主導教訓的執行。與家長討論他們要如何適切地執行教訓。探討如果是家長自己犯規時，會發生什麼事。詢問家長過去執行教訓時所使用的策略、哪些有效、哪些沒效。討論使用何種語氣、身體距離、身體接觸的使用、肢體語言或年齡層的考量等。舉些有效的例子，同時詢問家長對這些有效策略的看法。並提及活動中會有評判和調整策略的機會。

5. **選擇新規則**：協助家長進行家人間的討論，討論他們將會在會談中使

用的教訓。引導家長取得孩子們的回饋，但是提醒家長要做最後的決定。如果父母雙方都出席，他們針對最後的決定必須達成共識。

6. **制定「遊戲室規則」官方文件**：用另一張紙寫下大家所選出來的規則，在後續會談中皆會公布在牆上。

7. **確認孩子們了解規則**：讓家長給孩子小考，確認孩子都了解他們所定的規則。演練一下虛擬情境（或「要是……」）。孩子通常會很樂意扮演犯規的父母，然後被執行「暫時隔離」。修正行為則可獲得小糖果作為獎勵。

第二次會談

1. **復習規則**：告訴家人，他們這次會談的大部分時間都要玩遊戲。但是在開始前，請家長幫助孩子復習一下他們所制定的「遊戲室規則」。

2. **由家人決定遊戲怎麼玩**：邀請家長與孩子討論他們要如何決定當天要玩什麼遊戲。他們要決定是由家長或孩子來做選擇，或者他們要輪流決定。

3. **在進行家庭結構遊戲時，讓家庭「練習遵守規則」**：告訴家庭，他們可以開始進行遊戲，一直玩到最後剩下十分鐘時。

　　家長負責執行遊戲室規則。除非有受傷的危險而家長無法保護孩子時，才介入處理。當這類事情發生時，暫時介入以維護家庭成員的人身安全。比如：當孩子做出危險行為時，提醒家長注意這個危險動作，並建議家長合適的處理方式。例如：「媽媽，小凱咪站在椅子上了，我擔心她會跌倒喔！請妳站到她旁邊，注意她的安全好嗎？」如果需要的話，也可以示範合適的行為。如果有個孩子去打或推另一個孩子，而家長沒有介入處理時，可以說：「喔噢，我看到有人打人了。你們說過當有人打人時，接下來會發生什麼事？爸爸或媽媽，你們現在要怎麼做？」

　　時間快到之前，分別給這個家庭五分鐘和一分鐘的預告。

4. **完成會談**：在會談的最後十分鐘，針對遊戲，討論家庭成員喜歡和不喜歡的部分。強調正向互動的部分，以及過程中有衝突的部分。詢問家長當他們在執行教訓的時候，哪些有效哪些無效。家人們可以做什麼樣的改變而讓下次的會談更安全好玩。

第三至四次會談

在進行家庭結構遊戲時，繼續讓家庭「練習遵守規則」：接下來幾次的會談，形式與第二次會談相似，家人先復習規則，再進行家庭結構遊戲直到最後十分鐘，然後討論遊戲時出現的正向互動和衝突。強調家人的成長和改變，帶入對關係有利的一些概念，例如：妥協和互相尊重。

第五至六次會談

把學到的功課應用在家庭生活當中：當家人在會談時能好好地處理衝突時，鼓勵他們當週在家裡挪出三十分鐘的時間玩家庭遊戲。討論他們要如何才能玩得愉快。詢問大家，他們在會談時學到什麼是可以運用在家中解決衝突的。

討論

家庭結構遊戲（family-structured play, FSP）是為強化家中有幼兒和學齡兒童的依附關係所設計的。此程序協助家人一起合作，整合家庭連結活動，並為家庭量身打造處理衝突的合約。FSP 的理論立基於親子治療（Filial Therapy; Guerney, 1964）和親子互動治療（Parent-Child Interaction; Eyberg, 1988），本為針對家長給予親子遊戲的適切訓練，但是 FSP 卻超越親子二人的治療面向而納入整個家庭。其中調整的部分例如：「練習」的會談次數有所改變，FSP 一次只邀請一位家長參與，或者加上只有家長（parent-only）的會談選項，以幫助家庭學習所需的技巧。

當家庭成員開始一起玩遊戲時，很容易出現比較激烈的衝突。大部分的遊戲含有某種程度的競賽成分，也有既定的規則，很可能一開始就會引發一

些爭議和憤怒的氛圍。但是幾次下來後，家庭通常都能學到更有效且適當的處理衝突的技巧。

當家庭遊戲中包含輕到中度的競賽性質時，也讓成員有機會學習「運動家精神」以及輸的藝術。成員也能學到重要的生活技巧，例如：輪流和遵守規則，這些技巧在家庭之外的場域也很受用。透過這個活動，家庭成員會發現一起玩的快樂比輸贏還要重要，而家庭規則將有助於他們的人身安全和融洽地相處。如此一來，家庭成員比較能接受規則，且更聚焦在享受家庭時間裡彼此的同在。

❤ 參考文獻

Eyberg, S.M. (1988). Parent-child interaction therapy: Integration of traditional and behavioral concerns. *Child & Family Behavior Therapy, 10*(1), 33-46.

Guerney Jr., B. (1964). Filial therapy: Description and rational. *Journal of Consulting Psychology, 28*(4), 304-310.

關於作者

Amber L. Brewer，具有 PhD-ABD、LMFT 等背景，在猶他州的諮商機構提供治療服務。她擅長將遊戲治療技術應用和整合於家族治療，提供聚焦於兒童的問題（child-focused problems）服務。於美國各地研討會提出與此主題相關之報告。其著作包括文章的出版，以及與依附關係、治療同盟、哀傷和離婚等主題有關的書評。

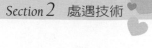

♡ 情緒的身體雕塑

Trudy Post Sprunk

♡ 目標

- 辨識家庭成員如何表達情緒，以及對其他家人的影響
- 找出造成問題行為的家庭互動模式
- 建立家庭成員之間有效溝通的新方式

♡ 媒材

- 兩個淺口罐子
- 愉快和不愉快的情緒字眼（如附件）
- 西卡紙（選擇性）

♡ 事前準備

　　把愉快和不愉快的情緒字眼影印下來（建議使用有顏色的西卡紙）。把每個情緒字眼剪下，並且置於空罐中。一個罐子放「愉快」的情緒字眼，另一個罐子放「不愉快」的情緒字眼。

♡ 活動說明

　　首先請一位家長或者比較年長的孩子取出一張愉快的情緒字卡，並告訴大家是什麼情緒字眼，例如：快樂的，然後請這位家庭成員說說他／她自己什麼時候有這樣的感覺。接著，問他／她認為什麼會讓家人有這樣的感覺。然後請抽卡片的這位成員詢問其他家人願不願意讓他／她做身體雕塑。接下來，這位成員就其選出來的情緒字眼，根據對家人們的了解，雕塑出他們在這情緒下的身體與臉部表情。例如：這個家庭的兒子選出了「驕傲的」，兒子會說父親在他拿了數學好成績時會感到驕傲，然後兒子問父親，是否可以

193

讓他擺出他眼中父親覺得驕傲的時候是什麼樣子。

讓這個孩子繼續根據選出來的情緒字眼,以他／她所認為的來雕塑每個家庭成員展現該情緒時的姿勢和表情。

完成後,邀請第二位家庭成員來挑選情緒字眼,然後重複前述的步驟。從裝有「愉快」的情緒字眼罐子開始拿卡片,全部拿完後再從裝有「不愉快」的情緒字眼罐子拿字卡。或兩者輪流也可以。

重點是每個家庭成員都有機會參與此過程。

透過以下問題來討論上述經驗:

1. 哪種情緒最好雕塑?

2. 哪種情緒最難雕塑?

3. 哪種情緒在你們家是最難表達或最難討論的?有什麼方法可以讓表達或討論容易一點?

4. 大體上你從這個活動中學到了什麼?使用身體語言來表達情緒讓你學到了什麼?你覺得家人的情緒會如何影響其他家人?

討論

本活動的目的在於幫助家人溝通討論情緒和情緒對家人的影響。使用身體雕塑,家庭成員有機會使用非語言的方式來表達他們自己,同時了解其他家人是如何解讀他們的肢體語言。這對幼兒特別有幫助,因為他們的語彙畢竟不如兄姊和父母親來得豐富。

Virginia Satir 曾說,「雕塑很寶貴,因為雕塑能將在暗處的事情顯露出來。擺出來的圖像不是要羞辱人們,而是讓他們看見隱藏的事實。」她還說:「我帶領人們與不同方式的自己接觸,也鼓勵人們換種方式進行接觸」(1964)。後來 Catherine Sori 強調說,家庭雕塑「是種透過重演衝突而能深入了解家人彼此的一種心理劇」(2006)。

♥ 參考文獻

Satir, V. (1964). *Conjoint family therapy.* Palo Alto, CA: Science and Behavior Books, Inc.

Sori, C.F. (2006). *Engaging children in family therapy: Creative appro-aches to integrating theory and research in clinical practice.* New York: Routledge.

關於作者

請參見第 29 頁。

附件　**情緒的身體雕塑**：愉快的情緒

快樂的	興奮的	驕傲的
解脫的	熱衷的	放鬆的
勇敢的	聰明的	感謝的
重要的	有盼望的	鍾愛的

附件　**情緒的身體雕塑**：不愉快的情緒

哀傷的	生氣的	害怕的
緊張的	愧疚的	嫉妒的
無聊的	失望的	尷尬的
疲倦的	受傷的	挫折的

情緒跳棋

Shannon Culy

目標

- 增進家人間談論感覺的機會
- 建立家庭成員之間有效溝通的新方式
- 分享家庭衝突所產生的感覺

媒材

- 情緒跳棋盤（如附件）
- 西洋跳棋所用的紅色和黑色棋子（或是可代表雙方的代幣）

事前準備

影印情緒跳棋盤。可以複印在西卡紙上，然後護貝起來，比較耐用。

活動說明

可以由兩位家人對下，也可以家人分組玩。

情緒跳棋類似一般的西洋跳棋遊戲，遊戲規則相同。玩家一步棋是斜走一格，當「跳過」對方的一顆棋後落在空格處時，即可「吃掉」對方的棋子。一次可以連續跳過兩個棋子，來個雙殺。當棋子被吃時，該棋子就從棋盤上拿掉。當玩家一路走到對方的底線時，這個棋子就翻身成「王」，可以向前和向後走。

玩家選擇一個顏色的棋子，然後把十二個棋子都放在有不同情緒字眼（害羞的、感謝的、生氣的、驚訝的等）的白色方格上。決定誰先走，然後輪流移動棋子盡可能吃掉對手的棋子。當有人走到另一個「情緒字眼」時，他／她要說出有這個情緒經驗的時刻。比如，走到「嫉妒」的感覺時，可能

的回答是「當弟弟拿到很多生日禮物時，我很嫉妒」。治療師可以在這過程中給予家人們肯定、讚美或鼓勵。

遊戲結束後，治療師可以透過下列問題帶領家人進一步探索和討論：

1. 在遊戲中你對家人有什麼新的認識？
2. 哪種感覺最難以啟齒？
3. 你覺得棋盤中還要加上哪種（些）感覺？

遊戲的延伸變化

- 定義：玩家可以輪流提出一種感覺的定義，比如，勇敢：面對困難時，展現勇氣。
- 角色扮演：玩家可以輪流扮演某種情境之下會有的特定感覺。
- 肢體語言和臉部表情：玩家可以展現他／她的肢體／表情代表他／她的某種感覺。

討論

有時候，家人之間很難談論想法和感覺；然而在遊戲中家人就比較能自在地溝通。本活動的目的是協助家庭成員去檢視和表達各式各樣的感覺。遊戲「能有效地促成人們做有關情緒方面的溝通。因為遊戲有規則，兒童通常能遵從指示，根據規定來說和聽，而且通常整個過程都願意合作」（Gil, 1994）。

家庭可以把這個遊戲帶回家去玩，如此一來，便能鼓勵家人自在地表達他們的感覺。如同 Gil 所建議的，當兒童心情不好、很難溝通時，家長可以拿出這個遊戲讓孩子一起來玩。這麼做，「當口語溝通遇到困難時，遊戲就成為親子之間溝通的橋梁。遊戲可以避免不必要的衝突，幫助孩子釋放鬱悶的心情」（Gil, 1994）。

參考文獻

Gil, E. (1994). *Play in family therapy*. New York: Guilford.

關於作者

Shannon Culy，具有BSW、RSW等背景，從 2001 年起受僱於加拿大薩克其萬省埃斯特萬的兒童和青少年心理健康服務中心。她為有不同心理健康需求的兒童、青少年和家長提供個別、家庭和團體諮商。同時，她還撰寫心理健康需求相關的月訊。她亦活躍於多個專業社群。

附件　**情緒跳棋**：情緒跳棋盤

快樂的		丟臉的				快樂的	
	感謝的		無聊的		害怕的		孤單的
孤單的		害怕的				驕傲的	
	難過的		勇敢的		擔憂的		嫉妒的
害羞的		嫉妒的				鍾愛的	
	驕傲的		擔憂的		興奮的		丟臉的
生氣的		挫折的				無聊的	
	興奮的		鍾愛的		愧疚的		難過的
驚訝的		愧疚的				自信的	

情緒捉迷藏

Sueann Kenney-Noziska

目標

- 為家庭成員提供安全的環境來描述和討論他們的感覺
- 增進對各種情緒狀態的開放溝通
- 透過直接的溝通加強家人之間的關係

媒材

- 寫上各種情緒字詞的索引卡
- 膠帶
- 貼紙或單顆包裝糖果等小獎品（選擇性）

事前準備

　　在會談開始前，把各樣的情緒字眼寫在索引卡上，比如：快樂的、憂傷的、生氣的、受傷的、嫉妒的、愧疚的、勇敢的、興奮的等等。可以影印在卡紙上然後護貝起來會比較耐用。如果遊戲有提供獎品或糖果，可以用幾張卡紙畫上笑臉。

　　使用膠帶，把索引卡藏在房間的各地方，有些比較明顯好找，有些比較隱密難尋。如果家中有幼兒，卡片可以藏在比較明顯的地方；如果家中有比較年長的孩子，卡片可以藏在比較隱密的地方。

活動說明

　　這項技術是大家耳熟能詳的兒童遊戲「捉迷藏」的治療版本。但不是把人藏起來，而是由治療師把有著各樣情緒字眼的卡片藏起來。

　　治療師可解釋說，我們常常會忽略我們的情緒，然後把它們藏起來，而

不是去面對它們。雖然看起來好像是很有效的，但「藏」起來的感覺不會不見，而且還是會持續讓那人不舒服，直到把他／她的感覺攤開來講。

在這個遊戲當中，一開始時情緒是隱藏起來的，透過玩捉迷藏，這些情緒會被找到，然後來討論。在整個過程中，家庭成員輪流尋找隱藏的卡片，然後用點時間揣摩卡片上所寫的情緒字眼。

若是有使用笑臉卡片，找到笑臉卡片的玩家可以自訂所要討論的情緒，然後可以得到一個獎品，如貼紙或小糖果。

遊戲的最後，以下列問題來反思活動的歷程：

1. 你覺得最容易討論的情緒是哪個？
2. 你覺得最難討論的情緒是哪個？
3. 你覺得把情緒藏起來或說開來哪個比較好？為什麼？
4. 你覺得要對哪個人說出情緒是最容易的？為什麼？
5. 你覺得要對哪個人說出情緒是最困難的？為什麼？
6. 你覺得你的家庭可以怎麼做，好讓情緒溝通得更好或更順利？
7. 你從這個遊戲中學到什麼？

討論

家庭系統提供了獨一無二的平台，用以促進健康和直接溝通的發展。本介入技術的目的在於提供家人機會做出直接清楚的溝通，來面對情緒議題。有些家庭很缺乏情緒溝通的語言。本活動讓家庭的情緒字彙變得更豐富，並且形塑健康自在的家庭氣氛。對於刻意逃避討論負面情緒的家庭，本技術有助於自在地攤開討論那些「隱藏」的感覺。父母可以示範健康的情緒表達以及直接溝通。此外，本介入能為家人之間的情緒支持打好基礎。

因為本技術以情緒字詞作為介入的主體，所以治療師可以根據該家庭的問題、議題或治療目的來選出合適的情緒字詞。標註及處理的情緒，可以是一般的情緒，用來提供家庭常見情緒的溝通討論，也可以是關於特定議題的情緒，如：離婚、死亡或暴力。

如同「活動說明」部分所載，有著笑臉的卡片，可以與情緒卡片混在一

起使用。抽到笑臉的玩家可以拿到一個獎勵、貼紙或其他小禮物，並且自行決定要分享的情緒。雖然這是個選項，但那種「贏」的感覺，在遊戲過程中，有時候可以降低防衛心，此乃本技術額外的趣味點。

　　活動過程中，將家庭成員分享的情緒予以一般化並加以肯定。另一個可以參考的選項是，指出並討論情緒壓力管理的處理技巧。

參考文獻

Kenney-Noziska, S. (2008). *Techniques-techniques-techniques: Play-based activities for children, adolescents, and families*. West Conshohocken, PA: Infinity Publishing.

關於作者

　　Sueann Kenney-Noziska，具有 MSW、LISW、RPT-S 等背景，是有執照的個人社會工作師和註冊遊戲治療師督導。臨床專業是運用遊戲治療與兒童、青少年和家庭工作。也是位遊戲治療書籍作者、培訓師、講師、國際講師，教學無數。她是遊戲治療角落公司的創始人，活躍於遊戲治療社群，也是 *Techniques-Techniques-Techniques: Play-Based Activities for Children, Adolescents, and Families* 一書作者。

五件大事

Trudy Post Sprunk

目標

- 增進家人之間自在開放的溝通
- 用語言標明每個家人所在意的事情
- 增進對需求的了解和覺察

媒材

- 鉛筆
- 五件大事工作單（如附件）
- 兩個小盒子

事前準備

安排平坦的地方讓大家能分開各自進行私下的書寫。影印工作單，每人一份，並事先裁剪好。

活動說明

對家庭說明，會請他們各自安靜地把他們自己認為重要的事情（A部分）和對其他家人重要的事情（B部分）條列下來。

當每位家庭成員完成了第一階段（A部分）之後，請他／她把這部分放進一個盒子。當第二部分（B部分）完成之後，則放入第二個盒子。

接著，治療師從第一個盒子抽 A 部分的單子，並且大聲唸出單子上的第一件大事。比如說這個家裡共有三個孩子，治療師抽到了一張十歲男孩所寫的單子，他寫的五件大事如下：

1. 小狗

2. 電腦

3. 朋友

4. 休息

5. 點心

治療師唸出單子上的第一件大事，「小狗」。家人們開始猜是誰寫的。寫下這份單子的那位十歲男孩假裝不是他寫的，聲稱是另外一位家人寫的……說不定是姊姊寫的。

當家人確定「小狗」是十歲男孩所寫的時，治療師就把五件大事單子上的「小狗」打勾，然後把單子放回盒子裡。

治療師接著抽出另一張單子，然後重複剛才的做法。

當治療師抽出 B 部分的單子時，譬如是：「媽媽寫說她認為運動對某個家人最重要，猜猜這個人是誰？」在這個情況下，家人嘗試去猜測媽媽所認為的人是誰。

鼓勵家人之間彼此討論。在討論時，治療師可以要求家人多做些澄清說明、探索情緒等等。

活動結束後，用以下問題來反思歷程：

1. 這個遊戲讓你發現你對哪個家人最了解／最不了解？

2. 你最喜歡這個遊戲的哪個部分？

3. 你認為這個遊戲的目的是什麼？

❤ 討論

本技術提供家人討論生活中重要事物的機會，以促進家人之間的溝通。整個家庭聚焦在彼此之間到底有多了解，同時也提供資訊給其他家人。

治療師引導並協助家庭增進信念及需求的開放溝通；活動允許每個人表達他／她自己的想法及感受，並對家人有更多的了解。

關於作者

請參見第 29 頁。

 附件 　　**五件大事**：工作單

你的名字＿＿＿＿＿＿＿＿＿＿＿＿＿

Ａ部分：寫下五項你覺得最重要的事物：

1. ＿＿＿＿＿＿＿＿＿＿＿＿＿＿＿＿＿＿＿＿＿＿＿＿＿＿＿＿＿＿
2. ＿＿＿＿＿＿＿＿＿＿＿＿＿＿＿＿＿＿＿＿＿＿＿＿＿＿＿＿＿＿
3. ＿＿＿＿＿＿＿＿＿＿＿＿＿＿＿＿＿＿＿＿＿＿＿＿＿＿＿＿＿＿
4. ＿＿＿＿＿＿＿＿＿＿＿＿＿＿＿＿＿＿＿＿＿＿＿＿＿＿＿＿＿＿
5. ＿＿＿＿＿＿＿＿＿＿＿＿＿＿＿＿＿＿＿＿＿＿＿＿＿＿＿＿＿＿

✂ -

你的名字＿＿＿＿＿＿＿＿＿＿＿＿＿＿

Ｂ部分：寫下五項你覺得對＿＿＿＿＿＿＿＿＿＿＿＿來說最重要的事物：

　　　　　　　　　　（另一位家人）

1. ＿＿＿＿＿＿＿＿＿＿＿＿＿＿＿＿＿＿＿＿＿＿＿＿＿＿＿＿＿＿
2. ＿＿＿＿＿＿＿＿＿＿＿＿＿＿＿＿＿＿＿＿＿＿＿＿＿＿＿＿＿＿
3. ＿＿＿＿＿＿＿＿＿＿＿＿＿＿＿＿＿＿＿＿＿＿＿＿＿＿＿＿＿＿
4. ＿＿＿＿＿＿＿＿＿＿＿＿＿＿＿＿＿＿＿＿＿＿＿＿＿＿＿＿＿＿
5. ＿＿＿＿＿＿＿＿＿＿＿＿＿＿＿＿＿＿＿＿＿＿＿＿＿＿＿＿＿＿

❤ 找大領袖

Steve Harvey

❤ 目標

- 學習對兒童有更細膩的回應
- 設立適當的規則和界限
- 增進親子間肢體諧調

❤ 媒材

- 錄影用的攝影機（選擇性）
- 適合年齡層的各樣玩具和遊戲

❤ 事前準備

　　預先準備各種玩具和遊戲。一般來說，優先考慮的是能夠引發親子互動的媒材和玩具，比如大圍巾、大枕頭、各式各樣的鼓和其他樂器、戲服、玩偶、娃娃和繪畫用具。

❤ 活動說明

　　本活動基本上就是「找領袖」遊戲。在我們的版本裡，只有父母親才能決定由誰來當領袖做動作，以及何時換人當領袖；而兒童在遊戲中的角色可由父母決定是當小領袖或隨從。在玩遊戲的過程中，父母親可自行決定角色。

❤ 界定以下角色：

1. **大領袖**（由家長擔任）：家長的角色有兩個，一個是玩遊戲，另一個是選出當領袖的人，還有決定換領袖的時間。

2. **小領袖**：做出動作讓其他參與遊戲的人模仿。

3. **隨從**：模仿小領袖做的動作。

小領袖開始做出一個動作後，其他隨從要盡可能地模仿。遊戲進行時，大領袖（家長）有很多選擇：可以自行決定由誰來當小領袖、可以放手讓孩子們自己玩，再不然自己擔任小領袖也可以。

找領袖的遊戲一定會牽涉到身體動作，不過這活動的重點比較是在模仿和輪流的概念，因此也可以採用任何戲劇性動作、使用樂器作為道具，甚至加上服裝打扮。本遊戲要領袖做出自己覺得有點挑戰性、又能讓其他家人也覺得有趣的動作。同樣地，在投入遊戲的過程中，隨從們也需要有模仿能力。

在找大領袖的遊戲中，讓家長扮演決策者的目的，是從遊戲行為找到家長領導風格的隱喻。治療師觀察遊戲行為來發現其中的溝通歷程，特別是家長的領導行為和決策對遊戲行為本質的影響。當家長頤指氣使地決定讓什麼人當領袖，或者在遊戲時失去應有的掌控力時，治療師可能會發現一些耐人尋味的現象。家長的角色成為遊戲結束後跟治療師討論的素材。

遊戲之後，治療師和家長可以討論家長是如何提供結構，以及如何鼓勵兒童的玩興。一些既定的問題可以幫助聚焦在重要的親職議題。這些問題如下：

1. 擔任大領袖的感覺如何？

2. 擔任隨從的感覺如何？

3. 你是如何給孩子提供結構和界限的？

4. 你用了什麼策略讓你的孩子覺得遊戲好玩？

5. 在家裡什麼時候可以使用這些策略？

6. 你覺得是什麼因素讓你沒有辦法使用這些策略？你會如何處理這些限制？

此外，治療師可討論遊戲中的特定互動，特別是把導致正向發展的互動模式和時機提出來討論是很有幫助的。

討論

　執行親職通常需要有足夠的能力來了解孩子，同時還能提供界限。本活動可以作為幫助家長學習和練習此類領導風格的體驗性任務。

　為了順利執行親職功能，家長對兒童的興趣和意念要能立即敏銳地覺察，特別是當兒童使用肢體和非語言溝通來表達時。找大領袖遊戲需要家長在兒童的遊戲行動中扮演參與者／觀察者。兒童在遊戲中的反應能立即反映出家長對遊戲規則的執行力。對遊戲來說，好玩的理想平衡是，孩子能樂在其中，而家長也能彈性調整地呼應需求。

　關於家人間肢體遊戲的相關理論，以及這些活動可以如何延伸和變化的部分，請參閱其他參考資料（Harvey, 2000, 2003, 2006）。

　若是可行，可將活動過程攝影下來，讓家長於事後觀看，有助於發現遊戲間產生的動力。

參考文獻

Harvey, S.A. (2000). Dynamic play approaches in the observation of family relationships. In K. Gitlin-Weiner, A. Sandgrund, & C. E. Schaefer (Eds.), *Play diagnosis and assessment*. New York: Wiley & Sons.

Harvey, S.A. (2003). Dynamic play therapy with an adoptive family struggling with issues of grief, loss, and adjustment. In D. Wiener & L. Oxford (Eds.), *Action therapy with families and groups*. Washington, DC: American Psychological Association Books.

Harvey, S.A. (2006). Dynamic play therapy. In C.E. Schaefer & H. Kaduson (Eds.), *Contemporary play therapy*. New York: Guilford Publications.

關於作者

請參見第 147 頁。

♥️ 鳥園

Susan Perrow

♥ 目標

- 幫助家庭覺察傾聽的重要性
- 鼓勵家庭對不同觀點給予尊重

♥ 媒材

- 「鳥園」故事（如附件）
- 啼鳥的輪廓（如附件）
- 蠟筆或鉛筆
- 剪刀
- 木棒（如冰棒棍）
- 膠帶

♥ 事前準備

　　手偶演出時，可以配合使用下面的場景和道具，但是如果家庭可以自行演出沒有困難，那麼不用那些場景和道具也可以。把桌子用大地顏色的布覆蓋起來（或者把一張紙彩繪成土地）。使用一些盆栽或綠葉等代表花園中的樹木。此外，也可以在地上鋪張毯子讓家人們圍成一個圓圈坐下。

♥ 活動說明

　　讓家人們把鳥的圖像剪下來，上色，然後黏貼在木棒上。

　　把「鳥園」（Perrow, 2008）的故事說或讀給大家聽。使用手偶重複訴說故事，並讓家裡的每個人輪流扮演主角（啼鳥）。如此一來，可以讓每個人都參與在活動中，並且維持他們的注意力。

在手偶演出時，不需要刻意引導家庭成員討論，而是盡量讓他們全然浸淫在故事的張力中。但是鼓勵他們盡情地製造各樣的音效樂聲，比如歌唱或哼唱或口哨聲（如果治療師本身同意這個觀點，而且家庭成員也不覺得彆扭）。

當每個家人都當過「主」鳥後，開始用以下的問題來進行歷程的反思：

1. 在故事的開端當「主角」，你的感覺如何？
2. 在故事的尾端當「主角」，你的感覺如何？
3. 當你是鳥園裡的「配角」時，你的感覺如何？
4. 當全家人一起合作時，你有什麼從未有過的感受或發現？

♥ 討論

1. **使用療癒式故事的工作方式**：療癒（healing）的定義是，**帶入平衡，邁向健康或完整**，而具有挑戰行為或情境的療癒式故事，指的是將脫序行為或失衡情境回歸正軌或找回平衡的故事。

   使用療癒式故事來治療家人之中有人「不聽其他人的話」這樣的挑戰性情境，重點不是在於使「壞」行為變「好」。而是試著讓行為或情境回到完整或平衡——在這故事是從「不聽」到「傾聽和尊重他人的意見」。

2. **隱喻、旅程和故事道具**：隱喻的使用是療癒式故事工作的核心。在「鳥園」故事中，鳥的隱喻是用來幫助聽者產生想像力和聯想力。旅程則是療癒式故事結構中的主軸。隨著故事的發展，讓波折連連的旅程加強了故事的「張力」，帶領故事的情節進入「失衡」的行為（如：「唯我獨尊的啼鳥」）和帶出完整、積極的解決之道。

   在說故事時使用手偶可以讓隱喻更強而有力——比如，花園中的鳥兒。讓家人參與鳥的創作，也參與手偶演出，可以讓人有身臨其境之感。

   治療師可以針對手偶操作者的觀察和事後的討論，來評估互動風格和態度，並針對出現的家庭議題提供治療性的介入。

❤ **參考文獻**

Perrow, W. (2008). *Healing stories for challenging behavior*. London: Hawthorn.

關於作者

請參見第 156 頁。

 鳥園：故事

（來源：Susan Perrow, 2008）

　　從前從前，有一隻歌聲美妙的鳥，她每天從早到晚在鳥園裡唱著歌。鳥園裡還住著許多其他的鳥兒，但是都沒有一隻唱得比她好。即便他們很努力地唱，他們的聲音還是很快就消散無蹤。因為這隻愛唱歌的鳥的歌聲時時刻刻充滿在鳥園的每個角落，其他的鳥根本沒有機會唱歌。即便其他的鳥想要練習，他們必須飛到鳥園外面，飛到高山上，才能沒有干擾地練習唱歌。

　　有一天，不知道怎麼了，這隻美麗的鳥生病了，而且病得很嚴重，沒有辦法再唱歌了。她天天在自己的巢中休息。鳥園四周靜悄悄的，每天從山上回來的鳥兒們覺得很奇怪，到底發生了什麼事？

　　鳥兒們開始一隻接著一隻地留在園裡輪流唱歌。很快地，鳥園就充滿了各式各樣的歌唱聲。

　　聽到其他鳥的歌聲後，生病的鳥覺得很驚訝——他們的聲音都很不一樣而且很好聽。她從來沒有聽過這麼美妙的聲音。她躺在自己巢裡的時間越長，聽到的新的歌聲越多，她就越健壯。那些美妙的歌聲對她的復元很有幫助。

　　不久，這隻生病的鳥的身體就好多了，讓她又想要唱歌。但是她只想偶爾唱一段而不是一直唱。如此一來，她可以享受到其他鳥兒的歌聲。她還因此學到很多新的歌曲，所以慢慢地她自己的歌唱也越來越豐富和美妙。

　　漸漸地，大家都知道這個鳥園裡不僅有美妙的鳥鳴聲，而且類型豐富又多元。人們不遠千里而來，就是為了要在這裡停留、漫步、歇息和聆聽。有些人還因此得到心靈的醫治。

註：故事可以改編，比如使用男性的鳥作為主角。

附件　　　**鳥園**：啼鳥的輪廓

受傷的心和醫治的手

Betty Bedard Bidwell 與 *Brenda Lee Garratt*

目標

- 辨識個別家庭成員和整個家庭的優勢
- 增進家庭成員間對於痛苦經驗的開放溝通
- 說出克服創傷後遺症的勝任感

媒材

- 數個各種顏色的海報板
- 數張各種顏色的全開書面紙
- 一包 A4 大小的各色書面紙
- 剪刀
- 口紅膠
- 彩色筆或色鉛筆

事前準備

把所有媒材放在一個平坦的地方,讓所有人都能方便取用。

活動說明

第一部分:正視傷痛

當家庭成員圍著桌子一一就座後,拿出各色的海報板給大家看。請大家以家庭為單位選出一個代表安全顏色的板子。然後把其他板子拿開。接著請家庭選出一張全開書面紙,並解釋這張書面紙代表家庭的傷痛。把其他全開書面紙拿開。然後讓每位家庭成員選出一張個人喜歡的 A4 書面紙。從每張

紙剪出來的愛心則代表他／她個人的傷痛。每個人剪好自己的愛心後，要把愛心劃分成四等分。每個等分要有三個字詞，以表達：(1)他們害怕什麼？（第一等分）；(2)什麼會讓他們抓狂？（第二等分）；(3)什麼會讓他們難過？（第三等分）；(4)他們擔心什麼？（第四等分）。讓家庭成員分享彼此受傷的心。給他們一些時間討論。下列問題有助於歷程的反思，但不受限於以下問題：

1.當你和家人分享你那受傷的心時，那是什麼感覺？

2.你注意到其他人的受傷的心有什麼相似和相異的地方嗎？

3.你與家人分享感覺對你有什麼幫助，對整個家庭有什麼幫助？

當所有人都分享完之後，剪下一個代表全家人的傷痛的心（使用前面選出的全開書面紙），然後貼在那個大家選出來代表安全的海報板中間。接著讓每位家人把自己受傷的心貼在那代表全家人的愛心的周圍。把全家人的大愛心劃分成四等分。

以上步驟完成後，每位家人從自己的愛心中選出一項傷痛並寫在大愛心的四個區域中。這四個區域與每個人的傷痛是相互呼應的。

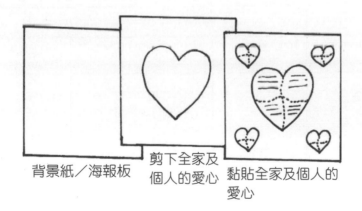

背景紙／海報板　　剪下全家及　　黏貼全家及
　　　　　　　　　個人的愛心　　個人的
　　　　　　　　　　　　　　　　愛心

第二部分：醫治的歷程

每個家庭成員依照自己喜歡的顏色選出 2 張A4書面紙，分別描出自己雙手的手型並剪下來。在右手紙型上，寫下為醫治自己的傷痛而需要家人幫

忙的五件事情；左手紙型上則寫下自己可以為醫治家庭傷痛所做的五件事情。請家庭成員針對他們所寫的內容來進行歷程的反思。

下列問題可以作為歷程反思的問題，但不只限於以下問題：

1. 你覺得你的家人可以做些什麼來幫助你療傷？

2. 你覺得你可以做什麼來幫助你的家人療傷？

3. 當你得到家人的幫助和支持時，你的感覺如何？

接下來，請家庭成員在剪下來的兩隻手型背面塗上膠水（只需塗在手腕的部分），然後貼在家庭愛心裡自己愛心的附近。現在，透過視覺以及經驗分享，家庭的愛心得以被家庭成員們醫治的手所支持。

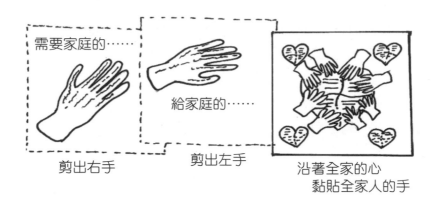

需要家庭的……

剪出右手

給家庭的……

剪出左手

沿著全家的心
黏貼全家人的手

討論

遭逢打擊的家庭，家人的傷痛通常深藏在心底很難與人分享。若能正視每個家人個別的情緒，和傷痛對全家人的影響，情緒就得以表達。通常劇烈的傷痛會讓人看不見以往來自家庭的支持和力量，和曾經互相依賴的家庭力量，導致每個人落入孤立的個人世界中。

根據 Malchiodi（2003）、Rubin（2005）和 Bedard Bidwell 博士的研究，家族藝術治療透過藝術的創作歷程和內容，有助於促進家庭成員之間的溝通。圖像創作讓家庭成員運用到每個人的創造潛力來解決問題，得到和給予同理心，從行為上的改變達到互相支持，在合作中產生溝通。

　　這樣的圖像創作方式讓家庭成員能從傷痛的角度和當下的失落經驗出發，表達他們的想法和感覺。再次地，家裡每個人能依靠他們既有的家庭支持系統而慢慢得到醫治，過程中，也比較不會覺得孤單，那些因著恐懼、憤怒、沮喪和擔憂自己與家人而來的壓力也得以緩解。

參考文獻

Malchiodi, C.A. (2003). *Handbook of art therapy*. New York: Guilford Press.

Rubin J.A. (2005). *Child art therapy*. New York: Wiley & Sons.

關於作者

　　Betty Bedard Bidwell，具有 PhD、ATBC、OATR-S、CPTR-S、CTC-S 等背景，是位註冊藝術和遊戲治療師督導，以及創傷和失落諮詢督導。曾獲選為 2001 創傷和失落年度諮詢督導，和 2001 年應用藝術：社區服務優等獎。她是西安大略大學藝術治療學程的創辦人之一，也是加拿大兒童與遊戲治療學會（CACPT）的創辦人、推動人和第一屆遊戲治療認證學程的協調人，目前仍任教於該學程。她也於加拿大和美國各地帶領工作坊。她是 *Hand in Hand One-Practical Application of Art and Play Therapy* 和 *Hand in Hand Two-Art and Play Therapist Treasure Chest* 等書的作者群之一，也有文章發表於多份刊物。她也是同情疲勞（Compassion Fatique）訓練師、復原力訓練師，以及生活技能教練訓練師。近年來，她受訓成為動物輔助治療師，因此會在工作中使用寵物進行治療。她也受訓成為全人健康服務者並提供個人服務。她也是 Betamarsh 公司組織的負責人和執行長，該公司成立於 1981 年，是間寄養照顧機構，迄今她都還擔任寄養家長。

Brenda Lee Garratt，具有 T.A.T.I. Intern、A.O.C.A.D.、E.C.E. 等背景，目前在多倫多藝術治療學會藝術治療學程受訓，並於加拿大安大略省戈德里奇的 Betamarsh 公司實習，受督於 Betty Bedard Bidwell 博士。她是加拿大藝術治療學會和安大略藝術治療學會的會員。除了專業學習之外，她還於畫室中教授美術。

感謝 Wanda Sawicki 的療癒式工作（手的概念）以及 William Steele 博士（創傷術語「瘋狂—悲傷—害怕」）。他們的專業及學識引領身為治療師的我們順利開發出兼具支持與療癒的家庭技術。

❤️ 注意！預備！開球！

Katherine M. Hertlein

🏠 目標

- 清楚定義孩子需要改變的行為
- 追蹤記錄目標達成的過程
- 創造代幣文化
- 降低孩子的行為問題

🏠 媒材

- 美式足球場（football field）圖示（如附件）
- 書面紙或色紙
- 彩色筆
- 便利貼和／或便條紙

🏠 事前準備

把美式足球場的圖示影印放大，或者另行透過如微軟 Word 等文書處理程式製作一幅美式足球場圖示，或在書面紙上自行手繪。

🏠 活動說明

本介入方式旨在協助兒童或家人追蹤他們達成目標的情形。是專門為家中能理解何謂努力、進步和達成目標等概念的小孩（一般來說介於五到十一歲之間）而設計的活動。如果家中有多位成員目標相同者亦適用之。

治療師和家庭一起確認處遇的目標。治療師可以沿用「達陣」（Touchdown）這個詞來當作目標，或者讓家庭選擇其他的詞作為目標。治療師解釋說明足球場可以幫助孩子在完成目標的過程中，將進步的情形記錄下來。

孩子有了一點點進步時,他/她就可以把棋子往前移動到新的分碼線。治療師讓家人決定「達陣」者可以得到怎樣的獎勵,這獎勵必須是提供者可以負擔得起的。有些孩子可能會期待金錢上的獎勵;也有人可能偏好與父母親有相處的珍貴時光,或者其他類似的獎勵。

治療師和家庭討論達成目標的步驟或階段,然後把每個步驟或階段標記在分碼線上。治療師和家庭把每個步驟或階段寫在便條紙上。分碼線記號可以是:(1)達成獨立目標的階段;或(2)與行為次數頻率相關。比如,朱莉要求兒子奈森,整個星期都不出現影響上課而被老師處罰的行為。家人們在便利貼上寫上「星期一」、「星期二」等一直寫到一星期的最後一天,也就是「達陣:星期五」。或者,治療師和家庭可以用分碼線記號來代表某種整體目標的階段任務。好比,如果朱莉是因為奈森不肯上床睡覺的問題把他帶來進行處遇,那麼每條分碼線記號可以當作預備就寢的任務,比如:40 碼線標記為「洗澡」;30 碼線為「刷牙」等。

把每個任務步驟確認好並標示在便利貼上後,治療師和家庭可以開始用彩色筆來裝飾美式足球場,然後討論便利貼黏上美式足球場的方式等。便利貼可以黏在美式足球場紙張分碼線的下方。如此一來,這個美式足球場便可以重複使用。如果這個家庭以後不會再用到這個美式足球場,那麼可以不必使用便利貼,而是用彩色筆直接把目標寫在美式足球場上每個分碼線之間就可以了。

美式足球場和合適的分碼線都製作完成後,治療師可以詢問下列問題:

1. 誰是擔任指揮(calling the plays)的四分衛/人?
2. 是誰/什麼事情阻擋你推進?
3. 誰是教練?什麼樣的教練是好教練?
4. 有裁判嗎?如果有的話是誰?
5. 有哪些最有效的玩法/策略?

然後治療師可以和孩子或整個家庭一起製作能在美式足球場上移動的遊戲物件,比如一個美式足球、頭盔,或其他象徵符號。這個部分可以用書面紙或色紙來創作,黏貼在美式足球場上可以顯示出孩子的進步軌跡。如果家

中有好幾個人有相同的目標，他們可以分別製作代表自己的遊戲物件。如果是家庭共有的目標，每個人都參與每個階段，那麼可以讓大家一起決定具有代表性的一個遊戲物件。甚至可以想出一個隊名、吉祥物和加油方式！

討論

本介入方式為家庭提供有趣的互動機會，不論是參與孩子達成任務目標的努力，或是家人達成共同任務目標的過程中。代幣制度有助於幫助家庭鎖定目標，以及提高孩子或家人達成任務的可能性。做到「達陣」應該有些獎勵，治療師可以視情況在每次進階時提供適當的獎勵。

本介入使用美式足球做隱喻，讓達成目標的過程和階段都能視覺化呈現並可評估進步情形。有時候，美式足球隱喻並不適合特定兒童或某些家庭。在這樣的情況下，治療師可以採用其他球場，比如英式足球（soccer）。如此一來，「達陣」這樣的名詞就要換成「得分」（Goal）。

關於作者

請參見第 99 頁。

附件 **注意！預備！開球！：美式足球場圖示**

40 30 20 10 [達陣！]

達陣！

為所欲為王國

Theresa Fraser

💛 目標

- 評估家庭內的特定規則、角色和位階的動力和互動模式
- 建立和強化適當的家規
- 鼓勵父母親多去了解孩子的世界觀
- 提升家庭成員間表達自己需求的能力

💛 媒材

- 「每個家都是個王國」問卷（如附件）
- 紙張
- 鉛筆
- 彩色筆
- 照相機

💛 沙盤版本的額外媒材

- 裝半滿沙量的沙盤
- 各種代表不同類別的小物件或小雕像，例如人物（不同年齡、種族、技能、職業）、動物（寵物、農場動物、野生動物）、交通工具、植物，以及其他大自然素材（石頭、貝殼）、家具／家居用品、建築物、幻想人物。還要包括一個國王和皇后的小雕像

💛 活動說明

註：進行本活動至少需要兩次的會談時間。

　　和家庭一起完成「每個家都是個王國」問卷。如果採用沙盤版本，家庭

227

可以口頭回答問題，也可以在沙盤上使用預備的小雕像擺一盤沙來回答問題。

在下一次的會談中，把家庭分成兩人一組（一個孩子搭配一位和他／她關係較好的父／母成一組。活動中兩人一組的部分也讓比較安靜的孩子有機會表達自己的感覺和想法。如果只有一位父親或母親在場，那麼讓整個家庭一起工作，不必分組）。

讓家人想像一個為所欲為王國。每組都要一起畫張為所欲為王國的圖畫（或擺一盤沙）。每組家人可決定這個王國是如何運作？運作的內容、時間和地點為何？這個有關為所欲為王國的圖像描述可以是正向的，也可以是負向的。由該組家庭成員來決定。接著，每組親子成員要創作屬於他們自己的為所欲為王國的故事。由各組中的家長擔任寫故事的人。這對孩子有困難尊重父母親權威的小組來說特別重要（在活動說明時，治療師要把小組的領導角色交代清楚）。然後讓各小組一起討論分享他們的圖畫和故事。

如果有小組想不出沒有規則的地方會有什麼壞處時，治療師可以詢問以下問題：

1. 為所欲為王國可能是什麼樣子？

2. 如果人人可以為所欲為，那麼那裡的大人和小孩會有什麼感覺？

3. 如果沒有人負責管理會發生什麼事情？

4. 如果都沒有任何規則，那會產生什麼問題？

5. 如果父母親不知道他們的小孩在哪裡，或他們在做什麼，父母親會有什麼感覺？

接下來可以討論的是什麼樣的共同規則能夠讓這塊土地上的居民都得到好處。家庭可以創作新的故事，或者把前面所創作的故事加入新的元素做結束。

會談的最後一部分則是全家人一起找出適合他們家庭的規則。可以請其中一位家長把這些規則寫在一張紙上。

然後邀請這個家庭創作一幅新的作品（或者擺一盤沙）描述「規規矩矩王國」。亦即，確保家人的平安和幸福的必要規則、說明這些規則的制定者

和執行者，以及違規時的後果等等。

使用相機把作品或者沙盤拍下來，送給這個家庭（也作為治療檔案）。

討論

本活動適用於面臨規則難行和角色困擾的家庭。對於想要建立健康親子關係的家庭，特別是長久以來面臨親子衝突的家庭也同樣適用。

透過說故事和繪畫（或沙盤），家人之間彼此更加了解每個人對家庭的看法，認識規則和界限的重要，也更明白每個人對安全的感覺。通常，這樣的外化討論方式讓整個家庭能比較清楚地看到個別家人的看法和經驗。如 Harvey（2008）所言，「我們的基本假設之一，是家人們具有自然呈現他們之間衝突的創造力，他們能且會以遊戲的方式來處理他們日常生活上的問題，以及解決初步的情緒衝突。」

De Domenico（1995）建議，如果用沙盤來表達，治療師也可以「指定一個主題、一個經驗或一個互動片段來工作」。

活動中親子配對的部分可以增強親子關係。此外，親子小組經驗讓比較安靜的孩子有發聲的機會，他／她的想法還可以在大團體分享時重播。家人之間的問題解決和溝通也因著活動得到強化。Combs 與 Freedman（1998）寫道：「雖然我們一次只與一位家庭成員互動，但是也邀請其他人一併出席扮演觀眾的角色。」他們認為，幫助家庭成員「與其自我保護不如傾聽，讓家庭關係更加清楚可見。」另一種說法是，「了解各家庭成員或小團體，並不等同於了解了整體家庭功能（譯註：部分的總和不等於整體）。」（Miller et al., 2000）。因此點出整個家庭都出席的重要性，全家人一起創作出另一個「規規矩矩王國」，作為整個治療歷程的結束。

♥ 參考文獻

Combs, G., & Freedman, J. (1998). Tellings and retellings. *Journal of Marital and Family Therapy, 24*, 405-408.

De Domenico, G.S. (1995). *Sandtray-worldplay: A comprehensive guide to the use of sandtray in psychotherapeutic and transformational settings.* Oakland, CA: Vision Quest Images.

Harvey, S. (2008). An initial look at the outcomes for dynamic play therapy. *International Journal of Play Therapy, 17*(2), 86-101.

Miller, I., Ryan, C., Keitner, G., Bishop, D., & Epstein, N. (2000). The McMaster approach to families: Theory, assessment, treatment and research. *Journal of Family Therapy, 22*(2), 168. Retrieved June 7, 2010 from Academic Search Premier database.

關於作者

請參見第 152 頁。

每個家都是個王國：問卷

每個家都像是個王國。請根據你現在所居住的王國回答以下問題。

1. 這個王國的國民有哪些人？

2. 誰是這個王國的國王和／或皇后？（這個人通常是為重要問題做最後決定的人。）你怎麼知道這個人是國王或是皇后？

3. 這個王國有哪些法律？這個王國如何執行該國法律？是不是所有的國民都要遵守這些法律？

4. 當有國民違法時，一定會有什麼後果或處罰的方式嗎？後果或處罰一旦執行後，大家是不是就忘記了？後果或處罰和國民所犯的錯相當嗎？或者會不會太輕或太重？

5. 有事情要宣布的時候，國王／皇后是怎麼跟國民說的？國民有事情的時候，要怎麼跟國王／皇后說？如果國民在這個國家生氣了，國王／皇后知道嗎？跟國王／皇后說話容易或不容易？國民願意跟國王／皇后說出他們的感覺嗎？而通常國王／皇后會有什麼反應？

6. 在這個王國，國民會做些什麼好玩的事？

7. 是誰負責讓所有國民都有地方住、有東西吃、有衣服穿、有得玩，等等？食物夠所有的國民吃嗎？如果王國中有人不願意跟別人分享食物時，怎麼辦？

8. 這個王國有什麼危險的人事物嗎？如果有，是什麼？國民都受到保護遠離這個危險嗎？如果是的，他們受到怎樣的保護——他們是自己保護自己，還是另有他人負責保護國民？

9. 國民如何讓這個王國成為一個快樂、平安的居所？誰樂於分享？誰維護和平？這個王國有壞蛋嗎？有小丑嗎？還有哪些角色的國民？

10. 如果要用三個字詞來形容這個王國，會是哪三個？

撕吧！

Sheri Eggleton

目標

- 覺察憤怒情緒的開關
- 在宣洩情緒時能用口語表達憤怒
- 學習表達憤怒的恰當方式
- 增進家庭成員之間正向的互動頻率

媒材

- 捲筒衛生紙多個
- 捲筒衛生紙捲
- 膠水
- 水
- 杯子
- 水彩筆刷多枝
- 鞋盒
- 水彩顏料
- 各色棉紙和雜誌（選擇性）
- 垃圾袋或報紙
- 紙張
- 原子筆或鉛筆

事前準備

　　安排一個平坦空曠的空間，讓所有人方便拿取媒材。活動區域先鋪上垃圾袋或報紙，保護環境，以利收拾。

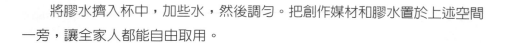

將膠水擠入杯中，加些水，然後調勻。把創作媒材和膠水置於上述空間一旁，讓全家人都能自由取用。

活動說明

註：完成本活動需要兩次會談時間。

開頭先談論憤怒這件事，讓大家明白這是人皆有之的經驗。若有人認為憤怒是不應該的事時，則予以修正，並強調如同其他情緒一樣，人是可以生氣的，特別是使用不傷害自己也不傷害他人的方式來表達的時候，可能反而是件好事。進行活動前告訴大家：「今天我要教大家，如何應用自己的優勢，把憤怒變成好事。」

討論憤怒的層次等級種類。使用捲筒衛生紙示範如何測量憤怒，告訴家庭：「回想一下你生氣的時候。如果你覺得你有點生氣，把衛生紙拉出一點點長度就好。如果你覺得你很生氣，那就拉出長長的衛生紙來。」可以讓家人輪流進行。讓他們盡情地使用衛生紙反映出他們生氣的程度。當他們能以此表達時，給予肯定，譬如說：「哇！我看得出來你真的很生氣。」

對年紀比較大的孩子，可以教導其生氣光譜上的字眼，比如：火大和暴怒，有助於豐富他們的情緒字彙。

然後邀請家人們把衛生紙撕碎。並使用開放性問句鼓勵撕紙過程細節的討論。治療師則以同理心來回應「撕紙和分享」的過程。接著，治療師可以詢問大家其他生氣的事件，然後重複上述歷程。當紙都撕完了，把所有的碎紙蒐集起來，治療師拾起一小張碎紙，說明從一開始它是多大的憤怒到現在變成這樣，強調像這樣把憤怒拿出來談談，可以降低憤怒的程度和強度。

接著，拿出鞋盒並說明：「我請各位使用撕碎的衛生紙來裝飾這個盒子，裡面要用來裝些可以讓自己生氣時冷靜下來的東西。」如果先預備一個已經裝飾完成的盒子做示範，可以讓這個家庭比較有概念要怎麼進行裝飾，但是也鼓勵他們發揮自己的創意。帶領家庭成員們使用蝶古巴特的技術來裝飾盒子的周圍（也就是使用筆刷和膠水黏貼碎紙），告訴他們多黏幾層可以讓盒子更堅固。此外，也可以使用彩色的衛生紙和舊雜紙，來做蝶古巴特。

然後晾乾到下次會談時使用。

第二次會談時，把盒子拿到家人面前展示，讓家人看看多層次的黏貼讓盒子變得多堅硬。這就是個具體的例子，用以證明把憤怒說出來是個強而有力的因應技術。邀請家人使用藝術創作媒材，把盒子上色或進一步裝飾。然後，用腦力激盪的方式，幫助家庭成員把「消氣」的方式一一寫下。包括深呼吸、想想快樂的事情、從十慢慢倒數等方式。把每個「消氣」的策略寫在不同紙張上，一一放進盒子裡。

使用以下問題來反思歷程：

1. 你認為這個活動的目的是什麼？

2. 說說看從這個活動中，你對自己和家人有哪些新的發現？

3. 當你生氣時，哪個策略最能讓你平靜下來？

會談結束前，再次強調家人們若能開口談論他們的憤怒，則他們的關係就如鞋盒般堅固。同樣地，強調他們裝飾盒子時顯現出的創造力，如此一來有助於他們「創造」出專屬這個家庭表達憤怒的安全方式。

除了創作出「消氣」盒，還有其他可以轉變憤怒的方式，所以活動可以根據案家的需要和經驗調整。其他可行方案如下：

安全盾牌：在一片盾牌上使用蝶古巴特的做法黏上紙片，然後在盾牌的背面貼上各式各樣讓家人們感到安全和保護的圖片。

製作面具：使用蝶古巴特的方式把紙片黏貼在面具上，用來討論憤怒之外表下更為脆弱的情緒（比如：傷痛、害怕），以及外表所見和內在隱藏之間的差別。

♥ 討論

本活動為家庭成員提供了自在表達和處理憤怒的機會，家人的情緒同時受到治療師的看重和關切。同時由動作和語言來表達憤怒使得情緒得以宣洩。這樣的遊戲和藝術活動，同時連結了身體動覺和口語表達，讓案主們有效地紓解和表達他們的憤怒。治療中有個重要因子是：「人們有發洩的需要和能力，可把負向情緒疏通轉化為藝術創作。持續地使用藝術和治療中的潛

在空間來分享，可以強化和增進親子關係」（Parashak, 2008）。

在過程中，治療師扮演給予鼓勵和肯定的角色，並且成為情緒表達的見證人，如此一來，表達憤怒是件安全穩妥的事。鼓勵主要照顧者也跟著孩子們一起學習這憤怒控制的技術，以便能在家裡繼續練習和應用。主要照顧者也會因此而覺得自己變得比較有能力幫助自己的孩子，學以致用也比較能提升家長學習的意願。本活動也讓人們能從另一個角度來看待憤怒控制這件事，認識它其實是整個家庭的責任，而不只是哪個人的事而已。

本活動把憤怒的感覺以視覺方式圖像化，當把憤怒說出來之後，憤怒不再顯得那麼巨大而無法掌握。此外，案主們能相信自己已具有控制自己憤怒的優勢和能力。

讓全家人一起裝飾一個盒子時，彼此之間的距離可能非常靠近，治療師可以藉此評估家人之間能接受的親密感和界限的需求。分工合作裝飾盒子也有助家庭凝聚力的形成。

很重要的是，家庭在離開會談時是否帶著他們的憤怒已被涵容和控制的感覺。憤怒一旦得到身體上實質的釋放，人們就會漸漸變得比較平靜，也比較能掌握控制憤怒的技術。

參考文獻

Parashak, S.T. (2008). Object relations and attachment theory: Creativity of mother and child in the single parent family. In C. Kerr, J. Hoshino, et al. (Eds.), *Family art therapy: Foundations of theory and practice*. New York: Routledge.

關於作者

Sheri Eggleton，具有 BA 背景，受僱於尼加拉兒童與青少年服務中心，此中心隸屬於早期評估支持和介入方案中的科際團隊。為家有零至六歲兒童的家庭提供心理健康評估和個別處遇。同時也是 Living-Welland/Pelham 社區家庭人力支持成員之一，為發展障礙兒童提供居家和到宅服務。擁有布洛克大學藝術學士學位，並完成加拿大兒童與遊戲治療學會的遊戲治療認證學程訓練。

愛之蟲

Megan Cowan

♥ 目標

- 建立家庭成員之間有效溝通的新方式
- 降低家庭內的衝突

♥ 媒材

- 紙張
- 彩色筆

♥ 事前準備

　　為每位家庭成員安排一個平坦的繪圖場所。要避免可以直接看到其他人的紙。

♥ 活動說明

　　把紙和彩色筆分給每位家庭成員。說：「我要來描述一隻愛之蟲。請你們根據聽到的話把這隻蟲畫下來。重點是，開始創作後，還沒畫好前，你們都不能偷看別人的畫，或者跟另一個人說話，或者問問題。」

　　把以下的描述唸給家人聽。大聲朗讀的同時，請每位家庭成員開始畫出他們自己的愛之蟲：

1. 這隻蟲是圓的。
2. 這隻蟲有八隻腳，而且是一對一對的，每邊各有四隻腳。其中一對腳中，有隻腳比較長。
3. 這隻蟲有兩隻眼睛。
4. 這隻蟲有兩根彎彎的觸角。

5. 這隻蟲有兩隻豆莢型的翅膀。

6. 這隻蟲的翅膀上有點點。

7. 這隻蟲有個三角形的尾巴。

8. 這隻蟲的每隻腳上都有兩條觸鬚。

9. 這隻蟲有圓嘴巴。

10. 這隻蟲下了五個蛋。

等每個人都畫好後,請他們拿起自己的畫,並且讓其他人都可以看到。注意彼此之間相似和相異的地方。使用下列問題來引發討論:

1. 如果每個人都聽到了同樣的「愛之蟲」故事,那為什麼每個人畫的都不一樣?

2. 你們家裡是否曾經因為聽到同一件事情,但是彼此有不同的解讀而產生誤會或衝突?請每個人舉個例子說說看。

3. 如果你們每個人聽到和理解事情的方式不太一樣,那麼要如何讓這樣的事情幫助你們彼此更和睦?

4. 你對家人有什麼新發現嗎?

讓大家腦力激盪一下,健康和不健康的家庭溝通方式各有哪些?舉例說明健康的溝通方式包括:有禮貌的話語、用嘴巴說而不是動手動腳,還有告訴別人自己的想法。不健康的溝通方式則包括:大吼大叫、罵髒話、打人和不聽人家說話。

討論

家庭中的爭執通常是因為溝通不良。本活動讓治療師用有趣的方式引介「以不同方式傾聽和理解訊息」的概念。每個人聽見同樣的說法但是各自創造出不同圖畫的這個事實,可以開啟家庭溝通風格的討論。得到幫助的家長們一旦發現孩子其實不是不聽話,而是有不同的理解時,或許能讓家長想要改變自己說話的方式,並且把話說得更合宜。

關於作者

Megan Cowan，具有 MSW、RSW 等背景，是位多倫多的社會工作師和實習遊戲治療師。她於多倫多兒童心理健康中心擔任兒童和家庭治療師，並提供部分私人服務。已完成加拿大兒童與遊戲治療學會的遊戲治療認證學程訓練。

創作個人專屬遊戲

Rebecca Fischer

目標

- 建立家庭成員之間有效溝通的新方式
- 提升家庭成員之間正向口語回饋與愉快交流的頻率
- 讓彼此歡笑同樂的渴望能滿足、能力得以彰顯

媒材

- 海報板
- 彩色筆
- 裝飾用品如亮粉、顏料、各色不織布等
- 遊戲用棋子，例如硬幣
- 骰子或書面紙

事前準備

在會談之前，如果治療師已經知道這個家庭的需求，治療師可以先把相關的主題和玩法納入設計遊戲的構想中。比如，某個家庭在憤怒處理的議題上已經努力了一陣子，這時可以請他們設計「什麼是表達憤怒的好方法」的桌遊，在遊戲中更進一步探討。同樣地，若某個家庭在「因應技巧」（coping skills）這部分已經學習了一陣子，則可以請他們針對某個特定情境的因應技巧，設計成透過抽卡片來腦力激盪的遊戲。治療師則依服務家庭的狀況和需求，自行斟酌媒材的分量。

活動說明

在創作遊戲前，應先進行幾次會談以建立信任關係和評估家庭。治療師

要評估兒童的粗大和精細動作技巧，以及他們的語言能力。還有要先確定該家庭主要呈現的問題。

治療師和家庭可以利用這個家庭正在面對的問題作為設計桌遊的主軸。父母親和孩子們皆需達成形式和規則上的共識。鼓勵由孩子們做決定，而父母親給予支持和提供想法。有的家庭可能會模仿他們所喜愛的遊戲。有的家庭可能會想要用些特別的東西來作為贏家的獎品，比如特別的晚餐或家庭活動。也可能有些家庭會想要創作可供全家人共同合作的遊戲，要嘛是全家都贏，不然就是全家都輸。

在創作桌遊時，治療師可以請大家思考下列問題：

1. 遊戲的名稱，比如：憤怒管理。
2. 遊戲的形式，也就是圓圈或彎曲的路徑、相連的方格等。
3. 玩家的前進方式，比如：擲骰子或抽卡片。
4. 如果採用抽卡片來前進，要討論卡片的內容，比如：問題、活動等。
5. 遊戲規則，比如：參與遊戲的人數、誰先玩、獎品或處罰等。
6. 決定是否要有贏家，如果有，怎樣才算贏。
7. 玩這個遊戲需要有哪些技巧和能力（這是為每個家庭量身打造的遊戲，無疑地是要讓家中的幼兒能參與，但也要讓大孩子覺得有趣）。

在設計遊戲的過程，治療師要鼓勵家中所有人都參與，讓每個人都覺得有所貢獻。家庭成員可以把遊戲形式畫在海報板上，比如圓圈或彎曲的路徑。治療師可以建議他們先用鉛筆構圖，然後用彩色筆描繪。治療師可以跟著彩繪、剪裁、創作等等，目的在於示範家人互動的方式。

遊戲創作完成後，就可以讓大家玩玩看。治療師也可以一起玩，並且帶動正向的互動行為。如果出現問題了，治療師則引導家人解決問題。

遊戲結束之後，治療師可以用下列問題詢問家庭：

1. 你對於大家一起創作遊戲有什麼感覺？
2. 每個人對創作這個遊戲的貢獻是什麼？
3. 舉例說出活動中出現的正向互動，比如合作、正向溝通和遵守規則。
4. 你在遊戲中使用了一些好方法，可以怎麼應用在現實生活中？

可以讓這個家庭把遊戲帶回家玩，繼續在遊戲中處理治療室外的議題。

這個遊戲可以在往後的會談中繼續玩，亦可因應新的情況和需求來做調整。

討論

由家庭進行遊戲創作的目的有兩方面。首先，不論家庭正在學習何種技巧，都可以透過新的媒材讓治療中的學習變得更好。很多家庭可能從來沒有機會以這種遊戲的方式來討論他們所面對和處理的問題。治療師可以鼓勵該家庭為遊戲繼續提出新的問題，或者治療師可以在不同的階段提供新的問題，來讓遊戲更加完善和發揮功效。其次，透過創作桌遊的歷程，全家共同邁向正向目標。他們必須溝通才能達成完成遊戲的目標。每個家庭成員都需要採取積極的態度，也會用到很多積極正向的溝通技巧來傳遞和接收彼此的訊息。萬一出現與遊戲規則相關的問題時，則進行討論，直到家人之間達成解決的共識，這可做為額外的溝通和問題解決的練習機會。

治療師應利用創作遊戲和進行遊戲的每個階段來幫助家庭聚焦在治療的目標上。本活動的核心是在治療歷程中幫助家庭能合作、溝通和解決問題。

遊戲規則可以依照每個家庭不同的需要而有所調整。比如，某個家庭正在學習建立幼兒的規矩，那麼在他們的遊戲中出現的話語可能會像是：「當你爸媽一說收拾玩具時，你就收拾了玩具。你不必暫停！可以前進兩步！」重複出現這類句子的卡片，而不是解決問題之類的問句，可能特別適合有幼兒的家庭。

在家裡若能繼續玩，則有助於該家庭繼續練習他們的新技巧，並加強後續的溝通。更甚者，可幫助他們習慣在家中使用這些技巧。

關於作者

請參見第 129 頁。

製作地圖

Steve Harvey

目標

- 提升對問題行為和親子衝突的溝通了解
- 鼓勵親子雙方聯手解決問題
- 使用遊戲來增加正向的互動
- 運用隱喻來解決問題

媒材

- 全開書面紙
- 彩色筆或蠟筆
- 從過期雜誌上剪下的圖片和其他拼貼媒材

活動說明

　　本活動適用於各年齡層的兒童或青少年。家長擔任幫助者。若有比較年長的孩子，則可以提高繪製地圖和說故事任務的複雜度。

　　首先，第一個步驟是讓兒童／青少年在紙上定出地圖的起點和終點。若是為了增加複雜性，這個部分可以讓孩子閉上眼睛在紙上塗鴉，再請小朋友從塗鴉中找出起點和終點，然後在塗鴉上做出連結兩點的路徑。可以要求孩子多加些道路或通道，有些地方可以做得像迷宮但死路一條，如此一來，要走到終點會有點難度。

　　接著，治療師把話題轉到這個家庭或孩子的問題上，將圖畫重新詮釋為地圖，起點就像是治療的開始，終點則是未來這些真正的問題解決時。接著讓孩子指出路上的哪些地方可能是所謂的「問題」，而哪些是孩子相信朝向問題解決的道路。然後家長也加入地圖的討論。此時，治療師協助這些家長

和孩子們把代表真實問題的地方標示起來。例如，如果提出來的問題中包括憤怒情緒的表達，則把地圖上的某個地方標示為「抓狂區」，其他地方可能會是「噩夢區」等等。

　　這個基礎的地圖還可以延伸為其他活動，比如讓孩子或親子繼續在基本的輪廓線外加以彩繪，讓地圖更豐富。地圖上的每個地方都可以盡情地發展，如同問題一樣。若要盡情發揮，紙張要夠大，才能把地圖上的每個地方用各樣的顏色畫完整（問題點、其他道路等）。其他媒材如雜誌剪下來的圖片，可以在地圖上製作拼貼。

　　另外，加入說故事的活動，對發展此地圖也很有幫助。尤其是對家中有較大孩子的家庭來說。做法是由治療師邀請製作地圖的人構思一個童話故事，並且把他們自己也放進童話故事的動物角色中。在故事裡，兒童要選出地圖裡最危險的地方，並找到一個伙伴。兒童（父母親可以協助）依照繪製出來的地圖說著故事裡發生了哪些事情。治療師可以協助說的人使用說故事的方式以及繪畫媒材，讓情節更加具有戲劇張力。但是治療師要以某種方式掌握故事的結局。比如，如果孩子有焦慮的議題，治療師可以讓孩子說說一隻經過「害怕洞」的動物如何和父親或母親結伴同行，而這個親人照亮道路，最後帶著他平安的走到終點。

　　當孩子把大家的故事／地圖的草稿或構圖完成後，父母就可以加入彩繪／說故事了。引導父母使用口語敘述以及和孩子一起做藝術創作，沿路幫助孩子在地圖上尋找出路。在這個階段，治療師則要幫忙找出與治療歷程相關的旅行主題和隱喻。在故事中，父母多半是扮演伙伴的角色。

　　也可以實際用動作演出故事，所以地圖上和故事裡的元素都可以納入演出，在治療室中把故事從頭演到尾。在這個活動中，父母的角色很清楚，他們一路上幫助孩子經歷危險或挑戰的區域，直到走完旅程。關於戲劇的版本，在其它文獻中有比較清楚的描述（Harvey, 2005）。

討論

　　通常兒童和青少年會因為心理健康因素而和家庭一起轉介前來接受處

遇，他們對於自己生活中的情緒是感到困擾的。他們可能非常不擅於用口語說出自己的感覺，不知如何應付它或者使用其他方式表達內在的感受。關於這一點，兒童和家庭對於心理健康這方面的介入所知有限，或者不太了解這類介入將如何幫助他們應付生活所遭遇的困境。

「親子繪製地圖活動」和「看地圖說故事」清楚地把他們之所以來尋求治療的問題，以隱喻的方式加以處理。在本活動中，日常生活真實具體的議題以有趣又具創意的方式慢慢顯現。繪製地圖／說故事本身具有教育性的成分，在這之中，兒童和他們的父母取材真實生活事件來繪製地圖，代表改變歷程的第一步。任何使用地圖和說故事等能夠發揮創意的方式，都被視為可以讓親子共同參與一起解決問題的方式。

關於「與家庭形成隱喻（metaphor-making）」，以及相關延伸活動等理論背景，詳見其他文獻（Harvey, 2003, 2005, 2006）。

參考文獻

Harvey, S.A. (2003). Dynamic play therapy with an adoptive family struggling with issues of grief, loss, and adjustment. In D. Wiener & L. Oxford (Eds.), *Action therapy with families and groups*. Washington, DC: American Psychological Association Books.

Harvey, S. A. (2005). Stories from the islands: Drama therapy with bullies and their victims. In A.M. Weber & C. Haen (Eds.), *Clinical applications of drama therapy in child and adolescent treatment*. New York: Brunner-Routledge.

Harvey, S.A. (2006). Dynamic play therapy. In C.E. Schaefer & H. Kaduson (Eds.), *Contemporary play therapy*. New York: Guilford.

關於作者

請參見第 147 頁。

藝術中的訊息

Lori Gill

目標

- 增進家庭內的開放溝通
- 建立家庭成員之間有效溝通的新方式
- 分享家庭衝突所產生的感覺

媒材

- 紙張
- 各樣繪畫工具，如彩色筆、蠟筆、粉彩筆、炭筆和水彩等
- 拼貼媒材
- 膠水和膠帶
- 剪刀
- 能夠象徵不同情緒的美勞材料，如棉花球、鐵絲、氣泡袋、羽毛、鈕釦、石塊、毛根、繩子、冰棒棍、棉紙、不織布、稻草、OK 繃和貼紙等

活動說明

　　以「我們的想法和感覺，有時候是很難說出口的」的話語，作為介紹活動的開場白。有時候透過藝術創作來釋放和表達感覺會顯得比較容易。請每位家庭成員「選出一位你想要與他／她溝通或分享一個訊息的家人。花點時間思考一下那會是什麼樣的訊息。」

　　帶領家庭成員用視覺的方式進行隱喻的想像練習。比如：「閉上你的眼睛，想像一下你很憤怒的感覺。如果憤怒可以用摸的，摸起來會是什麼樣子？是軟軟的像毛線球嗎？或者刺刺的像鐵絲？它的組織結構像什麼──又重又硬像石頭，或是又輕又薄像羽毛？如果憤怒看得見，它看起來怎麼樣？

是什麼顏色、形狀或大小？」這是幫助家庭從感官的層面把情緒具體化的基本功。

接著，請每一位成員使用現場所提供的藝術媒材創作他們的訊息。完成後，請他們說明自己的訊息和所選擇的媒材，並解釋媒材的意義為何？他們可以自己和原先設定的對象分享訊息，也可以透過治療師的協助來進行。

詢問以下問題來反思活動的歷程：

1. 透過藝術創作來傳達訊息時，你的感覺如何？
2. 在創作訊息和傳遞訊息時，你的感覺如何？
3. 接收到家人給你的訊息時，你有什麼感覺？
4. 在剛才的活動中，你用了不一樣的方式把想法和感覺傳達給家人，從中你學到了什麼？

討論

很多家庭關係不良，是因為缺乏溝通。有時候情緒沒能好好表達出來時，不僅對個人造成傷害，同時也不利於與此相關的家人。本活動透過藝術媒材來辨識情緒和釋放情緒。透過藝術創作來溝通時，不僅對每位家人來說比較沒有壓力，情緒分享起來也比較容易。

常常在一個家庭中，總會有些不善表達的成員，透過這類能達到表達目的之活動，就能找到替代溝通的方式。藝術創作通常能帶出關鍵議題，以便聚焦來討論。如同Klorer（2000）所言：「藝術是強而有力的工具，能凸顯出各樣壓抑的或潛意識的感覺。」

參考文獻

Klorer, P.G. (2000). *Expressive therapy with troubled children*. New York: Jason Aronson.

關於作者

　　Lori Gill，具有BA（SDS）、CYW等背景，是位認證諮商師和創傷專家，從1999年起為兒童、青少年和他們的家庭提供服務。她具有跨社會發展研究學科的學位（社會工作、心理學和社會學）；社會工作和兒童與青少年工作文憑；公共服務與犯罪心理學的諮商技術證書。目前正在諮商心理學碩士學程進修。她曾在數個專業的兒童與青少年諮商機構服務。此外，私人執業未曾間斷，提供藝術和遊戲為焦點的諮商服務。除了認證諮商師的全職工作外，也進行公開演說和工作坊，並於當地大學任教。

改良式塗鴉畫

Trudy Post Sprunk

♥ 目標

- 以團隊合作為目標，提升家庭的向心力
- 提升家庭的凝聚力
- 提升家庭成員之間愉快交流的頻率
- 評估家庭關係和動力

♥ 媒材

- 白色海報板
- 可水洗彩色筆，每個人一種顏色
- 眼罩或可以當作眼罩的枕頭套（選擇性）

♥ 事前準備

找個平坦光滑的地方，比如桌子上或地板上，放置白色海報板。確保每位家庭成員都能看到海報板，並且容易拿取使用。

♥ 活動說明

每位家庭成員選擇一枝彩色筆，一個人一種顏色。

第一位成員閉上眼睛，開始塗鴉三秒鐘（有些家人可能需要眼罩來幫助閉上眼睛）。

第二位使用另一種顏色的彩色筆，從前一位結束的地方接續塗鴉（同樣閉上眼睛，或使用眼罩）。要注意讓每個人都能輪到塗鴉，還未輪到的人要有耐心。

直到每位家庭成員都輪過三次塗鴉才完成塗鴉階段。

完成後，所有家庭成員以「團隊」的角度來看這個集體塗鴉的圖像。此時，治療師要記錄下每位家庭成員用來形容圖像的詞語。

接著，請這個家庭使用記錄下來的詞語創作一個故事。故事要有開頭、過程和結尾。當完成故事後，請他們給這個故事一個主題。

以下的建議和問句有助於針對以上活動歷程做反思：

1. 在做塗鴉時，你有什麼感覺？

2. 當你試著提出你的想法時，你有什麼感覺？

3. 當全家人一起同心創作故事時，你有什麼感覺？

4. 這個故事與你自己的生活有何異同處？

討論

要求成員閉上眼睛塗鴉，是為了避免競爭感、完美主義和控制慾。戴上眼罩塗鴉則為了提升活動的趣味性，而遊戲的感覺通常可以降低防衛心。

故事創作（從塗鴉畫的形容詞中取材）對每位家庭成員來說，很可能是前所未有的經驗，也許會引發成員的脆弱或無助感。治療師可以藉此觀察該家庭面對和處理壓力的方式，換言之，他們能互相支持嗎？有什麼人掌控大局嗎？有誰專門打岔或搗蛋嗎？哪位家人被排除在外或被忽視？扮演同盟的口徑一致嗎？若觀察到以上或其他任何現象時，皆可以在會談時提出，提供家庭反思。

D.W. Winnicott 在 1971 年發展了應用在家庭工作上的塗鴉技術（Squiggle Technique）。他請孩子選擇自己喜歡的塗鴉畫，然後根據這個塗鴉畫創作故事。這項技術對於建立治療關係很有幫助，也是很好的評估工具。同樣地，「改良式塗鴉畫」也可以作為破冰和評估家庭動力之用。

故事敘說的目標在於讓案主透過口說故事的方式投射出內在世界。White（2005）書中提到敘事治療是案主自身經驗的表達。當家庭聽到他們合作的故事後，可能會在未來採取行動和有所改變。

🏠 參考文獻

Winnicott, D.W. (1971). *Therapeutic consultations in child psychiatry.* New York: Basic Books.

White, M. (2005). *An outline of narrative therapy.* Available at www. massey.ac.nz

關於作者

請參見第 29 頁。

♥ 相反先生／相反小姐

Steve Harvey

♥ 目標

- 減少孩子的對立行為
- 提升對問題行為和親子衝突的溝通了解
- 建立能改善持續性負向互動關係的活動

♥ 媒材

- 大張白紙
- 膠帶
- 彩色筆
- 演戲的道具，特別是可以增加想像力的（如大圍巾、彈力繩、道具帽、大枕頭等）

♥ 事前準備

把紙張貼在牆上，用來計分。

♥ 活動說明

本活動是針對家中有國小中年級的兒童，而且親子之間有對立行為的家庭。活動剛開始時，由一位家長和一位兒童兩人一組來參加活動。若有其他家庭成員出席，則可請他們擔任計分員或裁判。本活動具有競賽性質，家長和兒童要比賽誰的得分多。

口頭分派遊戲中的角色，且在遊戲開始前就要分配好。角色如下：

1. 相反先生（男孩）或相反小姐（女孩）
2. 挑戰者

3. 計分員

4. 裁判

5. 遊戲王（治療師）

當男孩擔任相反先生（或女孩擔任相反小姐），家長擔任挑戰者後，遊戲就可以開始了。比賽方式是父母對孩子下指令，例如「起立」，孩子要做出相反的動作。所以孩子應該要坐下。

如果裁判認為孩子有做出相反動作，那麼孩子得一分；但是如果孩子沒有做出相反動作，而是照著指令做，則父母得一分。以前述情況為例，孩子做出站起來的動作時，父母就得分了。

玩完原先說定的次數後（比如玩五次），角色互換。可以改變次數以增加遊戲的複雜性。計分員則使用貼在牆上的大張紙，一一記錄個別玩家的分數。

當參與比賽的人比較熟悉遊戲方式之後，身為遊戲王的治療師則鼓勵大家可以提升遊戲的指令和回應上的複雜度和創意性。比如，可以下多重指令「閉著眼睛、倒退走、尖叫」。而與此相反的動作會是眼睛張開、向前跑、無聲地尖叫。治療師可以指導家長和孩子發揮創意盡情表現。

當大家對這個部分又上手了之後，可以再提高遊戲的複雜度。這時可以把指令變得比較模糊，也就是其相反動作不是那麼單純直接好做，此時誰贏誰輸則在於裁判的主觀判斷。

也可以使用道具來提高遊戲的複雜度。比如，挑戰者可以要求相反先生躲在枕頭堆裡，或者變成一個巫師。這些指令會帶出更具戲劇性的行動，其相反動作可能會是使用道具做出「不躲起來」——或許是從枕頭堆蓋成的屋子現身，或者使用大圍巾扮成巫婆而非巫師。

討論

親子之間可能會發展出一些不利於解決爭端、危害感情的溝通方式。這樣的方式通常包括彼此之間的負向評價和反應。在這樣的情況下，不論是父母或兒童，通常會對彼此所表現出來的挫折感和憤怒做出直覺反應，而比較

不是從理性的問題解決或了解衝突的角度出發予以回應。當家長經歷到孩子的叛逆時，上述情況更是明顯。令人遺憾的是，在這些情況下，親子共同創作出來的互動模式所產生的負向情緒，常常讓有效的溝通難以發生。簡言之，是兩敗俱傷，雙方都感到十分無助。更甚者，這類互動模式常是不斷重演，並對家庭造成傷害。

這個遊戲把重複性的互動模式應用在這項比賽中，把親子互動轉變成好玩的競賽。讓競爭又好玩的元素在親子之間產生出比較正向的感覺。

競賽進行的結果可能可以帶出共同的快樂經驗，也可能有助於改變這個家庭面對孩子叛逆行為的方式。本活動設計之目標是作為更廣泛的家庭介入所用。更多類似的介入活動請查閱其他書籍（Harvey, 2003, 2006）。

參考文獻

Harvey, S.A. (2003). Dynamic play therapy with an adoptive family struggling with issues of grief, loss, and adjustment. In D. Wiener & L. Oxford (Eds.), *Action therapy with families and groups*. Washington, DC: American Psychological Association Books.

Harvey, S.A. (2006). Dynamic play therapy. In C.E. Schaefer & H. Kaduson（Eds.), *Contemporary play therapy*. New York: Guilford.

關於作者

請參見第 147 頁。

我的故事

Rajeswari Natrajan-Tyagi 與 *Nilufer Kafescioglu*

目標

- 透過共同創作故事的歷程,提升家庭成員之間愉快交流的頻率
- 家長給予孩子正向、滋養的訊息

媒材

- 檔案夾
- 標籤
- 彩色紙張
- 彩色筆
- 裝飾性用品
- 打洞器
- 故事大綱(如附件)

活動說明

註:本活動適用於父母親和一位兒童的組合。

活動開始時,對兒童說:「你喜歡故事嗎?今天請你來寫個關於你自己和你的家庭的故事。」

為孩子準備各式各樣的媒材,並且讓他/她選出一個檔案夾、一個標籤和幾張彩色紙張。家長可以使用所提供的故事大綱來引導他們的孩子編個屬於自己的故事。鼓勵家長參與共同創作故事,當孩子描述出一些受挫情境時,家長可以建議或改編成比較正向的故事。比如,孩子說到他/她從鞦韆上掉下來,被朋友恥笑的倒楣事,家長則可以接著說孩子後來如何堅強地面對朋友的恥笑,如此試著從比較正向的角度來引導故事情節。也可以鼓勵家

長試著辨識和標明孩子的感覺和情緒，並給予認可。如此一來，不僅可以幫助孩子設法解決問題，還可以賦權他／她選擇性地使用問題解決技巧。

在此活動過程中，治療師可以觀察親子之間的互動方式，並且找出不良的互動模式。治療師還可以在故事創作的過程中，適時地提醒家長給予自己的孩子正向和滋養性的訊息。

依據孩子的發展階段，家長可以幫助他們的孩子把故事寫在彩色紙張上，並且決定故事主題。鼓勵家長讓他們的孩子把完成的故事內頁加上插圖或裝飾。然後一頁一頁置入檔案夾內。對這個家庭說明，它可以是個永不結束的故事書，所以可以繼續加入新的故事篇章。

要跟父母親強調，本活動設計重點在於提升正向的親子互動，所以他們之間的互動要比完成故事書更重要。

鼓勵父母親定期為孩子大聲朗讀故事，甚至形成一個儀式和習慣。

討論

故事形塑人們生命的意義（Freeman, Epston, & Lobovits, 1997）。文獻指出，個人的故事和家庭的故事可以促進親子關係，提升孩子的自信心（Dilallo, 2006; Shellenbarger, 2005）。透過本活動，親子得以共同創作一個關於兒童自己和其家庭的故事。藉此，強化了親子關係。此外，當孩子的故事中出現自己陷入困境時，家長可以提供不一樣的情節來鼓勵孩子，並引導出不一樣的觀點（Freeman, Epston, & Lobovits, 1997）。

參考文獻

Dilallo, M.E. (2006). The family represented: Mother-and-father-child co-constructed narratives about families. Dissertation Abstracts International, 66, 10-B.

Freeman, J., Epston, D., & Lobovits, D. (1997). *Playful approaches to serious problems.* New York: W.W. Norton.

Schellenbarger, S. (2005). The power of myth: The benefits of sharing family stories of hard times. *Wall Street Journal*.

關於作者

Rajeswari Natrajan-Tyagi，具有 PhD、LMFT 等背景，是加州亞利安國際大學爾灣校區婚姻與家族治療學程助理教授。擁有印度清奈市馬德拉斯社會工作學院的社會工作碩士學位，和印第安納州普渡大學婚姻與家族治療的碩士和博士學位。致力於多元文化族群和兒童的臨床實務工作。研究領域為移民、跨文化訓練、系統性訓練、治療師自我議題、文化能力和質性研究法。有多本著作，並於地方性、全國性、國際性研討會發表演說。

Nilufer Kafescioglu，具有 PhD 背景，是土耳其伊斯坦堡道格斯大學心理學系助理教授。於土耳其的愛琴海大學取得心理學士學位，於印第安納波利斯大學取得臨床心理碩士學位，在印第安納州的普渡大學取得婚姻與家族治療博士學位。於各地為兒童、家庭和伴侶提供心理治療。著作領域為暴力預防方案、依附理論之跨文化研究、多元文化督導，以及因應慢性疾病的伴侶。並經常於地方性、全國性、國際性研討會發表演說。

附件 **我的故事**：故事大綱範例

 第一章：關於我自己

1. 我的名字和年齡：

2. 我的長相：

3. 我最喜歡做的事：

4. 我最喜歡的食物：

5. 睡覺前我喜歡……

6. 當我難過時，我總是……

7. 我擅長……

8. 我爸／媽最滿意我的：

第二章：我的家

1. 我家裡的成員：

2. 我喜歡和媽媽……

3. 我喜歡和爸爸……

4. 我喜歡和兄弟姊妹……

5. 我喜歡和祖父母……

6. 我最喜歡和家人一起……

第三章：我出生的那一天

1. 我出生的日子、時間和地點：

2. 爸／媽第一次把我抱在懷中的感覺：

3. 我的名字是誰取的：

❤ 第四章：小時候

1. 我小時候的樣子：

2. 會說的第一個字：

3. 我喜歡的食物、討厭的食物：

4. 爸媽最愛談的我小時候的回憶：

❤ 第五章：我最喜歡的一天

❤ 第六章：我最討厭的一天

❤ 第七章：我們家最開心的時光

❤ 第八章：我最驕傲的時刻

「一覺到天亮」平安帖

Jennifer Olmstead

目標

- 建立臨睡前親子溫馨的互動儀式
- 為難以入睡和會做噩夢的孩子打造平安利器
- 提升平靜安穩的感覺

媒材

- 各式彩色紙張
- 彩色筆
- 小型附蓋塑膠罐，或小瓶透明噴霧瓶
- 肉桂
- 丁香
- 香草精
- 各色金蔥粉
- 水

事前準備

把以下的詩句抄在彩色紙張上：

安安靜靜我睡去。

夢裡夢外都甜蜜。

黑暗害怕都退去，

平靜安穩到天明。

♥ 活動說明

　　首先以討論孩子難以入睡和做噩夢的經驗為暖身活動。說明每個人都做過噩夢。接著，對父母親和孩子解釋他們要一起創作一個可以放在床邊把噩夢嚇走的「一覺到天亮」平安帖。

　　請家長和孩子把以下的成分放入塑膠罐中。每添加一種成分時，同時解釋該成分的意義：

　　肉桂——帶來好運

　　丁香——放鬆和舒緩

　　香草精——帶來好夢

　　紅色——「停止」噩夢

　　粉紅——讓愛包圍你

　　藍色——帶來平靜和快樂

　　綠色——讓你強壯和健康

　　金色——帶來心靈和／或文化上的保護

　　水——潔淨和洗去「驚慌」

把所有的成分混合完成後，請家長唸詩給孩子聽。

　　另一種做法是把所有的成分放入噴霧瓶中，讓家長和孩子可以在說床邊故事的地方，噴出一層「防護罩」來（註：須把噴嘴調到「噴霧」的位置，防止金蔥粉噴出來）。

　　鼓勵家庭建立睡前儀式，此儀式可以分為幾個步驟。例如：(1)讓孩子一邊把平安帖拿起來搖一搖，一邊想著一個甜美的夢；(2)家長朗讀詩句給孩子聽；(3)彼此擁抱和親吻。家庭可以按照需要調整睡前儀式。

　　以下的問題，可以幫助反思此介入技術：

　　1. 當你們一起創作「一覺到天亮」平安帖時有什麼感覺？

　　2. 這個平安帖有什麼幫助？

　　3. 為什麼要建立睡前儀式？

　　4.（對父母親）為什麼你要參與在睡前儀式中？

討論

　　許多孩子因著做惡夢、分離焦慮或發展性懼怕而難以入睡。這個「一覺到天亮」平安帖讓保護變成摸得到和看得見的具體事物。孩子可以按著自己的需要來使用這個平安帖，所以孩子會覺得自己是有控制感的。

　　讓家長和孩子一起創作平安帖，然後家長朗誦詩句給孩子聽時，會滋生出更深厚的親子關係。此外，持續進行儀式般的床邊活動，慢慢就會讓孩子感到睡覺是件安心舒適的事情。

關於作者

　　Jennifer Olmstead，具有 LMSW、RPT、C-ACYFSW、CAAC 等背景，擁有社會工作師執照，是註冊遊戲治療師，也具有進階兒童、青少年和家庭社會工作師認證，亦擁有美國密西根州蘇聖馬利市進階成癮諮商師認證。從 1994 年起投入公共服務領域，目前擔任蘇聖馬利市的奇普瓦郡印地安族行為健康服務臨床督導。工作範圍觸及家庭暴力、法庭、兒童福利、社區心理健康和健康照護系統。

切蛋糕

Jennifer Olmstead

目標

- 幫助人們覺察自己在日常生活上的時間分配
- 確認生活事物上的輕重緩急,並討論如何分配更多時間給重要事情
- 增進家庭成員間的開放溝通
- 提升家庭的凝聚力

媒材

- 每人四個紙盤
- 紙張
- 寫作的工具或材料
- 剪刀
- 膠帶或膠水

活動說明

　　說明生活的忙碌是來自我們有很多的承諾、任務和責任等等。 那我們要如何來「切蛋糕」?給每位家庭成員一張紙和一枝筆或鉛筆,並請他們寫下他們把時間花在哪些事物上面(如:上學或工作、作業、與家人同樂、與家人爭吵、與朋友在一起、烹飪、做家事、跑腿、運動、飲食、睡覺、爭執、抱怨、聽音樂、看電視、上網、休閒娛樂、沐浴和自我照護等等)。然後請每一位把列出來的項目按照其實際所占的時間比例(不是他們理想上希望花費的時間),以「切蛋糕的方式」在紙盤上切出來。比如,「學校」可能是很大一塊,而「與媽媽在一起」可能是很小一塊。請他們說明每一片切片蛋糕所代表的事項。

263

切完蛋糕後，把切下的每一片黏貼到另一個紙盤上。每貼上一片就說說每片所代表的意義。

然後詢問：「如果你們有機會改變每一片的尺寸大小，你會怎麼做？」請他們依前述的創作流程，按照自己想要的大小重新創作。比如：孩子可能把代表「功課」的那片蛋糕變小，然後把「跟媽媽在一起」的蛋糕變大。

可以嘗試其他方式來完成他們想要的改變。可能包括使用一些因應技巧來減少負面活動（家人爭執）的時間，增加正向活動（運動、優質家庭時間等）的時間。

討論對這個家庭來說，有哪些事情是重要的，比如上學和做功課，還有為何這些事情是重要的，並討論出在責任和遊樂間取得「平衡」的好點子。

以下問題可以用來引導討論：

1. 對你來說哪一片蛋糕最重要？

2. 你有哪些優先順序是跟其他人一樣的？

3. 有什麼方法可以讓更多時間分配在重要事件上？

4. 如果你們在時間分配上意見不同，你們是如何達成共識的？

♥ 討論

本活動讓參與的成員以視覺化的方式了解他們在不同的日常事務所花費的時間多寡、他們理想中希望能如何安排時間，和最重要的是學習如何改變他們的蛋糕大小。這對父母親來說是很受用的，因為這讓他們對孩子的需要有更多的了解，同時也衡量自己的需要。治療師可以幫助家人針對如何增進優質家庭時間來討論，以促進家庭的凝聚力。

本活動可以幫助案主把他們的責任分類、發展出時間管理技巧，以及學習溝通統整不同意見。

關於作者

請參見第 262 頁。

探囊取物

Karen Freud

♥ 目標

- 增進家庭內的正向互動
- 增進家庭成員之間的凝聚力
- 建立家庭成員之間有效溝通的新方式

♥ 媒材

- 繪畫指令（如附件）
- 紙張或十至十五張索引卡
- 剪刀
- 一頂帽子（或其他可以裝入所有索引卡的容器）
- 一大張白紙
- 繪畫媒材，如彩色筆或色鉛筆

♥ 事前準備

把繪畫指令印下來，並一一剪下，或者把每個指令抄寫在索引卡上。然後將指令置入帽中。

把大紙張放在一個平坦且每位成員都能方便創作的地方。媒材也放置於一旁讓大家容易取得。

♥ 活動說明

告訴家庭他們要從帽子裡抽出一張指令卡，並根據卡片上的指令一起創作一幅圖畫。

家人圍繞著紙張四周坐下。一次由一位家庭成員從帽子裡抽出一張指令

卡，然後根據指令完成任務。他們可以自行選擇彩色筆的顏色，也可在紙張的任何地方創作。完成時，創作者把帽子向左傳給下一位。

當大家都同意這幅畫已經完成了，創作就可告一段落。此時可以詢問在場的每一位是否有人還想要添加任何線條、形狀、顏色或圖像。鼓勵他們一起討論來決定。

接著邀請全家人來說說圖畫中的每個圖像為何，然後一起根據圖畫說故事。這個故事必須有開頭、中間過程和結尾，而且每個人都要說一些。

最後，帶領這個家庭討論他們的圖畫。可以討論的題目如下：

1. 根據指令創作難不難？

2. 要輪流等候難不難？

3. 你最喜歡故事的哪個部分？

4. 全家人一起作畫和說故事，你的感覺如何？

除了使用上述的問題提問之外，任何在創作歷程中出現的議題都可以提出來討論。比如，有時可能會遇到某位家長或孩子畫圖的地方，正好是另一位家人也想畫的地方。或者有些家庭成員可能創作時間過久，以至於引起其他人的不耐煩。可能有家長會很想要幫孩子做決定，而不是讓他們自行決定如何執行卡片上的任務。

♥ 討論

本活動增進了家人間正向的行為，比如：遵守規則、輪流和共同合作達成任務。同時也幫助家庭成員洞察自己的選擇和行為如何影響他人，比如遵守規則或不遵守規則時對他人造成什麼樣的影響。本活動提供家庭中的每個人都有學習自己做決定的機會，同時強調每個人的重要性。進行相關討論時，例如決定創作何時可以告一段落和／或看他們的圖說故事，有助於家庭建立溝通技巧。

在家族治療會談中使用藝術好處多多。正如 Malchiodi（2005）所言：「藝術治療讓案主有機會以視覺圖像外化他／她的內在思想和感覺。創作一個圖像，不論是線畫、彩繪或雕塑，都是個視覺想像的經驗，都能為案主和

治療師提供額外的資訊來源……藝術的表達產出具體有形和持久的作品，為治療貢獻寶貴的資料……一幅線畫或彩繪讓人得以觀看、有所依據，並可直接或於後續的會談中討論。」

參考文獻

Malchiodi, C.A. (2005). *Expressive therapies*. New York: Guilford.

關於作者

請參見第 136 頁。

 探囊取物：繪畫指令

畫一條直線

畫三個點

畫個圓圈

畫個正方形

畫條彎彎曲曲的線

畫個箱子

畫個數字

畫隻動物

畫個人

畫棵樹

畫棟房子

畫條路

畫些水

畫座山

手偶劇

Amber L. Brewer

目標

- 教導家庭成員何謂互動循環
- 辨識出惡性循環的行為模式下的情緒
- 增進情緒相關的開放溝通
- 學習、練習和實行解決衝突的技巧
- 增進家庭成員間正向的互動經驗

媒材

- 手偶（現成的，或使用紙製餐袋和彩色筆製作）
- 情緒表（現成的，或自行創作）
- 遙控器（現成的，或使用厚紙板和彩色筆創作）
- 影片地圖學習單（如附件）

活動說明

　　本活動適用於親子或手足之間常有衝突情況，且雙方都有減少爭執的意願。

　　請這兩位家庭成員假裝他們受僱要用手偶演出他們自己的生活。協助他們為這齣戲命名。然後請他們各自挑選一個代表自己演出的手偶。如果沒有現成合適的手偶，成員可以使用紙製餐袋和彩色筆自行創作。從家裡帶來一個遙控器，或者使用厚紙板和彩色筆創作一個遙控器。說明這個遙控器是戲中的道具，分別行使播放、暫停、倒轉或快速向前等作用。

　　接著，告訴家庭成員他們要使用手偶演出劇中的兩幕。第一幕，他們要演出他們和平相處的情形。第二幕則演出他們「沒有」和平相處的情形。讓

家人花幾分鐘時間討論，來決定他們要演出的內容。

「播放」第一幕

按下遙控器上的「播放」鍵來啟動第一幕的演出。可以使用話語提示、手部動作或音效來象徵不同的按鍵作用。當演出後，請案主從情緒表上指出最能貼切表示他們在事件中的感覺的圖像。對於他們在劇中使用手偶所展現的正向社交技巧給予肯定。

「播放」第二幕

接著，再次按下「播放」鍵（使用合適的口語提示），然後觀看第二幕的演出。

如果家人不願意演出，就讓他們角色互換，扮演對方的角色。這樣除了可以減少抗拒，同時增加了對彼此觀點的了解。

使用學習單分解第二幕

展示影片地圖學習單給案主看。在人物 A 和人物 B 的線上空白處寫上他們的名字。

跟家庭說明，通常行為會有特定的模式，它們會一而再、再而三地重複出現，稱為循環。也可以舉水的循環現象補充說明（蒸發、凝結、降水）。從人與人之間的循環來看，則指彼此的情緒和行為的相互影響。告訴案主，你要「重播」剛剛的第二幕，來說明他們之間爭吵的循環模式。

把影片「倒轉」到第二幕的開頭。詢問成員，他們在開始爭執時的情緒為何？並用情緒卡上的圖像來表示。針對這些特定情緒有何想法做討論。

按「播放」鍵，把第二幕再看一次，直到第一個人完成他的動作（比如：人物 A 向人物 B 提出某種要求）。動作完成後馬上按「暫停」鍵。然後討論這個手偶的行為，並寫在學習單上人物 A 之下第一格的「B」之處。

讓扮演人物 A 的手偶說說，是什麼原因讓他／她做出這樣的行為（亦即，他／她之所以這麼做的目的為何？）。把人物 A 的想法和感覺寫在第

一格裡。然後，請扮演人物 B 的手偶使用情緒表來代表他／她對人物 A 行為的反應。問手偶，為何他／她會有這些感覺。把人物B的感覺和想法寫在學習單上。

再按一次「播放」鍵繼續這一幕。當人物B演完他對人物A的反應後，馬上按「暫停」鍵（比如：人物 B 拒絕人物 A 的要求）。把該行為寫在學習單上。問人物B的手偶，他／她透過這個行為想要達成的目的為何。然後問人物 A 的手偶，對於人物 B 的行為，他／她有何感想。

重複上述的提問方式直到第二幕結束。在每個個別行為之後按「暫停」，在學習單上記下案主的想法、感覺和行為。一張學習表可能不敷使用，可以另行預備多份學習單備用。

反思結尾的部分

當第二幕「重播」完畢時，詢問手偶爭執後的感覺如何。然後，問成員覺得手偶是如何處理衝突的，以及讓他們使用手偶來演出衝突戲的感覺如何。問他們想不想改變劇情。

辨識循環

與案主一起回顧影片地圖學習單。討論在第二幕中有哪些典型的行為也常重複出現於其他議題中（比如：學校作業、家事、購物）。把這些典型的行為以循環圖表的方式寫在學習單的背面（比如：有箭頭的循環）。向他們解釋這就是他們的循環模式。

探索其他替代反應

討論妥協的意義為何。幫助家人辨識用來「達成」妥協的步驟。詢問手偶們，如果他們在第二幕中使用這些步驟，會有何不同結果。

再看一次循環圖表，並請大家找找看循環中有哪些適合妥協的地方。討論一些可以展開妥協歷程的關鍵用語，比如「讓我們一起解決問題」。詢問什麼時候要喊暫停或需要冷靜也會有幫助。討論一個合適的暫停「看起來像

是」什麼樣子，以及如何啓動和應用。

演出全新的結尾

邀請家人演出另一場名為「如果……」的新劇，手偶以比較快樂的結尾版本進行演出。

進行活動的反思

討論成員的經驗，當他們在活動中扮演不同角色時有何感想（亦即，使用手偶來演戲、角色扮演演出一個全新的結尾）。讓家庭成員說說參與活動的感覺、有沒有覺得驚訝的時候，或者覺得什麼是最有幫助的。

討論

家庭手偶劇適合有八歲以上孩子的家庭，因為需要用口語溝通，還要有足夠的注意力，以及邏輯思考的能力。因為每個家庭的步調不一，所以本技術有可能無法於一次會談中完成。

本活動綜合數項發展性敏感元素（developmentally sensitive components），包括手偶、角色扮演和常見的生命經驗，有助於孩子形成如人際互動循環和問題解決雙贏等抽象心理概念。在家族治療裡，手偶是很好用的工具，因為它們可以分散焦慮感，增加孩子參與的興致，並且讓成員之間得以用象徵的方式來溝通。角色扮演提供了具體的互動素材，以供後續的評估和介入所用（Gil, 1994; Gitlin-Weiner, Sandgrund, & Schaefer, 2000）。

家庭手偶劇的設計原本出自認知行為和心智系統理論架構。不過，這些規範架構也同樣適用於各樣的家族治療模式，因為很多家族治療模式都是建基在人際互動的循環概念上。本活動幫助家庭成員了解他們的想法、感覺和行為之間的關係，以及個人行為對他人的影響。最後，影片地圖幫助成員辨識人際互動的轉折，帶他們離開相互傷害的關係。

♥ 參考文獻

Gil, E. (1994). *Play in family therapy.* New York: Guilford.

Gitlin-Weiner, K., Sandgrund, A., & Schaefer, C. (2000). *Play diagnosis and assessment* (2nd ed). New York: John Wiley & Sons.

關於作者

請參見第 192 頁。

附件　**手偶劇**：影片地圖學習單

人物 A

F/T:	F/T:
B:	B:

人物 B

F/T:

B:

F/T:

B:

F/T:

B:

F/T:

B:

F/T:

B:

F/T:

B:

F/T:

B:

F/T:

B:

註：F = 感覺　T = 想法　B = 行為

紅燈、綠燈……和新燈

Angela Siu（蕭鳳英）

目標

- 增加情緒字彙
- 能看懂更多他人的臉色
- 增進家庭內的開放溝通
- 增進家庭成員之間的凝聚力

媒材

- 遮蔽膠帶

事前準備

本活動需要一個寬闊的空間。在房間的一端用遮蔽膠帶在地上黏一條起始線（距離停止燈約 20 英尺）。也可以有兩條起始線：一條離停止燈比較近給兒童用，另一條比較遠的給父母用。

活動說明

這個介入方式改編自傳統的「紅綠燈」遊戲。治療師的遊戲說明如下：治療師扮演「停止燈」，然後家庭成員要去摸他／她的背。家庭成員都先站在起始線的地方。停止燈（治療師）背對大家說：「綠燈。」此時，家庭成員要往停止燈移動。停止燈可以隨時喊：「紅燈！」然後轉身面對家庭成員。如果這時候家庭成員中有人被抓到還有在移動，那個人就出局了。當停止燈重新轉身背對大家喊「綠燈」時，遊戲又繼續進行。如果在任何家庭成員摸到停止燈的背之前大家都出局了，那麼就是停止燈贏，否則，第一位摸到停止燈的背的玩家就是贏家，他／她可以成為下一個停止燈，繼續玩遊

戲。須提醒玩家要小心不要跑太過或走太快，因為當停止燈說紅燈時，可能會很難馬上停下動作。

另外一種玩法說明如下：當治療師背對大家時喊出一個「感覺」字眼，參與的成員必須使用非語言的方式（使用臉部表情或肢體動作）表現出來。比如，當喊出的是「快樂」時，成員就要擺出笑臉、手向上高舉等。當治療師由一數到三後要轉身面對家庭成員。此時，他／她就開始針對每個人的動作給予回饋。然後請每位家庭成員說出一個曾經與這個感覺相關的經驗。任何參與者如果沒有展示或說出此特定感覺的話，就要回到起始點。

這個遊戲繼續玩下去，大家會越來越靠近治療師。第一個摸到治療師後背的人就是贏家。

本活動可以加入其他元素衍生為更具互動性的遊戲。比如，當治療師轉向大家時，他們必須兩人一組表現出特定感覺。比如，用擁抱來表現「愛的家庭」，或者互相怒視來表現「憤怒的家庭」。面對情緒的方法也可以加以討論。

玩過幾回這個遊戲之後，可用以下的問題來反思遊戲的歷程：

1. 在遊戲中，你最喜歡的部分是什麼？
2. 最難表現或最難說出口的感覺是什麼？
3. 全家人一起玩遊戲是什麼感覺？
4. 還有什麼是全家人都喜歡且可以一起做的事情？
5. 剛剛和家人間的互動情形和你們在家裡有什麼不一樣呢？為什麼？
6. 玩遊戲時，有沒有發現哪位家人有些你未曾發現的特別之處？

討論

情緒表達上的困難可能是將家庭帶入治療室的主因。常見的情況，譬如是為了處理孩子的叛逆行為，家庭會來到治療室。孩子的負向行為可能與他／她口語表達的困難有關。家族治療可以幫助孩子和家長使用開放和直接的方式表達自己的感覺。此一改編的「紅綠燈」遊戲版本，有助於家庭成員之間進行健康的情緒表達。

　　競賽能添加家人之間相處的樂趣。使用競賽遊戲，給家人帶來「開懷大笑的機會。啟動歡笑可能是我們與家庭工作最有療效的部分」（Revell, 1997）。

　　遊戲也能作為評估的工具，以此評估該家庭的情緒表達能力，以及他們能享受玩在一起的潛力。

參考文獻

Revell, B. (1997). Using play and art therapy to work with families. In B. Bedard-Bidwell (Ed.), *Hand in hand: A practical application of art and play therapy*. London, ON: Thames River Publishing.

關於作者

　　蕭鳳英教授任職於香港中文大學教育心理學系，同時亦是註冊臨床心理學家及資深遊戲治療師，曾於加拿大及香港多個社會福利及教育機構從事評估、輔導及教學工作，其研究興趣包括兒童及青少年的情緒社交發展、評估與輔導、遊戲治療。

皇室家庭

Angela M. Cavett

目標

- 建立以父母為一家之主的親子倫理階層
- 定義孩子需要改變的行為
- 鼓勵家長建立具一致性的家規
- 減少孩子的行為問題
- 提升家庭成員之間正向口語回饋的機率以及愉快交流的經驗

媒材

- 一個皇冠的模型（購買現成品或自製）用來創作一頂國王的皇冠、一頂皇后的后冠、一頂公主的皇冠、一頂王子的皇冠
- 紙張
- 剪刀
- 蠟筆、彩色筆，或色鉛筆
- 服裝道具包括：皇家禮服長袍披風、權杖或節杖（選擇性）
- 裝飾用珠寶或貼紙

事前準備

先預備一個皇冠的模型，來製作每位家人的皇冠。

活動說明

請孩子和父母分別選定誰為皇后和國王（或其他可以代表孩子家庭的親職名稱），並分給每個人一頂皇冠然後加以設計。接著選定的是王子和公主，也分給他們每人一頂皇冠來設計。皇室家族因此接受加冕了。重點是讓

大家知道為什麼父母必須是皇室成員中最尊貴的角色。換句話說,為人子女的要成為王子和公主的話,他／她的父母就一定要是國王和皇后。接著請這個皇室家庭說說看什麼樣的相處行為或風格是符合皇家身分的。比如,一位「好的」國王或皇后會為國家制定合適的法令(規章)、執行法令,以及賞罰分明。一位「好的」公主或王子對國王和皇后是尊敬有禮的,並且會遵守他們所制定的法令。

接著,父母、孩子和治療師討論家庭成員的行為中,哪些符合皇室身分,哪些不符合。治療師可以使用一些問題來幫助大家進行討論,比如:

1. 國王和皇后大部分的時候是親切的或刻薄的?
2. 國王和皇后大部分的時候是平靜的或罵聲連連?
3. 國王和皇后有善盡制定和執行國家法令(規章)的職責嗎?
4. 國王和皇后是賞罰分明的嗎?
5. 王子和公主有聽國王皇后的話嗎?
6. 王子和公主有遵守法令嗎?如果沒有,他們最常違反的是哪些規定?

討論完畢之後,找出家庭中不符合皇室身分的三個行為問題。這時即可就此行為問題設定處遇的目標了(治療師需確保有同時將父母親和孩子雙方需要改變的部分都納入處遇目標的設定)。該家庭和治療師一起討論,什麼樣的行為是與國王、皇后、王子或公主身分相稱的。把這些當成目標寫在「聖旨」上給這個家庭帶回家裡,作為大家行為依循的準則,並且把進步和改變的情形記錄下來。比如,有位公主聽從了父母親的話,並確實執行,那麼這就是所謂的遵行國王皇后的「諭旨」了。

該家庭每週選定一項目標寫上「聖旨」作為當週的家庭作業(如果可以的話,治療師可以引導這個家庭找出一項父母親的目標和一項孩子的目標)。

教導家長如何聚焦和留意孩子的正向行為,以及如何恰當地給予讚美會是很有幫助的。

在皇冠上輕輕地畫上一些圓圈,當孩子達成目標時,讓他／她一一黏上寶石。每週孩子和父母親討論他們所設定的目標是否有達成,是否可以在皇

冠上加寶石。每週家庭和治療師都要一起核對皇家的事項。在針對行為做討論時,總是以皇室家庭成員為隱喻,持續地鼓勵孩子和父母練習作為皇室成員應有的行為。

治療師則扮演「皇室顧問」的角色,負責幫助孩子和父母讓行為發生改變。

♥ 討論

結構派家族治療(structural family therapy, SFT)主要著力於家庭中長幼有序的議題上。結構派家族治療師著重在普世性的家庭組織,比如親子之間的權力關係位置(Minuchin, 1974)。有時候,孩子擁有過多掌控家庭的權力,因此衍生出不恰當的互動相處、角色、權力結構等模式(Hoshino, 2008)。創意性的技術和隱喻性的策略,比如皇室家庭,對於轉變家庭中次系統間的權力關係是有幫助的。本活動讓屬於親職次系統扮演國王和皇后的角色而能站上領導者的位置。孩子則成為王子和公主。當每個家庭成員都有自己的角色時,他們就開始學習如何成為名副其實的「皇室」成員。

本活動幫助國王和皇后(家長)建立和執行適當的規矩,同時減少王子和公主(孩子)不適當的行為。在皇冠上添加珠寶的行為元素,則增強了正向的行為。

家族治療師在家庭系統的改變上扮演了關鍵性的角色。擔任「皇家顧問」時,治療師**融入**在家庭中,並且把這個家庭導向比較有功能的型態。

♥ 參考文獻

Hoshino, J. (2008). Structural family art therapy. In C. Kerr et al. (Eds.), *Family art therapy: Foundations of theory and practice*. New York: Routledge.

Minuchin, S. (1974). *Families and family therapy*. Cambridge, MA: Harvard University Press.

關於作者

請參見第 46 頁。

音樂雕塑椅

Shirley U. Lindemann

目標

- 辨識家庭成員之間的社會互動技巧
- 辨識和了解每位家庭成員在家人眼中的形象
- 增加安全、不帶批判、創意十足的溝通經驗

媒材

- 黏土或培樂土（譯註：培樂土為兒童用的無毒黏土，容易塑形，通常有多種顏色，且永遠不會變硬。）
- 白紙
- 彩色筆
- 令人放鬆的音樂光碟
- 光碟播放機

事前準備

在一張桌子的四周為每位家庭成員擺上椅子。每個人在桌面上有足夠的空間可以創作小雕像。很重要的一點是，每位家庭成員要能方便換到下一個座位。

把紙張和彩色筆擺在桌旁。

活動說明

請家庭成員自由入座。解釋音樂椅的遊戲。這是本活動的起步。平均分給每位家庭成員等量的黏土或培樂土，請他們創作出自己的塑像。活動間播放輕柔的音樂直到作品完成（包括添加的部分）。

當第一階段作品完成後，請每個人向右移動座位。請他們依照自己對該原創者的認識，特別是欣賞或喜愛的部分，為雕塑做改變（所謂的改變可以是添加某種象徵或是調整雕像，例如：給雕像加個笑臉）。重複這樣的做法，直到每位成員都有機會做到每個雕像。最後每個人都會回到最初創作雕像的座位。

請大家看著自己的雕像，注意觀察其他家人添加的部分。可以針對添加的部分提出問題。塑像原創者可以告訴每位家庭成員對於所改變或添加的部分之感想。

可以使用下列的問題促進討論：

1. 你在做自己的雕像時有什麼感覺？
2. 當你要在其他人的雕像上添加東西時有什麼感覺？
3. 本活動中以非語言的方式溝通了什麼？
4. 接受家人的讚美感覺如何？
5. 看看其他家人的雕像，有什麼你想要表示意見的？
6. 看著自己的雕像，有哪些地方是你特別喜歡的？為什麼？
7. 如果你的雕像會說話，他／她會對其他雕像說什麼？

討論

本藝術介入技術對於慣用批判性方式進行溝通的家庭來說，特別適用。聚焦在正向的添加材料手法則讓大家對家庭有更多正向的看法，也讓他們更願意面對凸顯的議題。事實上，賦予每位家庭成員同樣的機會表達他們對議題的接納，這樣才能帶出良好的溝通。

在這一開始的會談中，最好建議大家只用正向的添加方式來創作每個雕像，這樣可以營造安全的氛圍讓大家能暢所欲言。在後續的會談中，則可以提供多個選項，也就是讓家人可以針對每個雕像不滿意的地方做改善。然而，建議還是要審慎評估過成員之間的關係，才能決定是否要採取更有挑戰性的做法。

黏土或培樂土能影響人們的情緒反應，它們可以降低人們的警戒和抗

拒，讓案主更加放鬆和自在地表達。以 Landgarten 的十點量表為例（一是最不警戒，十是最警戒），黏土是一（Landgarten, 1991）。黏土塑形讓案主以各樣生動的方式與人互動。培樂土或黏土的柔軟多變，讓非語言形式的溝通如虎添翼。

參考文獻

Landgarten, H.B. (1987). *Family art therapy: A clinical guide and casebook*. New York: Routledge.

關於作者

　　Shirley U. Lindemann，具有 C.A.C.T.、S.R.S.P.等背景，是安大略藝術治療學會的專業會員，也是德國心理治療師學會和美國藝術治療學會會員。畢業於社會教育學和幼兒教育學院，並繼續於德國的大學進修社會教育學。1995 年於德國聯邦治療學院（EREW）受訓並取得藝術和創意治療師證書。從 1989 年起於精神科機構式照護領域工作，曾多次帶領心理師和社工師進行藝術治療工作坊，也發表許多藝術治療相關文章。她在德國、比利時、荷蘭和加拿大等國家的私人機構提供藝術和創意式治療。

自我概念

Rajeswari Natrajan-Tyagi 與 *Nilufer Kafescioglu*

❤ 目標

- 提升家庭成員之間正向口語回饋與愉快交流的頻率
- 藉由繪畫、命名以及討論自己的特質,來增加孩童對生理自我以及人格特質的覺察
- 藉由和父母親或照顧者討論繪圖裡的情緒,來增加孩童對自己人格特質之情感反應的覺察

❤ 媒材

- 大捲的紙(或者約三至四張全開書面紙)
- 彩色筆
- 剪刀
- 各式各樣裝飾用的小物件
- 膠水

❤ 事前準備

治療空間要夠大,以便這一大捲紙可以攤平在地板上。

❤ 活動說明

註:這活動設計適用於一位家長及一位孩童。

向家庭成員講解他們必須共同參與這項藝術活動。告訴成員,孩子將會創作一張有關於他／她自己的圖,而父母親將會幫忙孩童完成圖畫。隨後父母親也會創作一張有關他／她自己的圖,而孩子也會幫忙父母。

先將那一大捲紙攤開,請孩童躺在紙上面,然後剪下足以勾勒出孩子身

形大小的紙張，請孩子暫時繼續躺在這張紙上面。然後請父母使用彩色筆在這張紙上勾勒出孩子身形的輪廓。一旦畫好孩子的輪廓，孩子就可以起身了。

引導父母讓孩子在這張畫有孩子輪廓的紙塗上顏色並裝飾。讓孩子選擇他們喜歡的顏色以及物品。孩子可以使用裝飾性的小物件，如眼睛、頭髮、耳朵等等來增加人物的特徵。

在孩子進行這項活動時，鼓勵父母提供孩子正向的、滋養性的建議（例如，你的微笑很美，讓我一整天都很開心）。

在孩子進行繪畫活動時，鼓勵父母和孩童互動。例如，父母可以給孩子機會去做決定（例如，選擇裝飾物品、顏色），並給予孩童正向的回饋或讚美（例如：「你很專心」、「把那一塊剪下來真是個好主意」、「你很想把這件事做好」）。除此之外，鼓勵父母去辨識和理解孩子在活動過程中的情緒（例如：你看起來很興奮）。

當這個圖像完成後，父母親協助孩子在這張紙上寫上他／她的名字，並在完成的作品旁，一起寫下孩子的正向特質，如：有趣的、可愛的、聰明的。孩子可以展示他們完成的作品，談論作品中的自己，以及對於他的圖畫或是先前提過的特質有何感覺。

接著，重複相同的活動，請父母躺在紙上。邀請孩童用彩色筆畫出父母的身形輪廓（如果孩子太小的話，治療師可以幫忙）。一旦父母的身形輪廓畫好了，邀請父母和孩童為這個父母的身形輪廓著色與裝飾。同樣地，在這個圖像裡，父母和孩童可以寫下有關父母的正向特質。父母和孩童可以說說他們對於這個作品有何感受。

討論

根據 Erickson（1963）的研究，當孩童們內化他們的身體自我意象、他們的身體精熟度和文化意義時，他們發展出真實的自尊，而自尊可幫助孩童學習有效的方式來面對未來的挑戰。在父母與孩童間持續合作的溝通中，這內化過程不斷進行著，而父母的功能便是提供一致的回饋來源（Siegel，

1999）。自尊的描述，往往涉及個人能力或外貌的認知判斷，以及與其相關的情感反應（Nida & Pierce, 2000）。這項活動有助於增進自尊的認知與情感成分。當提供機會、開放空間給父母去支持、接受、耐心地鼓勵孩童時，將幫助孩童在這項活動裡覺察到生理我與情緒我，進而獲得自我認同感。藉著投入正向且連結親子關係的遊戲活動，父母親有機會提升他們和孩子的連結。於此同時，觀察成員的互動可以讓治療師去評估家庭動力。

♥ 參考文獻

Arkin, C. (1997). Nurturing your child's self-esteem. Accessed April 6, 2010 from http://ohioline.osu.edu/bb-fact/pdf/bb k 2.pdf

Erickson, E.H. (1963). *Childhood and society*. New York: W.W. Norton.

Nida, R.E., & Pierce, S. (2000). Children's social and emotional development: Applications for family thereapy. In E. Bailey (Ed.), *Children in therapy*. New York: W.W. Norton.

Siegel, D. (1999). *The developing mind: Towards a neurobiology of interpersonal experience*. New York: Guilford.

關於作者

請參見第 257 頁。

手足競爭

Pauline Youlin

目標

- 增進家庭成員之間的開放溝通
- 減少手足之間的衝突
- 提升手足之間正向口語回饋與愉快交流的頻率

媒材

- 手足競爭工作單（如附件）
- 數枝筆
- 獎品

事前準備

複印「手足競爭工作單」（給參與的手足各一張工作單）。

活動說明

註：這項活動需要兩次會談時間。

在會談中，治療師解釋這個「遊戲」的規則，邀請孩童用一、兩週的時間（時間介於第一次會談與第二次會談之間）在手足之間扮演「間諜」，盡可能獲得有關於手足的喜好與厭惡、活動和每天的行程。不事前告知孩童手足競爭工作單裡的分類，是為了避免他們只把注意力放在工作單的項目上，而更希望他們去經驗手足的所有感受。這個遊戲的目的是在創造手足之間連結的新覺察。不提供工作單的分類給參與者，意味著他們的學習將會在不同的情境下進行，而不是只停留在贏得遊戲。

接下來的會談，讓每位手足完成手足競爭工作單，然後治療師將會催化

對於答案的分享。有最多正確配對答案的人，將會獲得小禮物（糖果條、小玩具等等）。

治療師不只要指出正確的答案，也透過不正確的答案，持續用溫和的方式和孩子對話，討論手足間不同的興趣。討論的焦點如下：

1. 對於手足的習性，什麼是以前你不知道、而現在知道的？請舉個例子。
2. 從你的手足那裡所得知最有趣或最驚訝的事情是什麼？
3. 什麼是你和你手足相同的地方？

討論

孩子樂於投入比賽，特別是棋逢對手的手足。孩子對於當個「間諜」也有天生的偏好，在這裡，便是指對於親近的家人有發自內心的興趣。即使手足之間有溝通問題或衝突關係，這項活動透過分享個人的興趣與喜好，來促進幽默、連結感以及正向對話。遊戲結束後，手足對於彼此的了解也會持續增加，這有助於在會談之外持續促進連結感。設計一些「間諜」問題，以另一種方式獲得一些關於手足的真相（例如有關手足最棒的回憶、欣賞手足的某項特質），促使孩子開始覺察和手足之間具有多少真正的連結。當他們分享喜歡彼此的特質，他們會經驗到正向的自尊。

關於作者

Pauline Youlin，具有 MS、MFTI 背景，為加州科羅納的婚姻與家族治療所碩士實習生，目前的工作內容包含兒童、成人和家庭。她曾在學校的環境，和那些掙扎於物質濫用的青少年一起工作。

 附件　**手足競爭**：手足競爭工作單

	手足	你
最喜歡的玩具或財物		
最喜歡的課外活動		
最喜歡的食物		
最不喜歡的食物		
最喜歡的水果		
一週中最喜歡的一天		
最不喜歡的家務		
最喜歡觀賞或從事的運動		
最喜歡的衣物款式		
最拿手的科目		
最喜歡的季節		
最要好的朋友		
這週發生的很棒的事		
這週發生的倒楣事		
未來想從事的工作／職業		
對於你手足最棒的回憶		
你最欣賞的手足的特質		
放假最想去的地方		
讓我覺得很開心的事		

沉默球

Shlomo Ariel

目標

- 增加家庭成員間對肢體語言和非口語線索的敏感度
- 增加家庭成員解讀與產生非口語訊息的能力
- 發展出家庭裡適當的身體界線
- 學習與練習自我控制

媒材

- 一個海綿橡膠球，大小如小顆的籃球
- 標定球門和界定範圍的物品，例如椅子或枕頭
- 遮蔽膠帶
- 大張的紙和彩色筆（或者是黑板／粉筆，白板／白板筆）
- 玩具攝影機*
- 大玩偶，用來代表男生或女生*
- 玩具麥克風*
- 遮陽帽和寬邊帽*

*這些物品可以購買取得，或者是用其他替代品代替也可以，例如，一枝筆可以代替玩具麥克風，一支手機可當作攝影機，一個大枕頭可以當作男生或女生，以及其他款式的帽子。

事前準備

這個遊戲至少要有四位家庭成員參與才可以。如果超過四個人，將成員平均分配成兩隊，餘下的一人成為裁判。或者由治療師擔任裁判。

該遊戲要在 5 平方碼（45 平方英尺）的空間進行，或者是一間大房間。

291

在房間兩端放置兩個球門，使用椅子、枕頭等物品。在房間中央的地板上，使用遮蔽膠帶做出一條中間線。

活動說明

將家庭分成兩組，例如，爸爸與女兒對抗媽媽與兒子，或者是媽媽、女兒和長子對抗爸爸與兩個較年幼的兒子。如果在每一隊伍裡有三人或更多的人，其中一個人可以擔任守門員。在數回合之後，隊伍的成員將會洗牌重新編隊。

每個隊伍都會待在各自的「半場」。裁判將會在中心線拿著球預備。

在紙上（或黑板或白板）畫出隊員表，寫下成員的姓名。

向家庭成員解釋他們即將進行特殊版本的團體手球，這個活動可以幫助成員不透過言語來進行溝通與理解，並體貼與尊重彼此。規則解釋如下：「每場比賽的進行時間為十分鐘。每隊要盡量得分。射門成功的隊伍即可贏得兩分。成員可越過中心線，但不能進入對方的球門區域。同隊之間可以互相傳球。持球者可以帶著球步行或跑。這顆球只能用手傳送，不能踢球，也不能丟向其他人的身體部位。當球在空中，對手可以攔球，但不能從其他人的手中搶走。如果球落在地板上，最先到達球旁的人就可以拾起。碰觸自己的隊友或對方球員的任何身體部位，就算是犯規。說出一個字，或發出任何聲音（笑、叫喊、嘆息、呻吟）也被認為是犯規。犯規者的球隊將倒扣兩分。只有裁判有權決定某犯規行為是否成立。裁判在球賽過程中允許說話，但內容僅限於其職責所在。裁判可以說『停止球賽』來中斷比賽，球員可以要求暫停來提出疑問，或是透過手勢來發表評論。得分與扣分的紀錄將會由治療師寫在紙上（或黑板或白板）。」

將大玩偶放在椅子上或桌子上，並讓它握著玩具攝影機，朝向家庭成員。向大家說明：「假裝這個攝影師要把球賽錄影起來，在電視上播放。」

治療師戴上遮陽帽，然後對著玩具麥克風，假裝自己是一名手球的電視播報員：「讓我們觀賞無聲隊與靜音隊的沉默球比賽現場轉播！」在比賽中，身為播報員，要即時報導各個玩家的舉動。

你的口語描述也將反映玩家所展現出的困難、情感和成就。例如，「約翰似乎不大高興，因為他失手沒把球傳給珍，但他保持沉默。」「瑪麗差點碰到爸爸，但她努力不撞到他。」

　　將得分或扣分寫在紙上（黑板或白板）。

　　如果只有四位家庭成員，治療師應該在裁判、播報員與記分員的角色之間進行切換，以不同的帽子和改變說話的語氣來表示角色的轉變。這有點困難，但並非不可能。

　　比賽結束後，摘下遮陽帽，戴上寬邊帽。詢問家庭成員是否願意「接受這場比賽的電視採訪」。拿著麥克風，詢問他們每個人在球賽過程中的經驗，並請他們對著麥克風回答。這些問題將集中在球員的感受、困難和成就感。例如，「我看到珍向你揮動她的手臂，拚命地想引起你的注意，你注意到了嗎？」「在那段不能說話或出聲的十分鐘裡，你的感覺是什麼？」

　　如果一個家庭成員（通常是一個年紀小的孩子）可能因為扣了太多分而表現出挫折的樣子，不妨以相同的隊伍組合再進行一回合比賽，讓他／她有更好的表現機會。

討論

　　在人際溝通和家族治療文獻中，不良功能的來源之一，便是對非口語線索的敏感度不足，以及一般稱之為非口語溝通能力發展不全。文獻指出，非言語溝通技巧、對身體界線及個人空間的覺察和尊重，彼此間存在很強的相關性（Knapp & Hall, 2009; Manusov & Patterson, 2006; Norris, 2004）。當不擅長非口語表達，可能會導致與家人和同儕團體互動的困難。缺少對非口語線索的注意，Minuchin（1974）稱為**疏離家庭**（disengaged families）的特點。另一方面，由於混亂、衝動的溝通，導致身體界線和個人空間的匱乏，這是典型的**糾結家庭**（enmeshed families）。而沉默球的技術，主要在改善疏離與糾結家庭的功能。其治療效果來自於家庭成員能夠真正經驗到一種溝通模式，在這種溝通模式中，注意到非口語訊息、尊重身體界線和個人空間，以及自我控制皆受到獎勵；相反地，若無法做到則會被處

罰。成功維持這樣的活動十分鐘是一種自我增強。它提供了家庭具體的證據，證明家庭成員真的可以達到更高層次的人際溝通。

　　裁判、攝影師、播報員和記者的設計，都是增加自我反省與覺察的元素。

參考文獻

Ariel, S. (2002). *Children's imaginative play: A visit to Wonderland*. Westport, CT: Greenwood/Praeger.

Ariel, S. (2005). Family play therapy. In C.E. Schaefer, J. McCormick, & A. Ohnogi (Eds.), *The international handbook of play therapy*. New York: Jason Aronson.

Ariel, S., & Peled,O. (2000). Group work with children and adolescents in an integrative therapeutic framework. [Hebrew Text.Unpublished English Translation is available]. *Mikbatz: The Journal of the Israeli Association of Gourp Therapy, 5*, 42-60.

Knapp, M.L., & Hall, J.A. (2009). *Non-verbal communication in human interaction*. Florence, KY: Hadworth Publishing.

Minuchin, S. (1974). *Families and family therapy*. New York: Routledge.

Manusov, V., & Patterson, M.L. (2006). *The SAGE handbook of non-verbal communication*. Newbury Park, CA: Sage.

Norris, S. (2004). *Analyzing multi-model interaction: A methodological framework*. New York: Routledge.

關於作者

Shlomo Ariel，具有博士背景，在以色列擔任臨床心理學和家族治療督導。他是拉馬特甘綜合心理治療中心和以色列遊戲治療學會主任、以色列遊戲治療學會創始人和現任主席，也是國際家族治療學會訓練委員會成員。其著作領域相當廣泛，包含了心理治療整合、文化心理治療能力（culturally competent psychotherapy）、遊戲治療理論與研究，以及遊戲治療。他在以色列、歐洲和美國提供其專長領域的訓練和諮詢。

♥♥♥ 警察和小偷*

Steve Harvey

♥ 目標

- 改善困擾（問題）行為的溝通（譯註：在這個競爭性活動裡提供一種機會，可以透過遊戲規則，請所有成員都遵守規則，讓父母親和孩童分享在遊戲過程中非口語的焦點）
- 增加父母與小孩之間正向互動的頻率（譯註：父母親要敏銳地覺察小孩的舉動，而孩童也必須控制他的／她的身體，可以讓年幼的孩童學習如何去控制他們的衝動，以便於當警察轉身時，不會被捉到）
- 發展出共同的焦點
- 增加身體的諧調

♥ 媒材

- 一台攝影機。將過程錄下，有助於以客觀角度來討論活動，但這並非是必要的

♥ 活動說明

　　這個活動是針對在早期發展階段到國小中年級時期，和父母相處有困難的孩童所設計。

　　在活動開始前，治療師將會說明這個遊戲的角色有哪些。角色如下：

1. 小偷

2. 警察

3. 裁判／遊戲大師

---

*譯註：本活動和「123 木頭人」遊戲的玩法相似。

　　這個遊戲要由一個孩子與父母之一共同進行。這是一個競爭性的遊戲，父母與小孩都必須想辦法贏。治療師在活動最初會扮演遊戲大師，在活動過程中宣布和判定遊戲的得分。

　　遊戲開始是由孩童擔任小偷，父母擔任警察。如果父母親或小孩需要治療師示範怎麼玩，治療師可以參與這個遊戲。

　　活動一開始，父／母親和小孩分別站在房間兩側。當父／母擔任警察時，警察必須面對牆壁，擔任小偷的孩童必須盡可能不被發現地接近父／母親，並且碰觸他／她。在小孩靠近的過程中，父／母親可以隨時回頭。如果警察轉頭時，正好看見小偷在移動，那麼小偷必須回到出發的地方，也就是房間較遠的一側，然後重新開始該遊戲。

　　小偷靠近警察贏得遊戲的唯一方法，便是仔細觀察父母親的行為，以便警察轉身時，固定住自己的身體，不被看見自己在移動。小偷就是要偷偷摸摸的。相反地，警察勢必要去聆聽移動的聲音，並且掌握時機，以便捕捉小偷的行動。小偷必須要展現他／她的身體控制能力，才能安靜地移動和停止行動，不至於在警察轉身時被捉到。同時，小偷對於警察的肢體動作也要很細心地觀察，以便在警察轉身之前移動。

　　一回合結束後，角色會互換，改由孩童擔任警察，而父母親擔任小偷。擔任遊戲大師的治療師，其工作便是判定警察是否實際上有看見移動的小偷，或者小偷有沒有真的固定他／她的身體姿勢。對於年紀較小或衝動控制有困難的兒童，這規則可以稍微放寬。

　　如果治療師有一台攝影機，那麼就可以回頭看錄影的影像，看看警察是否真的有看見移動，或者小偷是否真的沒有動作，這有助於平息紛爭。同時，這些錄影所拍下來的動作，可以當作口語敘事或幻想故事，並可在其中融入父母親和小孩對於情節、角色發展的想法。

❤ 討論

　　對關係出現困難的父母和孩童而言，他們通常無法將注意力放在對方身上，這在他們的非口語溝通上更為明顯。即便父母親用最擅長的口語表達和

孩子溝通，非口語溝通的不一致往往會造成干擾。

　　這個活動可以幫助父母親和孩童透過身體的、有趣的方式來靠近彼此。遊戲的競爭本質，提供父母親和孩童互相關注的機會，以正向的方式聚焦在非口語訊息上。父母親和孩童必須控制自己的身體，並覺察到對方的動作，來贏得遊戲。這個遊戲是以一種協調身體的方式，讓父母親和孩童透過有趣的方式來分享彼此的陪伴。

　　舉例來說，在一個充斥著大聲爭吵的家庭裡，父母親和孩童變得習慣不去觀察對方的身體表徵。警察與小偷活動提供非口語、卻極度關注其他家庭成員的互動。通常孩童有能力小心地靠近父母親而不會被發現。

　　關於家庭成員間的肢體遊戲以及這類活動可以如何發展的理論背景，請詳見他處（Harvey, 2003, 2006）。

♥ 參考文獻

Harvey, S. A. (2003). Dynamic play therapy with an adoptive family struggling with issues of grief, loss, and adjustment. In D. Wiener & L. Oxford (Eds.), *Action therapy with families and groups*. Washington, DC: American Psychological Association Books.

Harvey, S. A. (2006). Dynamic play therapy. In C.E. Schaefer & H. Kaduson (Eds.), *Contemporary play therapy*. New York: Guilford.

關於作者

　　請參見第 147 頁。

看圖說故事

Brian Douglas

♥ 目標

- 增加家庭內的開放溝通（譯註：透過非結構式的方法，讓個案看圖片並投射自己的想法，家庭成員會彼此分享、揭露自己的想像）
- 外化問題（譯註：治療師透過提問，讓個案意識到自己的情緒以及經驗，並且把問題和人分開）
- 開始去看見問題，並發現改變的希望

♥ 媒材

- 照片或從雜誌剪下的圖片
- 指令範例（如附件）

♥ 事前準備

　　請個案在下次會談帶來大量的照片。或者是提供許多不同豐富主題的照片或雜誌圖片給家庭成員挑選。

　　在會談開始前，先決定好要和家庭一同探索的處遇議題，並準備相對應的指令。從指令範例挑選出指令，或是自行設計符合家庭狀況的指令。

♥ 活動說明

　　將蒐集來的照片、圖片放置於桌上或地板上。請家庭成員依照想要探索的家庭議題，挑選一張或數張圖片。例如，治療師可以說：「請你從這堆照片中挑選兩張照片，第一張是最能代表你的焦慮的照片，第二張照片則是最能顯示你沒有被焦慮干擾的生活」。治療師應提醒成員，挑照片不需要花太多時間思考，而是選出最快吸引你目光的照片來。

一旦選好照片就可以開始對話了。歷程問題有助於催化開放溝通與外化。例如：

1. 請你解釋你為什麼挑選這些照片。

2. 當你在看這些照片或圖片時，想起什麼回憶或故事呢？

3. 當你在看這些照片或圖片時，你經驗到哪些正向或負向的情緒？

4. 對於這些照片或圖片，你還有什麼想跟我們說的嗎？

5. 有沒有注意到你們彼此所選擇的這些照片或圖片，有哪些相似或相異之處？

討論

Judy Weiser 是一位治療師，在她和個案的臨床工作中，整合了照片治療的技術，她表示：「照片治療技術使用一般個人的照片和家庭照（以及所喚起的情緒、回憶、想法和資訊），作為治療溝通與個人療癒的催化劑，以抵達那些口語所無法言喻的個人內在區域」（1999）。照片治療（Photo-Therapy）技術（稱作「照片投射」[Photo-Projectives]）對於那些苦於尋找言語來表達想法與情緒的家庭，特別有幫助。

藉由可看見、可觸摸的物品，例如照片，個案可以展現他的問題或解決之道，並說出為何這些圖片呈現他們的努力、障礙、希望和夢想。這個技術可以有效提升家庭的談話，並有無限的可能。

外化是一種敘事的技術，可以幫助成員更自在地吐露問題。把問題和人分開，通常可以轉變人們先前對自己所抱持的觀點。

需要注意的是：如果治療師和受虐個案工作，而虐待的某些部分涉及照片，治療師必須確保這些照片不會變成觸發物（譯註：代表這些照片可能會再次傷害成員，所以也許需要將不適切照片刪除）。

💠 參考文獻

Weiser, J. (1999). *PhotoTherapy techniques: Exploring the secrets of personal snapshots and family albums* (3rd ed.). Vancouver, BC: PhotoTherapy Centre Press.

White,M. (2007). *Maps of narrative practice*. New York: W.W. Norton.

關於作者

　　Brian Douglas，具有MSW、RSW背景，是一位臨床社會工作師。目前於滑鐵盧地區教育局擔任社會工作師和出席諮商員（**譯註：或譯為出席輔導員，當學生有中輟之虞，予以介入，避免其中輟**），也在安大略省基奇納持續私人執業。他在多倫多大學獲得社會工作碩士學位，在安大略省註冊為社會工作師和社會服務工作者，並在貴湖大學取得伴侶與家族治療的學位。

 附件　**看圖說故事**：指令範例

「請你從這堆照片中挑選兩張照片。第一張是最能代表你的焦慮的照片，第二張照片則是最能顯示你沒有被焦慮干擾的生活。」

「請你從這堆照片中挑選兩張照片。第一張是讓你覺得難過的照片，第二張則是能代表你很快樂的照片。」

「請你從這堆照片中挑選兩張照片。第一張會喚起你最想忘記的回憶，第二張則是可以喚起你最珍藏的回憶。」

「請你從這堆照片中挑選兩張照片。第一張是會讓你想起家庭問題的照片，第二張則是顯示家庭和樂的照片。」

「請你從這堆照片中挑選一張最能代表你家庭的照片。」

「請你從這堆照片中挑選兩張照片代表你的家庭所面臨的困難。」

「請你從這堆照片中挑選一張最能讓你感到平靜的照片。」

說故事的紙牌遊戲

Norma Leben

目標

- 建立安全且開放的治療環境
- 在治療裡辨識出關鍵的議題（譯註：透過成員們對於牌卡的投射，會融入個人的生活經驗，所以這過程中或許會發現一些家庭內部的議題）
- 增進開放溝通
- 鼓勵創造性的故事（譯註：治療師會在創造故事的過程中，放入一些正向、積極的訊息，讓成員們了解到問題是有改變的可能）

媒材

- 一副標準版的撲克牌（五十二張）

事前準備

　　安排一個平坦的空間以便於遊戲的進行。撲克牌放置在每位成員都可以拿得到的地方。

活動說明

　　治療師向每位家庭成員說明他們會從牌面朝下的牌堆裡，先抽出最上層的兩張牌。成員須把抽到的牌結合（不限制順序），創造出一個故事。例如，皇后牌和數字 9 的故事可能是：「從前從前有位可愛的皇后住在城堡裡，城堡外有九隻龍。」從治療師開始，讓這個故事往正向的方面擴展，同時示範如

何讓卡片不斷地堆疊，形成螺旋狀的故事情節（參見上頁的插圖）。

下一個成員再抽最上層的兩張卡，並以前一個人所說的故事為基礎，持續創作故事。活動持續到所有的牌都抽完，或者是事先決定要抽幾輪的牌。

討論

這活動結合遊戲與說故事的元素，幫助家庭成員投入治療歷程裡。和個案議題相關的主題，往往都會出現在故事裡。

治療師可以參與創作故事，並在故事裡融入治療性訊息。例如，一個孩童（有被虐待的經驗），抽出皇后和 2 的牌，並說：「有一隻蜂后，她狠狠地叮了兩個男孩。」治療師抽出數字 6 和數字 8 的卡片後，接續這個故事：「男孩跑去找他們隔壁六樓的鄰居幫忙，鄰居在他們被叮的地方貼了八片繃帶。」

治療師向成員示範如何將說完故事的撲克牌疊起來，形成螺旋狀。這個模式可以讓故事情節保持流暢與連貫。

參考文獻

Leben, N. (1993). *Directive group play therapy: 60 structured games for the treatment of ADHD, low self-esteem, and traumatized children*. Pflugerville, TX: Morning Glory Treatment Center for Children.

關於作者

Norma Leben，具有 MSW、LCSW、ACSW、RPT-S、CPT-P 等背景。她具有臨床社會工作師之執照，並在德州擔任遊戲治療督導。她曾是 CPS 督導、學校中輟生團隊領導者、住院處遇督導、機構執行主任、國際培訓師和著名的演說家。她以英語和華語撰寫並出版超過四十五部關於親職與遊戲治療技術的書籍、錄影帶。

老虎、老鼠和猴子一起工作：
家庭動物面貌舞會*

Mary Jo Jones、*Barbara Spanjers* 與 *Cynthia Mota*

目標

- 辨識問題情境或環境下的衝突情緒
- 透過隱喻的方式，來表達衝突情緒
- 找出面對衝突時的正向解決之道

媒材

- 紙袋
- 膠水
- 剪刀
- 裝飾性的媒材，如彩色筆、亮片、羊毛氈、豆豆眼、貼紙等
- 各種動物的模型或圖片（可從網路或工藝書取得）、動物布偶或手偶
- 象徵智慧的貓頭鷹玩具或手偶

事前準備

在活動進行之前，辨識出家庭內部在問題情境或環境下的衝突情緒。

活動說明

註：因為這個介入具有潛在的複雜性，所以這活動可能需要一次以上的會談
才能完成。

---

*譯註：面貌舞會（parts party）：Satir 發明的特有名稱。

透過這個介入，家庭得以接受並統整他們的衝突及困難情緒，走過這段歷程。Satir 與 Baldwin（1983）說明了有關面貌舞會的四個基本順序：(1)各部分相遇；(2)目睹各部分的衝突掙扎；(3)轉化各個部分；(4)統整為一體。這四個部分是一個整體，治療師擔任智慧貓頭鷹，引導成員去經歷這四個階段。雖然治療師／引導者會主持整個過程，但這個活動的每個順序、步驟，應該是以家庭成員為中心，而不是過度地引導。

將面貌舞會的概念傳達給家庭，並請家庭成員去選擇或創造可以象徵他們衝突情緒的動物。例如，老虎可能代表憤怒；老鼠可能代表害怕或是軟弱；猴子可能代表頑皮的、脫序的或是內疚的。

治療師一開始要先介紹智慧貓頭鷹是代表引導者的角色，以設定基本規則。智慧貓頭鷹擔任「引導者」來掌控這個活動，確保每位成員的心聲都可以被其他成員聽見，並保持整個會談的安全性。

接著，遵循以下四個步驟：

1. **各部分相遇**——這個部分的焦點在於動物們覺察彼此的存在，他們第一次相遇時，會做何反應。治療師可能得扮演一些動物角色，以便家庭成員能清楚理解每個動物角色的特徵。讓家庭成員熟悉這些動物的特徵可能是必要的。

2. **目睹各部分的衝突掙扎**——Satir 與 Baldwin（1983）說明，「引導者停下動作並詢問各個部分他的計畫是什麼，要怎麼做才能讓他的計畫生效。」應用在家族治療上，家庭成員會更清楚每個部分都有各自的打算，及不是每個成員都知道對方要什麼。例如，憤怒的老虎（新手父母因為孩子不聽話而沮喪）追趕著膽小的老鼠（孩子可能很焦慮他／她會被新的手足取代），膽小的老鼠嘗試逃脫，而淘氣的猴子（孩子可能用脫序的行為來吸引他人注意）會丟椰子來獲得他人注意。

3. **轉化各個部分**——動物們的目標相互排斥，可能這個成員的成功會是那個成員的失敗。例如，老鼠跑得太快，老虎就抓不到他（父母因不斷的怒氣而將孩子推開），被老虎逮到的老鼠就活不了（孩子需要正向的再三保證）。動物們理解到他們需要彼此合作，他們的需求才能

整合在一起。治療師／智慧貓頭鷹明確地讓動物們理解他們如何互相幫助，「以便讓每個部分對主人的價值可以最大化」（Satir and Baldwin, 1983）。例如，如果老虎可以邀請猴子和老鼠玩，老鼠就不會害怕，這個老鼠可以活下來，而猴子也會有積極的作為。

4. **統整為一體**──當衝突的成員覺察他們的需要，他們才可以和其他成員合作，轉化就發生了。在最後的階段，家庭成員能理解他們的動物象徵可以被整合，並在和諧中共存。一旦所有的動物特徵可以說出他們的立場並彼此合作，每個動物的本性便在轉化的狀態下被引導出來。例如，老鼠說明「我有能力去表達你的害怕」。在所有人都發言之後，智慧貓頭鷹可以詢問成員，是否每位成員準備好要去接受所有關於他／她自己的部分。

♥ 討論

根據象徵經驗家族治療理論，家庭問題是源自於「否認衝動以及壓抑情緒」（Nichols & Schwartz, 2006）。在壓抑情緒的家庭中長大的孩子，長大成人後往往無法連結自己的核心情緒，因而時常感到莫名的焦慮不安，並伴隨著不適應的關係反應。在治療活動中，治療師增加家庭裡的情緒滋養，促進家庭去接受他們的困難、痛苦或衝突矛盾的情緒。

動物面貌舞會的介入，可以幫助那些因為情境變化而陷入衝突情緒的家庭，例如離婚或家中出現新手足，走過這段糾結的情緒。藉由創造代表情感的象徵性動物、體驗「動物面貌」（animal parts）的衝突後，家庭在未來面對新情境或舊問題所引起的困惑與痛苦時，可以理解並統整這些衝突情緒。

為了整合這個介入活動的收穫，治療師可以在未來的會談中回顧動物面貌舞會，特別是衝突情緒浮現時。讓家庭成員重新看見整合的成果，將可以提升家庭成員在管理情緒上的信心。當有需要的時候，動物面貌舞會可能會以相同或不同的動物再度重現。

動物面貌舞會的多元本質，可以用不同的版本演出，治療師可以自由地

運用不同類型的填充動物玩偶，或是其他媒材，例如手偶、藝術材料來進行演出，甚至是以講故事方式來進行。動物可以由家庭所有成員參與演出，也可以由一位成員扮演所有的動物。只要是家庭衝突的任何事物，都可以在面貌舞會擔任一角，這可以是情緒或是對其他家人的感受，甚至是任何其他不合理的想法，全都可以在家庭裡調停或處理。

因為這個活動較為抽象，治療師應該利用他／她的臨床判斷去決定家庭成員適不適合參加動物面貌舞會。對於較年幼的孩子或是有嚴重認知損傷的家庭成員可能是不適合的。

在進行這個活動時，治療師的心態也很重要。治療師必須能自在運用戲劇及玩偶等材料，並能隨著劇情的變化自發地回應；治療師也必須在維持戲劇結構與進程的同時，演活智慧貓頭鷹的形象，以達成治療效果。

參考文獻

Nichols, M. P., Schwartz, R.C. (2006). *Family therapy: Context and methods* (7th ed.). New York: Pearson Education.

Satir, V., & Baldwin, M. (1983). *Satir step by step: A guide to creating change in families*. Palo Alto, CA: Science and Behavior Books.

關於作者

Mary Jo Jones，是內華達州婚姻與家族治療的碩士生（MS）、實習生（MFT-I）。她在一個大型機構擔任臨床協調員，該機構照顧出養青少年的心理健康需求，專門提供處理創傷的服務。她撰寫了許多出版物，其中包括 *Crucial Conversations: A Book Review*。

Barbara Spanjers，文學碩士（MA），Cynthia Mota，文學學士（BA），兩人都是拉斯維加斯內華達大學婚姻與家族治療的碩士研究生。

丟丟樂

Trudy Post Sprunk

目標

- 增進有趣味的互動
- 增進家庭成員間的開放溝通
- 評估家庭關係和動力
- 辨識出家庭內部要改變的部分

媒材

- 一顆易於投擲又安全的軟球
- 手錶或計時器

事前準備

安排座位以確保成員們可以容易且安全地丟球。

活動說明

向家庭成員解釋，在五分鐘內家庭成員會輪流丟球給其他成員。當A成員把球丟給B成員時，A成員必須說出B成員的**好話**。這動作會在五分鐘內重複進行，並且／或是直到每個成員都聽到其他成員對自己說了兩次好話。

邀請每位成員說說當他們從其他成員口中聽到有關自己的好話時，自己有什麼樣的感覺。例如，邀請成員談談：

1.當你對其他人說好話時的感覺如何？

2.當你聽到其他成員說了你的好話，你的感覺是什麼？

3.你有聽到什麼讓你驚喜的事情嗎？

在結束一輪之後再玩一次，只不過這次請成員們在他們把球丟過去時，

談談他／她**喜歡**和接球的成員在日常生活一起**做**什麼事（不是目前正在做的事）。讓這活動持續五分鐘，接著討論這過程中的經驗。

這活動的第三個部分，則是接球時要說的。引導接到球的人去說一些他們**想要去改變**自己的事，以及又是什麼妨礙他們改變。給家庭充分的時間讓成員們去討論及發展改變的策略。可以討論以下的問題：

1. 列舉兩件你想要做的，而且可以幫助你改變的事。

2. 從 1 到 10 分，請評估這改變對你的重要程度是幾分？對於家庭中其他人的重要程度又是幾分？

3. 在做了這些改變之後，你的家庭生活會有什麼樣的改善？

最後，當 A 成員丟球給其他任一成員時，這個接球者要分享他們可以做哪些事來**改善家庭生活**。在五分鐘後，鼓勵家庭成員去討論他們所提出的所有建議，並決定如何以及要不要將這些建議整合到他們的生活模式中。

討論

這個活動一開始是用有趣的正向互動來促進家庭的凝聚力。此外，說其他成員的好話可以增加情感的親密程度，並改善溝通型態。這個活動邀請參與者說出他們喜歡和其他成員一起做的事，可提供家庭有更多正向互動的機會。

活動的後半段則聚焦在改善家庭生活的改變上。治療師必須小心地引導家庭去討論如何執行這些改變，以及做這些改變的優點。在和家庭討論要如何改變的過程中，家庭成為一個「問題解決」小組，為共同目標一起奮鬥。如同所有的心理治療，當探索這類深層的議題時，治療師需要運用智慧來進行臨床的判斷。

這活動強調遊戲的療效，如克服抗拒、溝通、創造性思考、關係改善、理解並同理、精熟，以及樂在其中（Schaefer, 1993）。這個遊戲迷人又刺激，在以兒童為中心的家族治療中，這是對家庭有助益的介入方式。

♥ 參考文獻

Schaefer, C.E. (1993). *The therapeutic powers of play*. New York: Jason Aronson.

關於作者

請參見第 29 頁。

W4：希望、擔心、為什麼、將會

Brijin Gardner

目標

- 提供安全環境讓家庭成員表達情緒、需求、感受、信念以及困難
- 評估家庭關係和動力
- 增進家庭成員間的開放溝通

媒材

- 四張索引卡（最好加以護貝）或是巧拼墊
- 油性麥克筆
- 棉球
- 一大杯水
- 遮蔽膠帶

事前準備

　　準備好索引卡，分別寫下：**希望、擔心、為什麼、將會**。將這些卡片貼在牆上或門上，順序自行決定。就近放好棉球和水。依照房間的大小以及家庭的需要，用遮蔽膠帶貼出「發球線」。

活動說明

　　將這些寫上希望、擔心、為什麼以及將會的卡片貼在牆壁上，並大聲唸出來。討論這些詞以及在遊戲中的用法：

　　希望（Wish）＝說出任何你希望成真的事或是想要的東西。或許是一個物品、一件事，或是你想做、想改變的某件事。希望具有神奇的價值。

　　擔心（Worry）＝說出你在生活中有所顧慮或是感覺不安的事；分享一

些盤據你心頭的事。

為什麼（Why）＝一個疑問──某件你想要知道答案的事情。如果一個成員選擇「為什麼」卡片，他／她就可以對其他成員提出問題。被問到的成員必須用一到兩句話來回答，不能是長篇大論的說教，也不能以問題代替回答。如果成員抗拒、不願接受提問，治療師必須適時介入，增強並建立安全感。

將會（Will）＝這個字指的是決心、動機還有力量。在你的生活中你想要做哪些事？想改變的動機是什麼？你將會採取哪些行動？

遊戲內容說明如下：

「成員輪流選擇一張卡片，並將沾溼的棉球丟向該張卡片。這不用設定回合數；直到成員們用完了棉球，或是牆上的卡片都討論完，遊戲就結束了。當輪到你的時候，你必須大聲地說出你瞄準哪張卡片（在你沾溼棉球投擲之前）。即使你的棉球沒有丟中卡片，你也必須說出所選擇的卡片內容。如果選了「為什麼」卡片，成員可以問房間裡的任何人一個問題，被指定的人則必須回答這個問題，不能顧左右而言他，也不能用問題來回答。他們必須等到輪到自己時，才可以反問（就是瞄準『為什麼』卡片）。至於其他卡片，則是由投擲棉球的人自己來回答。」

在遊戲的尾聲，或是單獨和父母會談時，可以問以下的問題：

1. 聽到你的小孩、手足或是父母問了或說了什麼時，你感覺如何呢？
2. 聽到你的小孩、手足或是父母回答你的問題時，你感覺如何呢？
3. 聽到他們對你的回答，你感覺如何呢？
4. 如果可以，你想要更改這個遊戲的哪個部分？
5. 還有什麼事，是你想要分享給你的小孩、手足或是父母知道的？

討論

這個活動提供一個可以彼此討論的空間來讓成員分享訊息，促進成員間的開放溝通。這個結構性的活動強迫成員去傾聽；對原本不被聽見或不受重視的孩子來說，在活動中被聽見或被看見時，這是很有力量的。這個活動同

樣提供動覺和感覺上的刺激，有動作、有玩水，還有投擲。

　　治療師可以參與遊戲提供示範，或是引導家庭成員方向。治療師必須注意這個活動的歷程，同時也要留意家庭成員的口語表達以及反應。如果某個家庭成員「卡住了」、變得被動攻擊、明顯不安或是心不在焉，治療師可以適時介入，邀請他／她丟一個棉球，然後，治療師會詢問某個成員「為什麼」。例如，為什麼這很困難？——他們對於活動的進行或者所接收到的回應感覺還好嗎？

　　在進行活動之前，先單獨和父母會談是相當有用的，這可以了解他們對於治療的期待，以及孩子或青少年可能會帶來的議題。要確保孩子都能在安全的環境與氛圍下表達他們的想法與感受，因此幫助父母親理解這遊戲的重要性及價值非常重要。

關於作者

　　Brijin Gardner，具有 LSCSW、LCSW、RPT-S 等背景，是一位堪薩斯市地區的臨床社會工作師。她在校園裡持續和被診斷為行為障礙及情緒困擾的孩子工作，擅長於和兒童、成人以及家庭工作。她也提供遊戲治療的訓練和督導，並數次在遊戲治療學會年度會議、國際遊戲治療會議發表。她也寫了有關她與團體、青少年以及她的遊戲治療應用（Theraplay® applications）的文章和書。

瓦伯傑克島

Ken Gardner 與 *Lorri Yasenik*

目標

- 增加父母親與孩子的契合程度
- 增進父母親對孩子情緒需求／狀態的敏感度和反應
- 辨識出目前家庭的適應力和凝聚力的程度
- 提供家庭一個有趣的情境來讓彼此互動、工作,以朝向一個共同的目標

媒材

- 一張大毯子,讓所有家庭成員都可以舒服地坐在上面
- 圍巾——每位成員都有一條
- 角色扮演帽子——每位成員都有
- 六張書面紙(8.5×11 吋)
- 故事順序卡(如附件)
- 西卡紙或十張索引卡
- 糖果／獎勵——每位成員一個
- 小小的寶藏箱或禮物盒(選擇性)
- 釘書機

事前準備

把毛毯鋪在地上,以便於家庭成員可以一起舒服地坐在上頭。

用五張書面紙畫上腳丫子或踏腳石的形狀;在第六張紙上畫上一個大「X」來表示寶藏所在之處。把這些踏腳石的紙排成一直線,從毛毯的一端開始向外延伸,盡頭再放上畫了「X」的紙。

把糖果／獎勵放在寶藏箱或是禮物盒裡,再把盒子放在有標記「X」的

紙上。

把帽子放在地毯旁，預留一頂帽子給父母親，特別標註那是一頂船長帽。

將故事順序卡影印到書面紙上，分別裁下，或者是謄寫到索引卡上。把這些故事順序卡從 1 到 10 排序好並釘在一起，最後放進船長帽裡。

活動說明

讓父母預作準備，先翻閱家庭指令（見下文）以及十張故事卡，以便帶領活動。請父母想想，如何將故事說得「有生命」且／或栩栩如生，以便讓每個成員都能融入故事中。強調父母親可以根據家庭成員的回應來擴展或縮減故事的片段。重要的是，在這個活動的尾聲，身為船長的父母親，不僅要提供特別獎勵給每位成員，還要幫助家人或「船員」一起努力，統整出全家人的一項期待。

治療師為家庭成員朗誦以下的指令：

「你們將要進行一趟特別的航行，去一個非常美好的島嶼，叫做『瓦伯傑克島』。這艘船是專為各位打造的。讓這艘船前進的方式就是大家圍坐成一圈，每個人握住圍巾的尾巴然後串在一起，就像是條大項鍊。你在圓圈裡手擺動得越快，船就前進得越快；如果要船慢慢前進，手就擺動慢一點，擺動的弧度越小就越慢。現在準備出航，在船上找個地方坐下，並用圍巾將大家串在一起吧（治療師指向毛毯）。最後，戴著帽子出發，這可能會派上用場，只不過，要由船長指派才行。所以船長，請幫每位船員挑一頂帽子吧。這頂最特別的帽子：船長帽，裡頭有前往瓦伯傑克島的指令與線索，有了它，才有辦法找到寶藏。」

讓船長（父母親）大聲唸出故事順序卡的內容，帶領接下來的活動，分配每位船員工作。

在這趟旅行結束之後，提出下列問題以促進討論：

1. 在這趟旅行中，什麼是最有趣的部分？

2. 什麼是你對瓦伯傑克島的期待？

3. 如果這個期待的某個部分實現了，你是怎麼知道的？

4. 如果你明天要去一趟小旅行，你會想去哪裡？你想跟誰一起去呢？

5. 你如何跨越所有的障礙，例如隧道、瀑布或是大海浪？

6. 船長，你知道這些帽子為每位成員發揮了什麼作用嗎？

7. 在你們一家人的生活中，你怎麼提醒或告訴其他人，你需要他／她的支持，或是你想和他／她一起做事呢？

討論

這個活動提供很多機會去檢視依附行為，例如尋求親密感或親近、敏感合宜地回應孩子的情緒或需求、提供滋養的回應。就結構／系統觀來說，指派領導者或船長的角色給父母是刻意設計的，目的是要他／她協調任務或活動（特別是家庭互動及家庭工作）以便完成一項期望、找出「合適」的帽子給每個成員，以及同理每位家庭成員的情緒。

這個活動的尾聲，提問會使得家庭成員間的討論變得更容易；這些問題也成了父母的溝通工具，說出每個家庭成員的獨特之處，以及他／她以「船員」的身分共同努力時所展現出的能力。

治療師在觀察及跟隨活動的過程中，也要隨時準備提出自己的意見，將家庭成員在旅途中互相支持的情形反映出來，並適時擴展或延伸成員的情緒及互動，以便指引父母看見家庭互動中所傳遞出的安慰、安全、支持，以及安心的需求。

關於作者

請參見第 178 頁。

 附件　**瓦伯傑克島**：故事順序卡

卡片1：「我們正要進行一趟特別的航行到瓦伯傑克島。到了島上，我們將有機會獲得瓦伯傑克的寶藏。」

卡片2：「我們在船上，海面風平浪靜。抓住我們的圍巾，在船中圍成一圈，讓我們順著海浪慢慢划槳前進。」

卡片3：「一些雲緩緩飄過來，下了一陣小小的太陽雨。為了保持乾燥，讓我們舉起圍巾做成的屋頂來避雨。」

卡片4：「小心！前方有大浪，還有急流！大夥兒握緊自己的圍巾划快一點，趕快穿過這些大浪。」

卡片5：「我們的船越來越靠近小島了……可惜不是瓦伯傑克島。看！那裡有很大的瀑布，我們要從瀑布底下穿過去。我們要緊緊靠在一起做一個堅固的屋頂，才有辦法保持乾燥。」

卡片6：「哇，這趟路途好遙遠，我們要喝點水。誰有帽子可以拿來讓我們舀水喝？」

卡片7：「我們已經穿過瀑布了，只剩下最後一個隧道就可以到達瓦伯傑克島了。這個入口很小，我們最好靠緊一點、彎下身體，才能進得去。」

卡片8：「我們已經找到瓦伯傑克島的入口了。大家一起下船，跟著腳踏石去找到藏寶的『X』。」（每個人都要幫忙彼此下船。）

卡片9：「這張卡片（找到畫有『X』的地方）說：船長要給每個人一個瓦伯傑克島的特別獎勵。」

卡片10：「最後，讓我們手挽著手，一起為我們家許個願。」

穿我的鞋走一哩路

Alison Smith

♥ 目標

- 鼓勵家庭成員分享彼此的情緒和觀點
- 增進同理家庭成員的能力
- 增進家庭成員間的開放溝通
- 增進家庭凝聚力

♥ 活動說明

　　詢問成員他們是否有聽過「穿我的鞋走一哩路（設身處地）」這句話。請成員分享他們覺得這句話的意思是什麼。為了鼓勵參與度，治療師先提出這句話可能的含意，例如：這句話是建議我們透過健行來運動？

　　解釋這句話的意思是：「理解並進入他人的經驗與情緒」。指的是人們在生活裡有時會遭遇一些我們沒有覺察到的狀況，而這些狀況影響到我們和對方的關係。

　　接著，請所有成員站起來並脫掉鞋子，請他們把鞋子放在自己的前面。接著讓成員「交換」鞋子穿。意即給家庭成員穿太小或過大的不合腳鞋子。要注意，請給小孩穿平底鞋以避免受傷。

　　邀請成員穿上鞋在房間裡或是沿著走廊走一圈。提醒每個人要緩慢、小心地走。成員們穿上別人的鞋或許會走得很辛苦。

　　當成員穿上別人的鞋時，鼓勵他「成為」那雙鞋子的原主人。他們可以在言行舉止上，或是和他人的互動中，表現出鞋子主人的樣子。穿上別人的鞋子扮演他／她的樣子，重現家庭裡近日的爭吵或爭執，這對家庭成員可能有所幫助。在所有成員都試過之後，請他們回到原來的地方並穿回自己原本的鞋子。

幫助成員去處理他們所經驗到的情緒和想法。以下的歷程提問可以引導成員討論：

1. 當你穿著別人的鞋子走路時，你的感覺如何？

2. 穿著別人的鞋走路時，什麼部分是最困難的？

3. 穿著別人的鞋走路時，什麼部分是最有趣的？

4. 當你穿上某人的鞋子成為那個人時，感覺怎麼樣？是什麼使這個人感到快樂？是什麼讓這個人感到痛苦？

5. 現在，你覺得「穿我的鞋走一哩路」這句話指的是什麼意思？

6. 今天你從其他成員身上學到了什麼？

❤ 討論

這個活動幫助家庭成員去建立同理心以理解並進入其他人的經驗中。透過真實地穿著別人的鞋走路，使成員去思考其他人可能遭遇的痛苦、掙扎。這個活動增加家庭成員的敏感度和理解他人的觀點，進而使家庭關係變得更為真誠。

家庭衝突通常肇因於忽略他人的感受與觀點。此活動幫助家庭成員去思考為什麼家人在某些情況下會那樣回應。透過這個活動，既有的觀念與固有的思考模式會被討論及挑戰，也鼓勵家庭成員去注意到新的觀點。當家庭成員投入經驗性的活動，同理心因而建立。

關於作者

Alison Smith，具有M.S.背景，是位印第安納州印第安納波利斯兒童與青少年治療師。她具有校園諮商師執照，提供個人、團體和家族治療。她具有印第安納波利斯大學學士，以及印第安納大學學校輔導碩士學位。

他們會怎麼說？

Greg Lubimiv

❤ 目標

- 評估家庭關係與動力
- 辨識出造成問題行為的家庭互動模式
- 增進家庭成員間的開放溝通
- 分享家庭衝突所產生的感覺
- 增進家庭凝聚力

❤ 媒材

- 字詞填空範例（如附件）
- 索引卡
- 彩色筆
- 遊戲，例如疊疊樂、鱷魚醫生（Crocodile Dentist™）、海盜桶（Pop Up Pirate™）
- 紙
- 筆
- 獎品（選擇性）

❤ 事前準備

　　家庭成員分別創造二十到三十句的字詞填空，這些句子只能有一個答案。確保這些句子適合家庭成員，而且有適當的答案。範例問題見附件。

　　將這些問題寫在索引卡上。把卡片放在桌上，面朝下，以便於家庭成員拿取卡片。

創意式 家族治療

🏠 活動說明

　　家庭成員進行需輪流玩的遊戲，例如疊疊樂、鱷魚醫生、海盜桶，遊戲的每一輪時間要短，才不會讓家庭成員等太久。也要注意該遊戲必須適合每個孩子，要讓最小到最大的孩子都可以玩。

　　決定哪個家庭成員先開始；若是難以決定，擲骰子、猜拳……任何可以選出第一個人的方式都行。接著以順時針的方式輪流。

　　當積木塔倒下或是海盜彈出來，就算是一回合結束，該成員就必須從字詞填空的卡片裡抽出一張卡，並且大聲地唸出該句子作為題目。如果該成員無法誦讀，則由治療師代為唸出。抽卡的成員要秘密地寫下他／她的答案，其他成員必須猜測該成員寫的答案是什麼，並寫下來。這就是為什麼這個遊戲叫作「他們會怎麼說？」。如果孩子不會寫字，他／她可以輕聲地告訴治療師，治療師便將答案寫在一張紙上。要確保不被看見。等到所有人寫下自己的猜測後，才會公布答案。答對的人可以得一分。這個遊戲很重要的規則是：「不論答案是什麼，都得接受」。

　　直到每個人都玩到預定的回合數之後，這個遊戲就結束。

　　一旦家庭的投入程度夠高了之後，就可以更深入地去探索家庭的反應（答案）。例如，在回答「當我生氣時你會知道，是因為我……大叫」這問題時，治療師可以接著詢問「還有誰在家裡也會大叫呢？」。

　　如果家庭成員對某個答案感到不開心，提醒他／她遊戲規則並給予支持，或是邀請其他成員提供一些支持或安慰。

　　活動結束時，得分最高的人就是贏家。也可以鼓勵家庭成員得到一定的總分，降低遊戲的競爭性。如果有二十題問題且有四位成員，那麼最高分即為 60 分（因為每個人不能去猜自己設計的問題）。訂一個全家人都可能達到的分數，在這個例子裡，總分 30 分就算全家人獲勝。在下一場遊戲裡，可以提高目標分數以增加遊戲的挑戰性。

　　在遊戲結束之後，可以透過以下的問題來進行討論：

　　1. 你覺得最有趣或是最感到驚喜的回應（答案）是什麼？

2. 這個遊戲透露出你最了解／最不了解誰？

3. 你最喜歡這個遊戲的哪一個部分？

討論

這遊戲讓家庭成員投入其中，並幫助他們更加開放地溝通。遊戲是和家庭工作的有效工具，如同 Schaefer 與 Reid（2001）所強調，遊戲「讓人卸下心防，不必在社會規範下壓抑個人情緒、想法及態度的表達。因此在遊戲過程中，個人會有較高程度的情緒涉入」。

在這個遊戲中，問題的順序與節奏很重要，先從中性的問題開始，接著才是情緒風險較高的問題，最後則是以引發愉快情緒的正向問題，作為結尾。

遊戲中使用獎勵是選擇性的，不過，當成員獲勝可以獲得獎品，能提升成員們的投入程度。

參考文獻

Schaefer, C.E., & Reid, S.E. (2001). *Game play: Therapeutic use of childhood games*. New York: John Wiley & Sons.

關於作者

請參見第 67 頁。

附件　他們會怎麼說？：字詞填空範例

- 我最喜愛的顏色是……

- 我最喜愛的食物是……

- 我最喜愛的水果是……

- 我最喜愛的蔬菜是……

- 我最喜愛的冰淇淋口味是……

- 我最喜愛的動物是……

- 我最喜愛的電視節目是……

- 我最喜愛做的事是……

- 如果要從冰淇淋和蘋果派二選一，我會選……

- 如果要從散步和看一場好電影二選一，我會選……

- 在我們家裡，我最喜歡的房間是……

- 如果要從泡澡和淋浴二選一，我會選擇……

- 如果我可以選擇頭髮的顏色，我會選……

- 如果有人罵我，我會感到……

- 當我做了噩夢，我第一個傾訴的人是……

- 在我家，最樂於助人的人是……

- 在我家，最容易生氣的人是……

- 在我家，最容易哭泣的人是……

- 在我家，最容易哈哈大笑的人是……

天氣如何呢？

Laura Lazarus

❤ 目標

- 辨識以及表達一系列的情緒
- 增進家庭成員間的開放溝通
- 增進家庭成員間的理解
- 在討論火爆話題時，逐漸減少緊張與衝突

❤ 媒材

- 紙
- 著色媒材，如彩色筆、色鉛筆、蠟筆等等

❤ 事前準備

為每位家庭成員安排一個平坦空曠的繪畫空間。切記，每位成員的畫圖紙不要被其他成員輕易看見。紙張及彩色筆的擺放要讓成員們容易拿取。

❤ 活動說明

引導家庭成員如下：

「請你畫一張有關天氣的圖，用來表示你最常有的情緒。天氣有很多類型（如晴天、陰天、濃霧、下雪、雨天……），所以情緒也有很多種類。你的圖畫裡可以同時出現二至三種天氣，因為你可能會在同一時間裡感受到不同的情緒。你可以使用這裡的任何畫畫媒材來畫你的天氣圖。」

跟成員說明這是創造性的嘗試，創作的過程並無對與錯。

對於年幼的孩童，舉例說明天氣和情緒的相似之處（例如，雷雨可能象徵憤怒）。

在畫畫過程中，不鼓勵討論也不鼓勵觀看其他家庭成員畫些什麼。給成員足夠的時間很重要，以便於他們有充分的時間完成自己的作品。

完成繪圖後，家庭成員和其他人分享自己畫了什麼，並討論圖畫裡呈現的各種情緒。

以下的提問可以幫助活動的進行：

1. 在你的畫裡，有哪些類型的情緒？

2. 在大家的圖畫中，有哪些相似的地方？

3. 透過這個活動，你從其他成員那裡學到些什麼？

4. 說說看你曾在什麼情況下經驗到畫中所表示的情緒？

討論

這個繪圖活動以創造性、不具威脅性的方式鼓勵家庭成員去表達情緒。透過各式各樣的天氣類型來象徵情緒，可以幫助當事人去辨識和表達情緒。圖畫可以用來當作跳板，以便深入討論他們的情緒，甚至在將來可以將他們熟悉的語言運用在會談裡（例如，「你今天的天氣是什麼？」）。

對於不擅長使用文字的家庭來說，使用藝術特別有用。Kwiatkowska（1967）認為，藝術具有間接的特性，可以降低溝通上的防衛與控制；家庭圖畫裡的象徵符號，則可以梳理出衝突的範圍。

當家庭成員分享自己的藝術創作，並注意到這些繪畫中的相似之處，自然而然會提升家庭的凝聚力。

參考文獻

Kwiatkowska, H.Y. (1967). Family art therapy. *Family Process*, 6, 37-55.

關於作者

　　Laura Lazarus，具有 MA 背景，在維吉尼亞州馬納薩斯的一間小學擔任日間處遇諮商師，她在那裡和情緒與行為障礙的孩子工作。她也和高風險兒童以及他們的家庭工作。她在華盛頓特區阿格西大學亞美利加專業心理學院（American School for Professional Psychology）獲得臨床心理學的文學碩士學位。她目前正在努力取得專業諮商師（LPC）執照。

當我……

Trudy Post Sprunk

目標

- 增進家庭成員間的開放溝通
- 改善傾聽的技巧
- 評估家庭的關係與動力

媒材

- 「當我……」工作單（如附件）
- 剪刀
- 鉛筆

事前準備

為家庭成員安排隱密、平坦的座位。複印多張「當我……」工作單。

活動說明

每位家庭成員要發給其他人各三張工作單，例如四口之家，每個人要有九張工作單。

以下列範例說明遊戲：當兒子對媽媽說「我愛妳」時，兒子請媽媽說出兩種情緒。然後請媽媽分享，當她聽到兒子對她說「我愛妳」時的兩種情緒，並討論她的經驗。

接下來，兒子問媽媽，當他打姊姊時，她會有哪兩種情緒。同樣地，媽媽就兒子的行為，分享兩種情緒並討論她的感受。這分享情緒與討論感受的步驟持續進行，直到每位成員都說過一遍。（譯註：在這範例中，出席的四人有爸爸、媽媽、兒子、女兒。兒子問完媽媽且獲得答案後，會再向爸爸、

姊姊提出相同的問題）

　　提出歷程問題，例如：

1. 當你的 ＿＿＿＿＿（媽媽、爸爸、姊妹、兄弟）告訴你，在你做了 ＿＿＿＿（例如，倒垃圾）之後，他／她的兩種情緒反應時，你的感覺如何？

2. 你覺得他／她會分享哪兩種情緒？

3. 什麼是讓你最驚訝的反應？

討論

　　在家族治療中進行「當我……」的活動，可以讓所有的家庭成員更容易產生有意義的互動和溝通。因為家庭成員被鼓勵以開放和誠實的方式向其他成員表達他的感受，所以每個人都是積極的參與者。在鼓勵每位成員清楚地表達情緒的同時，也要去覺察與接納其他人的情緒。傾聽、分享、接納、感受都是這個活動關鍵的要素，這些要素會增進家庭內部親密情感以及提升成員間的溝通。

　　在治療室裡，運用這些成功連結的關鍵概念，期望家庭成員能將此經驗類化，成為日常互動的模式。

關於作者

　　請參見第 29 頁。

附件　　　**當我……：工作單**

 範例

媽媽請您告訴我，當我：

1. 說我愛您

2. 打姊姊

3. 忘記去餵狗

的時候，您會有哪兩種情緒……

_____

_____

_____（家庭成員的名字）請你／妳告訴我，當我：

1. _____

2. _____

3. _____

的時候，你／妳會有哪兩種情緒……

_____

_____

_____

我的名字

我在你這個年紀時：
家庭的照片治療技術

Judy Weiser

♥ 目標

- 改善家庭成員間的溝通
- 父母親透過回顧自己兒時的模樣，增加對孩子世界觀的理解
- 鼓勵父母討論自己的童年細節，以增進孩子理解父母年輕時的希望、恐懼、情感和夢想
- 透過雙親與孩子理解彼此相似的童年感受、擔心、希望、經驗，來增加親子間的信任感
- 增進親子間的正向互動

♥ 媒材

- 高品質的照片影本，目前孩子幾歲，就找出雙親相同年紀的照片。如果找不到雙親在這年紀的照片，父母親可以「回憶」或「想像」他們童年的某個年紀，並畫出簡單的草圖當作照片來使用（註：使用原始的照片可能會不小心造成破損，最好採用影印複本）
- 訪談問題單（如附件）
- 筆
- 紙
- 錄影帶或錄音帶（選擇性）

♥ 事前準備

　　如果家庭成員在訪談期間圍在一起看照片成效不佳，建議掃描成電腦檔案並投影出來，以便於每位成員都可以清楚看見每張照片，或是使用影印機

放大這些照片，並貼在牆上。

　　事先考慮清楚父親或母親誰先開始接受訪談。理由是，這些問題對於第一個人是陌生新鮮的（在另一個人進行前，第一個人不曾聽過這些問題），當第二位進行相同題目時，他／她已經聽過，並有時間去準備（或預演）這些答案。同時也選出由哪個孩子先開始（按出生順序或是隨機挑選）。

　　同樣地，決定第一個孩子訪問第一位父母之後的流程要如何進行。例如，同一個孩子訪問另一位父母當年的照片，或是另一個孩子訪問第一位父母。

　　如果單次會談時間不足以讓所有的孩子訪問完父母親，治療師得先決定要怎麼做：讓全部的孩子在該次會談中訪問完雙親之一，或者是第一個孩子訪問完雙親後，接著再換第二個孩子從頭開始訪問。治療師必須決定最適合家庭狀況的進行方式，並在活動開始之前先向家庭說明有哪些程序規則。

　　回顧訪談的問題，視必要而調整，以符合家庭的特別狀況。給每位成員一張複印的訪談問題單，以便觀察（以及做筆記）每場親子間的訪談。

🏠 活動說明

　　這個活動的時間可長可短，活動時間取決於家中有幾個孩子，以及之後要討論些什麼，所以在規劃這個活動時要有彈性，以便於去設定時間。

　　提供每個孩子一張訪談問題單，並確保「記錄」訪談過程時，要有筆或是鉛筆可以寫。他們的任務是把認為重要的事情記錄下來，並在稍後討論。

　　向成員們解釋，當他們在看父母親當年在孩子這個年紀時的照片，家中的每個孩子將會去個別訪談父母，了解父母親當年是什麼樣子。每個孩子首先會問訪談單上的問題，問完清單上的問題後，孩子可以增加任何他／她想要問的問題。

　　如果被訪問的父母親不知道答案，可以明白告訴孩子他／她不知道，然後盡可能以直覺回覆一個趨近於真實的答案。父母親可以模仿他／她當年的童言童語來答覆，或者是以他／她成人的聲音來看著照片「話當年」。

　　親子訪談的過程中，不允許其他人談論、干擾或者隨意離開房間（除非

急著上廁所，則請那個成員必須安靜地離席）。如果治療師覺得需要引導或者是解說，那麼治療師可以介入。

　　孩子先從一般的問題開始訪談父母：「你在照片上的那個年紀時，生活是什麼模樣？」一旦父母親自發地說了個大概之後，孩子就可以接著問訪談單上的問題，以獲得更多的資訊。除非必要，否則治療師不應該打斷；對話本身的「信任之流」（trusting the flow）是相當重要的。儘管如此，在必要的時候，治療師還是得溫和提醒父母親與孩子，訪談裡的感覺和想法一樣重要；父母親在分享每個答案的「理由」其背後的想法時，說說和它有關的感覺，也同樣有幫助。

　　如果他們想要的話，孩子與父母親可以做筆記（但並非必要），而在場的其他人應該要做筆記。

　　在孩子問完訪談單的所有問題後，任何浮現在腦海中的問題都可以提出。

　　在訪談結束之後，就可以進行兩階段的討論：兩位參加者先行「回饋」（de-briefing），接著邀請其他人分享他們的觀察、想法、情緒以及洞察。

治療師可以問孩子：

1. 你的父母親在你這個年紀時，和你有什麼相似／相異的地方？
2. 在你父母親跟你相同年紀的那個時候，他們當時的生活讓你學到了什麼，而這些是你之前都不知道的？
3. 父母有什麼樣的回答讓你感到驚訝嗎？如果有，那是什麼？
4. 父母有什麼樣的回答讓你難過或不安嗎？如果有，那是什麼？
5. 你的父母描述了什麼樣的感覺呢？
6. 你父母當年的樣子，以及今天家庭正努力解決的問題，兩者之間有什麼關聯？
7. 你有其他想要問的嗎？或是告訴你的父母親你今天在他們身上學到了什麼？

治療師可以問父母親：

1. 你孩子的童年生活和當年的你，其中有什麼不一樣？

2. 有什麼是你當年並不真的了解，而現在終於明白的事呢？有什麼事讓你心煩或是驚訝的？

3. 在談論你自己時，有察覺到什麼情緒嗎？你在那個年紀時，何以有那種感覺？

4. 在你現在的生活中，是否曾出現那些童年的感受？

5. 你當年的生活樣貌，以及你的家庭今天正努力解決的問題，兩者之間有什麼關聯？

6. 今天你和孩子分享了這些事之後，有什麼想要問或告訴他／她的嗎？

接下來觀察者可以發言並提出問題。當他們說話時，不應該打斷他們。當他們說完後，治療師可以催化成員彼此間的討論。

上述過程可以根據治療師所選用的最佳方法而重複。也就是讓另一個孩子去訪談同一位父母，或是讓第一個孩子再去訪談另一位父母，然後才輪到下一個孩子去訪談。

討論

這個活動的設計，讓父母與孩子在刻板角色的連結之外，還以更為完整的個體彼此相遇。

「照片治療」（PhotoTherapy）在治療上的價值是，當你凝視或回想起一張照片時，照片裡的那個時刻便立即「歷歷在目」了。當你看到照片，就彷彿那些事正發生在眼前──以三度空間觀看著那景象彷彿栩栩如生，你就好像在那張舊照片裡，你可以意識到你的眼睛有如相機鏡頭──即便那已是數十年前拍的照片。

觀看者的身分，在和照片相遇的「一瞬間」，立刻「存在」於照片之中，無意識地將他／她自己的任何感覺和記憶連結到那個時刻──不論這照片是出自他／她曾經歷過的生活，或是從未看過、卻回憶起相關的情境，這些都是在無意識的狀態下，觸發了那些鑲嵌在記憶裡的感覺。

這就是邀請參與者去看這些真實照片以及接受訪談的理由，就如同他們正處在那個年紀當中，而不是請他們回顧過去的事。讓父母親去**處在**他／她

當年那個時刻，並且去觀看那個世界（以及回答問題）是很重要的幾分鐘。請成員去說故事以便於交代他們當時生活的照片，將會發展出不同的（以及更深入的）訊息，這遠比僅是請他們聊聊過去來得更為豐富。

當父母花時間去思考**在**某個年輕歲月（當年的樣子、感覺如何、以有限的觀點看複雜的事情、不知所措地處理情緒、當年的處境和此刻孩子的情況相似……），這有助於他們更理解孩子也處在相同的發展歷程，進而以孩子的眼光（及年紀）看待事情。

同樣地，孩子知道了他們的父母親也曾年輕過、偶爾犯傻、有時做事也得不到父母的認同，這可以幫助孩子理解他們的父母親也都是人，他們父母親的身分也是由許多父母親角色以外的部分所組成。把這些學習經驗結合起來，可以幫助參與者超越單純只是父母與子女的限制，鼓勵他們更完整地看見對方、視彼此為獨特的個體，進而在未來對於對方有更好的理解。

當聊到父母親年輕時的老照片，父母親和孩子通常會分享快樂的經驗，使他們更靠近彼此。這過程產生更多的信任連結，特別是因為這段歷程中獲得其他成員的見證——他們在現場見證了新的真實。

雖然治療師通常可以比成員更快或更深入地察覺這些模式以及互動的動力，只不過在聽到治療師的觀點之前，先讓家庭成員分享他們的意見還有結論，會更有治療的效益。活動之後的討論，很容易超過預期的時間，所以治療師對每段活動的時間結構要更為留意，確保有足夠的時間可以給家庭成員回饋，以便於畫下美好的句點。

為了將來可以觀看，將會談錄影下來是滿理想的（對於之後的治療會談以及家庭的歷史），但使用錄影或是播放器材並不是必需的。即使真的錄影了，「記錄者」（譯註：指前面提到的「觀察者」）仍應該持續地寫下他們的意見以及想法。

參考文獻

Weiser, J. (2004). PhotoTherapy techniques in counseling and therapy: Using ordinary snapshots and photo-interactions to help cli-

ents heal their lives. *The Canadian Art Therapy Association Journal, 17(2)*, 23-53.

Weiser, J. (2002). PhotoTherapy techniques: Exploring the secrets of personal snapshots and family albums. *Child & Family. Journal of the Notre Dame Child and Family Institute, 5(3)*, 16-25.

Weiser, J. (1999). *PhotoTherapy techniques: Exploring the secrets of personal snapshots and family albums* (3rd ed.). Vancouver, BC: PhotoTherapy Centre Press.

Weiser, J. (1988). PhotoTherapy: Using snapshots and photo-interactions in therapy with youth. In C.E. Schaefer (Ed.), *Innovative interventions in child and adolescent therapy*. New York: John Wiley & Sons.

關於作者

Judy Weiser，具有 R. Psych、A.T.R.背景，是照片治療中心（PhotoTherapy Centre）創始人以及主任，也是一位心理學家、藝術治療師、諮商師、培訓師，和照片治療技術（在治療過程中，使用個人及家庭快照，進入案主的情緒與經驗）的先驅。她是*PhotoTherapy Techniques: Exploring the Secrets of Personal Snapshots and Family Albums*的原作者（目前已經是第三刷），以及這主題的眾多專業文章、書籍章節，還有錄影帶／DVD 的作者。她也創立了第一手的資訊來源和架設這個領域的網站（*PhotoTherapy Techniques in Counseling and Therapy*），以及一個討論區和臉書群組。她被認為是照片治療技術的世界權威，過去的三十年當中，她在全球超過五十個城市裡，辦了三百場以上的工作坊、講座，並大力推廣照片治療的技術，以及療癒攝影（Therapeutic Photography）之相關應用。

我在你這個年紀時：
家庭的照片治療技術：訪談問題單

　　請照片裡的那個孩子，回答他／她當年生活的問題（如下所列），也請他／她說明為什麼是這個答案的理由。

　　每個問題應該用這句話開始，「當你在我現在這個年紀的時候，[接著底下的問題]」？

1. 再次看到這張照片時，在腦海中有沒有浮現什麼回憶或故事？
2. 現在你再看到這張照片時，勾起你什麼感受？
3. 當你在玩的時候，什麼是你最喜歡的？
4. 你最喜歡什麼食物？你最討厭什麼食物？
5. 誰是你的「死黨」，和他／她相處的感覺如何？
6. 你和兄弟姊妹的相處情形如何？
7. 你希望長大後成為什麼？
8. 你喜歡上學嗎？什麼是學校最好和最壞的部分？
9. 放學後或週末你都做些什麼？
10. 你比較喜歡獨處，還是與人相處？為什麼呢？
11. 當你的父母不在你身邊時（或者當他們不知道你要去哪裡時），你會想去哪裡？
12. 在這個年齡時，你有什麼樣的煩惱？你是如何解決的？
13. 在那個時候，你的家庭有遇到什麼困難嗎？如果有的話，他們怎麼解決的？
14. 你被要求做什麼家事？你總是做那些家事嗎？如果你不做，會怎樣呢？
15. 你需要服從什麼家規？你最討厭哪些家規？
16. 你做了什麼事情會讓你的父母修理你？
17. 如果他們對你生氣或不高興，他們會怎麼做？
18. 你最擔心什麼？什麼會嚇到你？什麼是你最害怕的？以及，你如何應付這些事？

19. 什麼事會讓你快樂？悲傷？無聊？

20. 什麼事會讓你最生氣，以及你是怎麼表達生氣？

21. 你有沒有動手打過人？有沒有人打過你？當時是什麼情況？

22. 什麼事情會讓你哭泣？

23. 當你心煩或哭泣時，你會找誰安慰你，並且讓事情好轉呢？

24. 你認為你的父母比較關心（或更喜歡）你──還是你的兄弟姊妹其中之一？為什麼？

25. 你會想要花更多的時間與媽媽或爸爸相處？為什麼？

26. 這張照片是否是你當年的真實寫照？如果不是，需要改變什麼，以使這照片更加真實？

27. 照片上是否少了些什麼？如果可以添加什麼來讓當時照片中的你更為完整，你會加上什麼？

28. 關於這張照片，你還有其他想要告訴我的嗎？

❤ 荒野步道

Madhu Kasiram

❤ 目標

- 建立多種層級的治療關係：治療師與個案之間、家庭成員之間、不同家庭之間
- 共同見證奇蹟
- 共同協商困難

❤ 媒材

- 可進入的荒野步道
- 適當的健行裝備，如鞋子、外套、帽子等等

❤ 事前準備

找出多條適合家庭成員步行並且有自然「景觀」（wares）的步道。

❤ 活動說明

向家庭（或眾多家庭）說明他們將會一起行走步道，體驗自然景觀，並在步行中分享他們的經驗。告知他們在步道上必須為自己的任何需求負起發聲的責任，例如，需要休息。

治療師也會和家庭成員們一起健行，利用不同的自然景點去刺激成員們討論，並鼓勵成員去傾聽其他成員的想法。在步行的過程中，治療師可以透過以下的問題和評論來促進討論：

1. 聊聊這個東西／岩石構造／夕陽等等。

2. 鼓勵參與者去比較和討論其他成員的觀點。

3. 上述的自然景觀讓你聯想到自己的什麼生活情況呢？

4. 從自然中你學到了些什麼，可以用來因應你的困難呢？

治療師的問題與評論或許可以鼓勵成員自發地說個故事，或者說出一些克服困境的隱喻故事（Thulani, 2004）或是讚嘆勝利。

治療師在步行過程中，不會特別指定地方或角色，就像是依循大自然的法則，參與者會自行產生各自的領導風格以及參與風格。然而，為了確保每個人都能有意義地參與活動，以及每個人的故事及／或角色都獲得適合的肯定，治療師可以謹慎運用敘事治療、結構派或米蘭（Milan）家族治療的理論架構。

討論

後天免疫不全／愛滋（HIV／AIDS）和貧窮這對孿生的不公平現象，不但在亞撒哈拉地區出現，也確實存在於南非（Kasiram, 2009），這使得和新興家庭結構的工作格外有意義，卻也充滿挑戰（Mturi & Nzimande, 2006）。這些家庭可能特別需要「產生希望」（Weingarten, 2000），因為他們生活裡沒有希望，這樣的情形可能源自於成人多樣性的責任。這鼓勵治療師用創造性的方式去看見「盒子以外」的東西，並和這樣的兒童及家庭進行有意義的連結。

南非的氣候、地景以及大量的自然資源，以各種不同的方式形成一個沒有歧視、容易接近的環境。來自家族治療、團體工作、社區工作等不同場域的實務人員，他們運用當地自然景觀，留下了豐厚的收穫（Brink, 2000; MacDowell, 2004; Thulani, 2004）。大自然的溫暖、藍天以及開闊舒適的景色，舒緩參與者的心靈，特別是心胸開放、不質疑各種處遇「動機」的兒童最為受用。

在大自然的懷抱中，如同一家人般地行走，接近並強化彼此的關係，特別是共同目睹了大自然的奇觀後，參與者很難無動於衷。在荒野中行走時，鼓勵成員發展出有意義的關係，既是任務也是過程目標（Miller, 2010, http://www.talkingcure.com），當成員面臨困難與挑戰時，這樣的關係可以協助家庭找到方法一起工作。

參考文獻

Brink, J. (2000). Take a walk on the wild side. Workshop presented at the 8th International Conference, South African Association of Marriage and Family Therapy, Cape Town.

Kasiram, M. (2009). Trauma, HIV/AIDS and healing: What can a systems overview and family therapy offer? Plenary paper presented at the International Family Therapy Association Conference, Portoroz, Slovenia.

MacDowell, M. (2004). The spirit of wilderness: The benefits of a wilderness trail for child-headed families. Paper presented at the 9th International Conference, South African Association of Marriage and Family Therapy, Durban.

Miller, S. http://www.talkingcure.com accessed 25/05/2010.

Mturi, A.J., & Nzimande, N. (2006). Exploring the link between changing family patterns and HIV/AIDS in South Africa. In M. Kasiram, Partab, and B. Dano (Eds.), *HIV/AIDS in Africa: The not so silent presence*. Durban: Printconnection.

Thulani, Z. (2004). Wilderness diversions. Paper presented at the 9th International Conference, South African Association of Marriage and Family Therapy, Durban.

Weingarten, K. (2000). Witnessing, wondering, and hope. *Family process, 39*, 389-402.

關於作者

　　Madhu Kasiram，具有博士背景，是夸祖魯─納塔爾大學社會工作系教授。她關注的領域是調整傳統的家族治療理論和技術，以符合南非的文化脈絡。在該地，微系統策略經常是無法負擔的奢侈品，因此她偏好以社區為基礎，或是將其他發展模式融入實務工作，包括如何在家族治療的典範架構下，有創意地融入多重系統。

創造世界（創世主）

Christopher Belous

♥ 目標

- 增進家庭成員間的了解
- 增進家庭成員間的溝通
- 辨識出家庭成員間相似、可以相容的特質

♥ 媒材

- 彩色筆
- 大張的紙（每位成員一張）

♥ 事前準備

　　為每位成員安排一個平坦的繪畫空間。每位成員的畫圖紙不被其他成員直接看見是很重要的。將彩色筆放在成員們可以輕鬆拿取的位置。

♥ 活動說明

　　向成員們說明接下來的活動將會探索他們的主觀經驗和溝通模式。同樣地，跟成員說明這是創造性的嘗試，創作的過程並無對或錯。

　　提供每位成員紙與彩色筆。說明活動如下：

「在你的紙上，請你畫出屬於你的世界。盡其所能地詳細畫出最能表現出你是誰以及你所想的世界之樣貌。你可以使用各種顏色、選擇你想要的風格與技術。你可以畫很多陸地、海洋，以及其他你所要的事物。在你的世界裡，你可以有居民和重要的活動。如果在你的世界裡，加上標註說明每一件人事物，我會很感激，這也會讓我們稍後的討論更加容易。記得要在你的世界加上某種溝通模式，例如每個人如何和其他人溝通——有些人可能會畫出電話

343

線、人造衛星，有些人可能會畫出電話亭。這決定權在你。」

在畫畫過程中，不鼓勵討論也不鼓勵觀看其他家庭成員畫些什麼。要點是讓家庭成員盡可能畫出完整而獨特的世界，不會受到其他成員的影響。給成員足夠的時間讓他們可以繪製完他們的世界是很重要的。

在完成之後，家庭成員可以觀察其他成員的圖畫。請每個成員擔任他／她自己星球的導遊，帶領一個「旅程」。

以下的提示和提問可以幫助活動的進行：

1. 這世界、城市、陸地的名字是什麼？

2. 這世界有哪些獨特的地方？

3. 這世界是如何溝通的？如何與其他世界連結？

4. 這世界是否有任何自然資源（如水、土地、山、天氣、動物、植物）？

5. 這世界的重要居民是誰（如家人、陌生人、朋友、其他重要的人）？

6. 這些物體的顏色、形狀或大小有什麼特別含意嗎？

7. 這物體所在的地方有任何特別的意義嗎？

8. 這世界有邊界嗎？這些邊界有清楚的界線嗎？或者模糊？不存在？

9. 誰控制了這世界的不同區域？是區域裡的人？還是其他人？

10. 你（當事人）在這世界的什麼地方？

11. 誰住在什麼地方呢？

12. 這裡危險嗎？有的話，誰身處危險之中呢？有保護者嗎？

13. 這個世界有法律嗎？誰制定法律？誰服從法律？誰維持法律呢？

也可以自由地增加其他問題，探索成員這些答案背後的想法與情緒。

♥ 討論

家族治療最常出現的共同議題之一就是溝通。這個活動可促進家庭成員間的溝通和積極傾聽。本活動讓家庭成員熟悉其他人的世界觀，並提升對彼此的理解程度。

這個活動給予成員能力，以自己所感知的方式，詳細描述他們所生活的

世界；也幫助成員去傳達生活中重要的事。

　　同樣地，這活動可以當作治療師的評估工具，思考家庭過去的重大創傷議題、目前的界限、關係向度（連結與孤獨感）以及溝通能力。這讓治療師去發掘重要事件，並決定未來的處遇介入。

關於作者

　　Christopher Belous，具有MA、LLMFT、CFLE、CCT等背景，目前是密西根州立大學的伴侶與家族治療研究所博士生。他是認證家庭生活教師，並在密西根州立大學教育學院獲得大學教學的認證。他積極投入個人、伴侶和家庭的臨床工作與研究。

♥ Yuehong 沙遊鼓勵法

Yuehong Chen Foley

♥ 目標

- 評估家庭的關係與動力
- 增加家庭成員間的正向溝通與互動，例如心平氣和地對話、傳達清楚的訊息、進行眼神的接觸、傾聽、輪流說話以及遵守規則
- 透過練習鼓勵的技巧來增加家庭凝聚力，例如給予有意義的稱讚以及貼切的讚美

♥ 媒材

- 裝著半滿沙量的沙盤
- 小箱子
- 代表不同種類的小物件或是小雕像，例如人、動物、植物、建築物、交通工具等等
- 桌子和數張椅子
- 一張大的紙
- 膠帶
- 彩色筆
- 紙
- 筆
- 拍立得或是數位相機
- 印表機

♥ 事前準備

　　將小物件或小雕像放置在小箱子裡，以便家庭成員可以輕鬆地傳遞使

用。將一張大的紙黏貼在牆壁上。這張紙是用來記錄家庭所創造的故事。

✿ 活動說明

　　治療師說明這活動，「我們來一起創造一個沙子世界、一起創作一個故事，然後要分享對彼此的讚賞。活動規則是：沙子只能在沙盤裡。在創造沙子世界的過程中，只有輪到你時，你才能摸這些小物件或沙子；只有輪到你說故事時，你才能說話。家庭成員要彼此稱讚，並將家庭成員所創造的世界拍下來。」

步驟一：一起建立一個沙子世界

　　請家庭成員坐著，以便他們都可以接觸到沙盤。向成員解釋活動的第一個步驟：「我們要在沙盤裡共同創造一個世界。每個人都有五秒輪流從小箱子裡選擇一個物件，並擺放在沙盤裡，接著將小箱子傳給下一個成員，在沒輪到自己時，請安靜地看，並等待。」治療師先在一開始的沙盤放置一個物件，或是邀請一位自願者先放一個物件。每個人都擺放了五、六個物件後，治療師說明：「現在停止擺放物件。安靜地看著沙子世界，並思考這沙盤裡的世界發生了什麼事。」

步驟二：一起創造一個故事

　　治療師說明這活動的第二步驟：「現在我們將創造這個沙子世界的故事。每個人輪流說一句話，這句話約在十個字以內。盡量從上一個人說的句子裡，挑一個字和你的想法連結。要大聲清楚地說以便於家庭成員複誦你的句子。」在每個人都輪完六次後，治療師說：「故事結束。」治療師可以將每句話寫在大張紙上，或者邀請一位自願的成員去寫下這些句子。

步驟三：讚賞

　　告訴家庭成員：「現在我們要輪流地稱讚對方，在輪到你時，你可以對每位成員說一句稱讚的話。如果你想要稱讚你的家庭日常生活，請等到你的

下一輪時再說；當你在稱讚某位成員時，你的眼神要跟該成員眼神保持接觸。嘗試用十個字以內的一句話來讚賞。你可以說說在擺放沙盤時，特別欣賞家庭中哪個成員，例如：你安靜地等待輪到你；你傾聽並小心地遵守規則；你傳遞小箱子時非常親切且迅速；我喜歡你的想法。」讓一位成員去寫下這些讚賞的話。

步驟四：把沙子世界拍下來

告訴成員們：「現在，我們把沙盤拍下來，然後列印出來，並且把照片放置在特別的相簿裡，之前說的故事和讚賞的話（用來記錄故事以及讚賞的紙）也一併放入。」

步驟五：活動之後，討論這個遊戲

和成員討論這個活動的過程如何。可以詢問以下的歷程問題：

1. 一起創造沙子世界和故事的感覺怎麼樣？
2. 你對彼此共同創造的沙子世界和故事，有什麼想法？
3. 接受和給予其他人讚賞的感覺如何？
4. 在這個活動裡，什麼是讓你們最驚訝、驚喜的？

討論

很多家庭關係是有問題的，因為他們用不尊重他人的方式互動，而且溝通技巧非常笨拙。這個活動提供家庭成員練習人際互動技巧的機會，例如傾聽、保持眼神的接觸、複誦、輪流說話、表達清楚的訊息、遵守規則，以及給予有意義的稱讚。在活動過程中，治療師可以強調正向的互動，強化家庭功能。

真誠地讚賞和稱讚的鼓勵形式，不但認可成員在家庭中的努力和成就，而且可以關注個人的優點與價值，甚至可以凝聚家庭成員的意見。在建立成員的自尊與良好關係的過程中，鼓勵促進了家庭成員的自我接納、信任他人，以及改變的勇氣（Adler, 1972）。

　　這活動同時也是一個很好的評估工具，提供家庭成員觀察彼此互動的機會。選擇沙盤的物件、表達故事的主題、擺完沙盤之後的討論，以及故事與現實家庭生活的連結，都可以提供家庭珍貴的洞察。

　　擺放沙盤是有療癒力的，因為在擺放沙盤的時間與空間中，會牽涉到多向度的動覺、引導想法及情緒的想像與經驗，並且打開案主的能量與自身的知性、靈性、心靈、身體連結（De Domenico, 1988）。在家庭成員的彼此接納下，去創造、分享、領悟沙盤的過程，提供家庭成員許多機會去體會內在世界與外在世界的和諧。有結構的活動，則提供了家庭成員一個安全、有秩序的環境，開始他們的療癒之旅。

　　對於這個活動而言，共同說故事是一種額外的治療向度。共同說故事會發展人際互動的技巧以及建立家庭的凝聚力。

參考文獻

Adler, A. (1927). *Understanding human nature*. Trans. W.B. Wolfe. New York: The World Publishing Company.

De Domenico, G. (1988). *Sandtray worldplay: Comprehensive guide to the use of the sandtray in psychotherapy and transformational setting*. Oakland: Vision Quest Into Symbolic Reality.

關於作者

　　Yuehong Chen Foley，具有 PhD、LPC 背景，是負責任兒童有限公司（Responsible Child, LLC）的創辦人及總裁。她為兒童提供遊戲治療，也提供親子治療給家庭。她在遊戲治療領域撰寫了大量的研究文章，同時也擔任學校的諮商師，並在公立學校待了七年時間，提供行為的處遇和介入。

會談結束技術

會談結束技術

　　治療過程的終點即為結束會談，是所有先前會談歷程的累積與努力的成果。治療師要對家庭的需求有臨床敏銳度，才能有個正向的結束。理想上，治療的結束應該要有計畫性，是治療師與家庭之間的共同決定。好的治療會讓每位成員帶來心理上的結束，並且有正向的經驗感受。

　　當治療目標已經達成時，家庭便可以準備結束治療。如果在治療的初期就已經明定治療目標，那就可以更容易地理解何時要終止治療。良好的結束包含以下基本要素：「提供家庭成員建議；設定結束的日期；探索關於結束治療的感受；預想可能的考驗、風險、事情的惡化；預告結束治療對於成員的危機，以便理解這也是結束過程的一部分；回顧所有學過的技巧，以及獲得的進展」（Taibbi, 2007）。慶祝家庭在治療過程中所達成的目標（Odell & Campbell, 1998），並聽取家庭對治療感受的回饋，對於治療師和家庭也很重要。Roberts（1993）的看法是：「我們在家族治療領域做了太多假設，認為家庭會如何看待處遇，所以我們需要聽見更多個案的聲音。」

　　在治療結束的階段，可能會發生不可避免的危機，去確認家庭成員在會談中學到的技巧足以因應他們的問題是有幫助的。可能也要教導家庭成員去運用他們解決問題的技巧，而治療師也應該要將干預盡可能地變到最小。

　　結束治療的一個重要目標是賦權家庭，幫助成員們辨識自己的能力，並在未來可以處理自己的議題。讓家庭成員看見自己所達成的改變，即使結束治療後，家庭系統仍然可以運行。

　　當治療結束後或是沒有持續進步，家庭成員或許會擔心目前的問題將會捲土重來。治療師應該理解家庭成員的擔憂，並且幫助成員們去探索問

題復發的早期徵兆。除了去探索擔憂，也可以請家庭成員「在有限度的情況下，重建他們前來治療的問題，實際加以試驗」（McCollum, 1993）。可以使用遊戲、藝術、心理劇來演出復發的問題。

　　治療師要理解到，治療結束時會連結到失落的情緒，因此要敏感地去處理這些情緒。治療的結束同時也是回顧並且慶祝治療收穫的時機。創意式的結束活動和閉幕儀式都應該整合在治療的最後階段，以協助家庭創造正向的結束經驗。

♥ 說再見的幸運餅乾

Sueann Kenney-Noziska

⌂ 目標

- 提供正向的結束經驗
- 增進關於結束的開放性溝通
- 強調並回顧療程上的收穫

⌂ 媒材

- 幸運餅乾
- 膠帶
- 鑷子
- 問題單（如附件）

⌂ 事前準備

　　購買幸運餅乾（可以在大部分東方食品雜貨店購買到）。可以的話，應該購買小包裝的幸運餅乾。

　　將具有療癒力的問題寫在紙條上，將紙條摺疊後用膠帶黏貼在幸運餅乾的外包裝上。如果餅乾不是小包裝的，就把紙條捲起，並用鑷子塞在餅乾裡。那麼，案主將會得到一個塞有兩張紙條的幸運餅乾──一張是傳統的幸運紙條以及一張「療癒性」的幸運紙條。

⌂ 活動說明

　　家庭成員輪流選擇一個「說再見的幸運餅乾」，並回應餅乾裡療癒性的問題。治療師可以視情況引導活動，擴展成員的回應。

　　活動結束時，就可以吃掉幸運餅乾了。

討論

　　結束是治療的重要面向，值得臨床實務工作者的關注。當治療要面臨到結束時，在技術上應該要強調的是，處理結束的相關情緒、回顧治療上的收穫，以及專注在未來上（Jones, Casado, & Robinson, 2003）。這個技術使用了幸運餅乾的象徵性以及隱喻，專注在成員的未來、灌輸希望、探索和回顧治療歷程，並且支持即將結束的治療關係。

　　這個活動的療癒性問題專注於治療結束時的不同面向。根據治療結束階段的臨床文獻所描述的適當任務而設計的問題，包含了治療結束、探索未來、回顧治療收穫，以及為案主準備結束治療（Jones, Casado, & Robinson, 2003）。這個技術所設計的問題，旨在提供臨床指引，並應按照家庭的獨特需求而加以修改。

參考文獻

Jones, K.D., Casado, M., & Robinson, E.H. (2003). Structured play therapy: A model for choosing topics & activities. *International Journal of Play Therapy, 12*(1), 31-47.

Kenney-Noziska, S. (2008). *Techniques-techniques-techniques: Play-based activities for children, adolescents, and families.* West Conshohocken, PA: Infinity Publishing.

關於作者

請參見第 204 頁。

 說再見的幸運餅乾：問題單

- 你在這個治療中學到了什麼？請舉個例子。

- 你克服了什麼問題或障礙？請舉個例子。

- 從你曾犯下的錯誤裡，你從當中學習到什麼？

- 說出一個你可以尋求支持／幫助的人。

- 對於治療的結束，你有什麼感受？

- 什麼是你們家庭現在可以做得更好的事？

- 什麼是你擁有的、並可幫助你在未來獲得成功的特質？

- 你從治療中學到的事情，如何運用在未來？

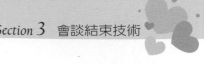

有療癒力的動物

Liana Lowenstein

目標

- 辨識出治療中的進步
- 探討個人和家庭的優勢
- 增進家庭成員對未來的期許、希望

媒材

- 給每位成員兩張紙
- 提供繪畫的媒材,如彩色筆、蠟筆、粉蠟筆
- 膠帶

事前準備

　　為家庭成員準備平坦的畫畫空間。不要讓其他成員直接看到彼此圖畫的內容是很重要的。將繪畫媒材放置在家庭成員可以容易取得的地方。

活動說明

　　提供每位家庭成員一張紙以及各式各樣的繪畫媒材。請成員放輕鬆並閉上眼睛。接著說:「想像一個動物家族,這個動物家族跨越了很大的障礙……花一點時間去想像這個動物家族是什麼模樣……當你準備好時,你可以睜開眼睛,並且畫出這個**受傷**的動物家族。」

　　給家庭成員十分鐘去完成這幅畫,請成員安靜地繪畫、不要交談。治療師可以說:「不用擔心你畫得好不好,畫完之後你可以說明你畫了些什麼。」

　　一旦完成了圖畫,再次請成員閉上眼睛,並提供另一張紙給每位成員。

357

治療師說：「想像這個動物家族……這個動物家族在艱難之中活了下來……
他們是堅強的……花點時間去想像這個動物家族會是什麼模樣……當你準備
好時，你可以睜開眼睛，並將這個**有生命力的**動物家族畫下來。」

在家庭成員完成他們的兩幅動物家族圖畫之後，展示所有的圖畫，並將
所有圖畫貼在牆壁上會更好。邀請成員去討論他們的圖畫。例如，可以問：

1. 在你們的畫中，有哪些相似／相異的地方？
2. 哪三個詞最能夠用來形容這個受傷的動物家族？
3. 哪三個詞最能夠用來形容這個有生命力的動物家族？
4. 是什麼幫助動物家族克服他們的困難？
5. 這個動物家族學到了什麼重要的生命課題？
6. 在未來，動物們會如何使用他們的力量以克服困難？
7. 你的圖畫裡，揭露了你家庭生活中的什麼事？

討論

這個繪畫活動融入治療終止階段。目標是去幫助家庭成員探索他們治療
過程中的改變，並且產生他們如何克服逆境的新覺察。

家庭成員可以透過藝術創作來溝通他們無法用口語表達的事，這是在家
族治療中使用藝術和家庭工作的眾多優點之一。藝術歷程「可以繞過根深柢
固的防衛，而這防衛會使成員在理解其他人時形成障礙。此外，藝術創作的
過程或許可以讓成員們有機會透過視覺的方式去說出情緒和想法，這種視覺
的方式不像口語的對話，而是允許成員們透過藝術作品來自我表達」（Kerr,
Hoshino, et al., 2008）。用藝術創作來和家庭工作，能夠讓他們以不同的
方式去看見、表達以及理解。

這個動物家族創造了隱喻，促進成員去探索深層情緒的象徵性。當家庭
成員分別完成他們的圖畫後，請每位成員和家人分享自己的畫，家庭成員可
以去探索獨特的經驗，以及討論自己與家人的畫裡相似或相異的地方（Re-
vell, 1997）。

歷程問題的焦點在於成長、優勢以及生存，這些都是治療結束階段得加

以強調的重要主題。透過這個活動的介入，可以提供家庭成員他們努力奮鬥、想要存活下來的訊息，並且在他們的未來可以利用這個優勢去跨越困難。這可以讓家庭感覺到肯定以及希望。

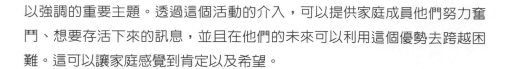 **參考文獻**

Kerr, C., Hoshino, J., Sutherland J., and Parashak, S. (2008). *Family art therapy: Foundations of theory and practice*. New York: Routledge.

Revell, B. (1997). Using play and art therapy to work with families. In B. Bedard-Bidwell (Ed.), *Hand in hand: A practical application of art and play therapy*. London, ON: Thames River Publishing.

關於作者

請參見第 25 頁。

有療癒力的手

Trudy Post Sprunk

目標

- 增進每位家庭成員樂於助人的覺察力
- 讚賞每位家庭成員對家庭生活的正向貢獻

媒材

- 一大張白紙或是海報板
- 可水洗的彩色筆
- 溼抹布或紙巾

事前準備

將紙或海報板放在平坦的空間，以便於每位家庭成員可以容易取得。

活動說明

邀請每位成員選擇一枝彩色筆，顏色不得和其他人一樣。接著請每位成員將他們的一隻手放在海報板上，並且描繪出數個手形輪廓。手形可以稍稍重疊。

接著，請成員安靜地在手形裡寫下他／她曾對家庭說過的好話或做過的好事。治療師可能要幫家庭中較年幼的孩子書寫。寫完之後，家庭成員分享他們寫了些什麼。治療師鼓勵成員討論他們對於其他人與自己為這個家所做的有什麼想法與感受。

活動進行時，治療師或許可以問：

1. 每個人對於自己在家庭裡的貢獻，有什麼感覺？

2. 你還想為家庭多做些什麼？請舉出二到三個例子來。

3. 請你告訴大家，你打算怎麼將這些事情融入到每日／每週的生活中？

4. 說一件家人做的、而且是你喜歡的好事。

討論

　　接近會談結束時使用這個技術，可以增進家庭覺察每位成員是如何幫助了家庭，讓目前的家庭更具有功能。回顧與讚賞每個人的貢獻如何強化家庭關係，會讓家人更有信心可以一起工作，此刻不需要額外的治療技術。

　　治療師檢視會談結束的一般性目標如下：

1. 健康的家庭溝通，包含有效的情緒溝通。

2. 一家人共同解決問題的能力。

3. 健康的自我與人際關係。

4. 自我分化。

5. 對於成員提出的問題，有了解決之道。

　　這個活動提供治療師機會去確定家庭對於上述目標做得如何。

關於作者

請參見第 29 頁。

道別會談家庭卡遊戲

Liana Lowenstein

目標

- 讓家庭回顧並驗收治療的收穫
- 透過口語去辨識及討論對於治療終止的感受
- 提供一個正向的會談結束經驗

媒材

- 問題卡（如附件）
- 西卡紙或是索引卡
- 數把剪刀
- 撲克牌（五十二張標準版）
- 餅乾

事前準備

將問題複印到西卡紙上，並裁剪成一張張卡片，或把這些問題抄寫到索引卡上。

活動說明

如果家庭在開始他們的治療時就玩過「初次會談家庭卡遊戲」（見第一部分），便可以說明：「我們要玩和第一次會談時相同的卡片遊戲，不過這回的問題將會幫助大家去討論你們在治療中的經驗、在治療歷程中的成就，以及在治療結束階段的感受。」如果家庭成員並沒有玩過「初次會談家庭卡遊戲」，那麼可以這麼說：「我們要玩一個遊戲，這遊戲可以幫你們討論治療中的經驗、你們在治療中的成就，以及你們在治療結束階段的感受。」規則

如下：

「每人輪流從一疊撲克牌中抽出最上面一張牌。如果你拿到**偶數牌**，就從問題卡中抽出一張牌，並**回答卡片上的問題**。如果你拿到**奇數牌**，也從問題卡中抽出一張牌，並**請一位家人回答卡片上的問題**。如果你覺得你無法回答問題，你可以請其他家人幫忙。如果你抽到 A，可以請一位家人擁抱你。如果你拿到 J，你要做十個開合跳。如果你拿到 Q 或 K，你可以得到一塊餅乾。玩到最後，每個參與遊戲的人都能得到一塊餅乾。」

治療師可以觀察成員們玩遊戲的歷程，強調他／她在處遇中看見個別成員與家庭的改變，並強化其優勢。

在遊戲結束後，可以提出以下的問題，讓討論更容易進行：

1. 你們覺得這個遊戲的目的是什麼？
2. 誰的答案和你的感覺最相似？
3. 在遊戲過程中，你注意到和治療開始時相較，家庭互動有哪些正向的改變呢？

討論

和混亂不安的家庭工作時，治療師必須敏銳地去處理會談結束的階段。可以將結束會談視為哀傷的歷程以及早期失落經驗的重現。在這個介入的階段，家庭成員或許會經驗到難過、焦慮、抗拒以及被拋棄的感覺。另一方面，他們或許會很開心會談要結束了，感到安心，或是對他們在治療中的收穫感到很滿意。治療師必須幫助每位成員去表達他／她對於會談要終止的感覺，將這些感覺一般化並予以肯定。會談結束也是一個強調並慶祝治療成果的時機。這個遊戲的問題卡是依照這些目標來設計的。

當家庭成員準備好要結束會談，就可以使用這個活動。如果家庭成員玩過「初次會談家庭卡遊戲」，那麼可以邀請他們說說當他們第一次玩這個遊戲以及現在玩這個遊戲時，有什麼不同，還有感覺如何。

如果治療師處理得當，結束會談可能會有令人驚喜的療癒潛能（Treacher, 2003）。治療的最後階段可以是賦權的過程，幫助成員專注在治療的進

創意式 家族治療

步。建議可和家庭成員舉行一場畢業典禮,幫助成員去確認以及慶祝他們的進步。若想要了解更多有關畢業典禮的細節,請參閱Lowenstein(1999)。

參考文獻

Lowenstein, L. (1999). *Creative interventions for troubled children and youth*. Toronto, ON: Champion Press.

Lowenstein, L. (2006). *Creative interventions for bereaved children*. Toronto, ON: Champion Press.

Treacher, A. (2003). Termination in family therapy: Developing a structural approach. *Journal of Family Therapy, 11*(2), 135-147.

關於作者

請參見第 25 頁。

364

附件　道別會談家庭卡遊戲：問題卡

在這段治療過程，你做了哪些正向改變？請說出一項。	在這段治療過程，你的家人做了哪些正向改變？請說出一項。	你認為誰是治療過程中最投入的人？請你跟他／她換位子。
說說你在治療中學到什麼技巧可以因應未來的問題？請說出一項。	在這段治療過程，你從其他家人身上學到的一件事是什麼？	在這段治療過程，對你最有幫助的是什麼？
當你有問題或者擔憂時，可以找誰幫忙？請說出一個人。	填空： 家庭中必須要繼續努力的事情是……	現在，在你的家庭中，什麼事情是你們可以做得更好的？
在治療歷程中，什麼是你最喜歡的活動？	填空： 我在治療中最自豪的時刻是……	會談就要結束了，你的感覺如何？
當其他家人遇到跟你帶到治療中一樣的問題／困難時，你會給予什麼建議？	對於和家庭工作的治療師，你會給予什麼建議？	家庭往往給治療師上了寶貴的一課。請你的治療師說說你們曾教導他／她的事。

365

感謝卡

Amber L. Brewer

目標

- 創造一個愉快的家庭會談結束儀式
- 辨識家庭在治療歷程中的進步
- 強化家庭成員間的關係

媒材

- 色紙或是書面紙
- 彩色筆
- 派對用品,如派對帽、氣球,或是福袋
- 餐點,如披薩和蛋糕
- 符合年齡的各種遊戲和玩具

事前準備

在家庭和治療師都認為已經達到治療目標,家庭也準備好要結束會談時,就可以使用這個活動。

在倒數第二次會談之前,治療師要和父母親討論在最後一次治療中舉辦一場畢業典禮。治療師說明這場畢業典禮是要表揚以及慶祝成員們在治療中的努力及進步。和父母討論畢業典禮裡要有哪些東西,例如,裝飾品、派對裡出現的物品(派對帽、氣球等等)、福袋、小點心、派對遊戲等等。治療師和父母親安排畢業典禮的細節以及決定誰要負責準備這些東西。

製作一張在最後一次會談要給家庭的感謝卡,對於你從他們身上學到的東西表達感激,同時也表達你對他們進步的讚賞。

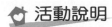 **活動說明**

註：這個活動會用在會談的最後兩次。

倒數第二次會談

在倒數第二次會談時，預告家庭成員你將在最後一次會談舉辦「畢業典禮」，好讓他們先做準備。詢問孩童他們是否有參加過畢業典禮。

說明畢業典禮是某人完成某件很重要的事情時，用來慶祝的一種方式，而即將到來的畢業慶祝活動將是一場派對，表揚家庭完成治療。

告訴成員，由於這是一場派對，所以派對中會有遊戲跟食物。不過在派對之前，向成員們說明，你希望他們寫感謝卡送給彼此。告知成員他們將會在「畢業典禮」上朗誦他們寫的卡片。在卡片中，家庭成員要：(1)感激其他成員為他們所做的事；以及(2)指出他們以及其他成員在治療過程中的正向改變。然後，家庭成員製作他們的感謝卡。治療師或者父母親視情況幫助年幼的孩子去完成他們的卡片。卡片的內容可以是簡單的也可以是鉅細靡遺的，這都由成員們自行決定。

告知成員們在唸完卡片之後，他們可以在剩下的時間裡玩他們最喜歡的遊戲。提供一些遊戲和食物；然而成員也可從家裡帶食物和遊戲過來。鼓勵成員們選擇一個全家人都能參加的遊戲或是共同玩樂的玩具，但不至於過度競爭。治療師要強調玩遊戲的目的不在於輸贏，而是讓彼此的關係更緊密以及彼此同樂。

最後一次會談

在「畢業典禮」這天，和成員一起討論最後一次治療有什麼應辦事項。提醒成員這場「畢業典禮」不是代表他們脫離了問題，而是代表著在這個時間，他們更能適當地自行處理問題。就如同學生在畢業後，有時候也會回學校（如高中畢業後去上大學），提醒成員家庭可能也會在未來再回來治療，但這並不代表他們失敗了，而是他們需要回到「治療學校」，尋求多一點的

學習。

接著,邀請成員對其他成員唸出給他們的感謝卡。為每個成員的成長與改變鼓掌。當所有成員都已經唸完感謝卡後,把你(治療師)事先為他們準備的卡片唸出來。從他們第一次踏入會談室到現在,看見他們個人或家庭的力量與成長,你可以就此表達你的想法。說說是什麼讓家庭變得不一樣。

和成員們討論,在他們完成治療目標後,他們將要持續哪些努力。請成員說說可以維持家庭力量以及應付未來問題的計畫,也表達你對家庭未來的祝福。

在會談的剩餘時間,邀請家人享用點心、享受派對,並與他們一起玩他們選擇的遊戲或是玩具。

討論

對於即將離開治療的家庭而言,這個活動有許多好處。首先,這活動將結束解讀為慶祝的理由,並引進歡樂及熟悉的儀式(如一場派對),安撫家庭完成治療歷程。第二,這活動創造一個論壇,在這裡,家庭強化他們已完成的正向改變,並承諾在治療結束後會繼續成長。此外,當家庭成員彼此表達欣賞與讚美,可以繼續強化他們的關係。長期關係不睦的成員們聽到其他成員的讚美往往又驚又喜。有時候,家庭成員寫感謝信給治療師,有助於成員表達他們的謝意以及道別。需要他人協助才有辦法寫字的幼童,則可以用畫作來表達對治療師或其他家人的感受。

White 與 Epston (1990) 創立了敘事治療,他們強調在諮商脈絡裡運用療癒信件的價值。家庭感謝卡可以視為成員寫給彼此的療癒信件。因為家庭成員都是信件的作者,他們(相對於治療師)在最後一次會談成為主要的療癒媒介(agents)。在生命困頓之際、家庭成員需要安慰以及鼓勵時,感謝卡可記載正向情緒,也可被收藏,並且在未來可以重新被閱讀。

參考文獻

White, M., & Epston, D. (1990). *Narrative means to therapeutic ends.*
   New York: W.W. Norton.

關於作者

請參見第 192 頁。

參考文獻及推薦書單

Ackerman, F., Colapinto, J.A., Scharf, C.N., Weinshel, M., and Winawer, H. (1991). The involuntary client: Avoiding "pretend therapy." *Family Systems Medicine,9(3),* 261–266.

Anderson, C.M., & Stewart, S. (1983). *Mastering resistance: A practical guide to family therapy.* New York: Guilford.

Ariel, S., Carel, C., & Tyrano, S. (1985). Uses of children's make-believe play in family therapy: Theory and clinical examples. *Journal of Marital and Family Therapy, 11(1),* 47–60.

Ariel, S. (1986). Family play therapy. In R. van der Kooji & J. Hellendoorn (Eds.), *Play, play therapy, play research.* Netherlands: Swets and Zeitlinger.

Ariel, S. (2005). Family play therapy. In C.E. Schaefer, J. McCormick, & A. Ohnogi (Eds.), *International handbook of play therapy: Advances in assessment, theory, research, and practice.* New York: Jason Aronson.

Bailey, C.E., & Sori, C.E.F. (2000). Involving parents in children's therapy. In C.E. Bailey (Ed.), *Children in therapy: Using the family as a resource.* New York: W.W. Norton.

Bailey, C.E. (2005). *Children in therapy: Using the family as a resource.* New York: W.W. Norton.

Baim, C., Burmeister, J., & Maciel, M. (Eds.) (2007). *Psychodrama: Advances in theory and practice.* London: Routledge.

Bedard-Bidwell, B. (Ed.). *Hand in hand: A practical application of art and play therapy.* London, ON: Thames River Publishing.

Berg, I.K., & Steiner, T. (2003). *Children's solution work.* New York: W.W. Norton.

Bitter, J.R. (2009). *Theory and practice of family therapy and counseling.* Belmont, CA: Brooks/ Cole.

Blatner, A. (1992). Theoretical principles underlying creative arts therapies. *Journal of the Arts in Psychotherapy, 18*(4), 405–409.

Blatner, A. (1996). *Acting-In: Practical applications of psychodramatic methods* (3rd ed.). New York: Springer.

Blatner, A. (2000). *Foundations of psychodrama: History, theory, and practice* (4th ed.). New York: Springer.

Bowen, M. (1978). *Family therapy in clinical practice*. New York: Jason Aronson.

Boyd-Webb, N. (Ed.) (2007). *Play therapy with children in crisis (3rd ed.)*. New York: Guilford.

Colapinto, J. (1991). Structural family therapy. In A.S. Gurman & D.P. Kniskern (Eds.), *Handbook of family therapy: Vol. 2*. New York: Brunner/Mazel.

Carey, L. (1999). *Sandplay therapy with children and families*. New York: Jason Aronson.

Carey, L. (2006). *Expressive and creative arts methods for trauma survivors*. London: Jessica Kingsley Publishers.

Carter, B., & McGoldrick, M. (Eds.). (1999). *The expanded family life cycle: Individual, family, and social perspectives* (3rd ed.). Boston: Allyn & Bacon.

Carter, E., & Orfanidis, M.M. (1978). Family therapy with the therapist's family of origin. In M. Bowen (Ed.), *Family therapy in clinical practice*. New York: Jason Aronson.

Combrinck, L.G. (2006). *Children in family contexts: Perspectives on treatment* (2nd ed.). New York: Guilford.

Corsini, R. J., & Wedding, D. (Eds.). (2004). *Current Psychotherapies* (7th ed.). New York: Wadsworth Press.

Corsini, R.J. (Ed.). (2001). *Handbook of innovative therapies*. New York: John Wiley & Sons.

Crenshaw, D. (2007). *Evocative strategies in child and adolescent psychotherapy*. New Jersey: Jason Aronson.

Dattilio, F.M., & Jongsma, A.E. (2010). *The family therapy treatment planner*. New York: John Wiley & Sons.

Dayton, T. (1990). *Drama games*. New York: Innerlook.

De Domenico, G.S. (1995). *Sandtray-worldplay: A comprehensive guide to the use of sandtray in psychotherapeutic and transformational settings*. Oakland, CA: Vision Quest Images.

Freeman, J., Epston, D., & Lobovits, D. (1997). *Playful approaches to serious problems*. New York: W.W. Norton.

Friedlander, M., Escudero, V., & Heatherington, L. (2006).*Therapeutic alliances in couple and family therapy*. Washington, DC: American Psychological Association.

Gershoni, J. (Ed.). (2003). *Psychodrama in the 21ˢᵗ Century: Clinical and educational applications*. New York: Springer Publishing Company, Inc.

Gil, E. (1994). *Play in family therapy*. New York: Guilford.

Gil, E. (2003). Family play therapy: "The bear with short nails." In C.E. Schaefer (Ed.), *Foundations of play therapy*. New York: John Wiley & Sons.

Gil, E., & Sobol, B. (2000). Engaging families in therapeutic play. In C.E. Bailey (Ed.), *Children in therapy: Using the family as a resource*. New York: W.W. Norton.

Goldenberg, H., & Goldenberg, I. (2007). *Family therapy: An overview*. Pacific Cove, CA: Brooks Cole.

Goodyear-Brown, P. (2009). *Play therapy with traumatized children: A prescriptive approach*. New Jersey: Wiley.

Harvey, S.A. (1994). Dynamic play therapy: Expressive play intervention with families. In K. O'Connor & C. Schaefer (Eds.), *Handbook of play therapy: Vol. 2. Advances and innovations*. New York: John Wiley & Sons.

Harvey, S.A. (2009). Family problem-solving: Using expressive activities. In A. Drewes (Ed.), *Blending play therapy with cognitive behavioral therapy*. New York: Wiley & Sons.

Henggeler, S.W., Schoenwald, S.K., Borduin, C.M., Rowland, M.D.S., & Cunningham, P.B. (1998). *Multisystemic treatment of antisocial behavior in children and adolescents*. New York: Guilford.

Hertlein, K.M., & Viers, D. (2005). *The couple and family therapist's notebook: Homework, handouts, and activities for use in marital and family therapy*. New York: Routledge.

Homeyer, L.E., & Sweeney, D. (2010). Sandtray therapy: A practical manual. New York: Routledge.

Hoshino, J. (2003). Multicultural issues in family art therapy. In C. Malchiodi (Ed.), *The clinical handbook of art therapy*. New York: Guilford.

Hubble, M., Duncan, B., & Miller, S. (2000). *The heart and soul of change: What works in therapy*. Washington, DC: American Psychological Association.

Kenney-Noziska, S. (2008). *Techniques-techniques-techniques: Play-based activities for children, adolescents, and families*. West Conshohocken, PA: Infinity Publishing.

Kerr, C., Hoshino, J., Sutherland, J, and Parashak, S. (2008). *Family art therapy: Foundations of theory and practice.* New York: Routledge.

Klorer, P.G. (2006). Art therapy with traumatized families. In L. Carey (Ed.), *Expressive and creative arts methods for trauma survivors*. London: Jessica Kingsley Publishers.

Klorer, P.G. (2000). *Expressive therapy with troubled children*. New York: Jason Aronson.

Kwiatkowska, H.Y. (1967). Family art therapy. *Family Process, 6*, 37–55.

Landgarten, H.B. (1987). *Family art therapy: A clinical guide and casebook*. New York: Routledge.

Leben, N. (1993). *Directive group play therapy: 60 structured games for the treatment of ADHD, low self-esteem, and traumatized children.* Pflugerville, TX: Morning Glory Treatment Center for Children.

Linesch, D. (1993). *Art therapy with families in crisis.* Philadelphia: Brunner/Mazel.

Lowenstein, L. (1999). *Creative interventions for troubled children and youth.* Toronto, ON: Champion Press.

Lowenstein, L. (2002). *More creative interventions for troubled children and youth.* Toronto, ON: Champion Press.

Lowenstein, L. (2006). *Creative interventions for bereaved children.* Toronto, ON: Champion Press.

Lowenstein, L. (2006). *Creative interventions for children of divorce.* Toronto, ON: Champion Press.

Lowenstein, L. (2008). *Assessment and treatment activities for children, adolescents, and families: Practitioners share their most effective techniques.* Toronto, ON: Champion Press.

Lowenstein, L. (2010). *Assessment and treatment activities for children, adolescents, and families VOLUME TWO: Practitioners share their most effective techniques.* Toronto, ON: Champion Press.

Lubimv, G. (1994). *Wings for our children: Essentials of becoming a play therapist.* Burnstown, ON: Burnstown Publisher.

Lubimiv, G. (2009). *All in the family: Using play with families.* Unpublished manuscript.

Malchiodi, C.A. (2003). *Handbook of art therapy.* New York: Guilford Press.

Malchiodi, C.A. (2005). *Expressive therapies.* New York: Guilford.

Malone, P.T., & Malone, T. (1987). *The art of intimacy.* New York: Prentice Hall.

McCollum, E. (1993). Termination rituals. In T.S. Nelson and T.S. Trepper (Eds.), *101 Interventions in family therapy.* New York: Haworth press.

McGoldrick, M., Gerson, R., and Petry, S. (2008). *Genograms: Assessment and intervention (3rd ed.).* New York: W.W. Norton.

Moffatt, G. (2002). *A violent heart.* Connecticut: Praeger.

Moffatt, G. (2004). *The parenting journey.* Connecticut: Praeger.

Moreno, J. L. (1977). *Psychodrama* (Vol.1). Beacon, NY: Beacon House, Inc.

Napier, A.Y., & Whitaker, C.A. (1978). *The family crucible.* New York: Harper & Row.

Nelson, T.S., and Trepper, T.S. (Eds.) (1993). *101 Interventions in family therapy*. New York: Haworth press.

Nichols, M.P., & Schwartz, R.C. (2007). *Family therapy: Concepts and methods*. New York: Allyn & Bacon.

Odell, M., & Campbell, C.E. (1998). *The practical practice of marriage and family therapy: Things my training supervisor never told me*. New York: Routledge.

Oster, G., & Crone, P. (2004). *Using drawings in assessment and therapy: A guide for mental health professionals*. New York: Routledge.

Pardeck, J.T. (1988). Family therapy as a treatment approach to child abuse. *Child Psychiatry Quarterly* 21(4), 191–198.

Patterson, J., Williams, L., Edwards, T.M., Chamow, L., & Grauf-Grounds, C. (2009). *Essential skills in family therapy: From the first interview to termination* (2nd ed.). New York: Guilford.

Perrow, S. (2008). *Healing stories for challenging behaviour*. London: Hawthorn.

Revell, B. (1997). Using play and art therapy to work with families. In B. Bedard-Bidwell (Ed.), *Hand in hand: A practical application of art and play therapy*. London, ON: Thames River Publishing.

Riley, S., & Malchiodi, C. (2004). *Integrative approaches to family art therapy*. Chicago: Magnolia Street Publishers.

Rivett, M., & Street, E. (2009). *Family therapy: 100 key points and techniques*. New York: Routledge.

Roberts, J. (1993). Termination rituals. In T.S. Nelson and T.S. Trepper (Eds.), *101 Interventions in family therapy*. New York: Haworth press.

Rubin, J.A. (1999). *Art therapy: An introduction*. Philadelphia: Brunner/Mazel.

Rubin, J.A. (2005). *Child art therapy*. New York: John Wiley & Sons.

Schaefer, C.E. (Ed) (2003). *Foundations of play therapy*. New York: John Wiley & Sons.

Schaefer, C.E., & Carey, L.J. (1994). *Family play therapy*. New York: Jason Aronson.

Schaefer, C.E., & Kaduson, H. (Eds). (2006). *Contemporary play therapy*. New York: Guilford.

Schaefer, C.E., McCormick, J., Ohnogi, A. (Eds.) (2005). *International handbook of play therapy*. New York: Jason Aronson.

Schaefer, C.E, & Reid, S. (Eds). (2001). *Game play: Therapeutic use of childhood games* (2nd ed.). New York: John Wiley & Sons.

Sherman, R., & Fredman, N. (1986). *Handbook of structured techniques in marriage and family therapy.* New York: Routledge.

Shirk, S.R., & Karver, M. (2003). Prediction of treatment outcome from relationship variables in child and adolescent therapy. *Journal of Consulting and Clinical Psychology, 71(3),* 452–464.

Singer, J.L. (1996). Cognitive and effective implications of imaginative play in childhood. In M. Lewis (Ed.), *Child and adolescent psychiatry: A comprehensive textbook.* Baltimore, MD: Williams and Wilkins.

Sori, C.F. (2006). *Engaging children in family therapy: Creative approaches to integrating theory and research in clinical practice.* New York: Routledge.

Sori, C.F., & Sprenkle, D.H. (2004). Training family therapists to work with children and families: A modified Delphi study. *Journal of Marital and Family Therapy,30(4),* 479–495.

Stormshak, E., & Dishion, T. (2002). An ecological approach to child and family clinical and counseling psychology. *Clinical Child and Family Psychology Review, 5,* 197–215.

Taffel, R. (1991). How to talk with kids. *Networker, 15(4),* 39–45; 68–70.

Taibbi, R. (2007). *Doing family therapy: Craft and creativity in clinical practice* (2nd ed.). New York: Guilford.

Treacher, A. (2003). Termination in family therapy: Developing a structural approach. *Journal of Family Therapy,11(2),* 135-147.

Trepper, T.S. (2002). Show me one more time. In D.A. Baptiste (Ed.). *Clinical epiphanies in marital and family therapy: A practitioner's casebook of therapeutic insights, perceptions, and breakthroughs.* Binghamton, NY: The Haworth Press.

Wachtel, E.F. (1994). *Treating troubled children and their families.* New York: Guilford.

Wark, L. (2003). Explaining to parents the use of play in family therapy. In C.F. Sori & L.L. Hecker & Associates, *The therapist's notebook for children and adolescents: Homework, handouts, and activities for use in psychotherapy.* Binghamton, NY: Haworth.

Weiser, J. (1999). *PhotoTherapy techniques: Exploring the secrets of personal snapshots and family albums* (3rd ed.). Vancouver, BC: PhotoTherapy Centre Press.

Yasenik, L., & Gardner, K. (2004). *Play therapy dimensions model.* Calgary: Rocky Mountain Play Therapy Institute.

Zwerling, I. (1979). The creative arts therapies as "real therapies." *Hospital and Community Psychiatry, 30(12),* 841–844.

專業團體名單

家族治療

American Association for Marriage and Family Therapy: www.aamft.org

American Family Therapy Academy: www.afta.org

Association for Family Therapy in the UK: www.aft.org.uk

Division of Family Psychology, American Psychological Association: www.apa.org

European Family Therapy Association: www.europeanfamilytherapy.eu

International Association of Marriage and Family Counselors: www.iamfc.org

International Family Therapy Association: www.ifta-familytherapy.org

Israeli Association for Marital and Family Therapy: www.mishpaha.org

Victorian Association of Family Therapists: www.vaft.asn.au

Queensland Association for Family Therapy: www.qaft.com.au

藝術治療

American Art Therapy Association: www.arttherapy.org

Australian National Art Therapy Association: www.anata.org.au

British Association of Art Therapists: www.baat.org

Canadian Art Therapy Association: www.catainfo.ca

International Art Therapy Organization: www.internationalarttherapy.org

創意式與表達式治療

Arts in Therapy Network: www.artsintherapy.com

Australian Creative Arts Therapy Association: www.acatainc@hotmail.com

Canadian Creative Arts in Health, Training, and Education: www.cmclean.com

Expressive Therapies Institute: www.expressivetherapies.com.au

International Expressive Arts Therapy Association: www.ieata.org

Israeli Association of Creative and Expressive Therapies: www.yahat.org

European Consortium for Arts Therapies Education: www.uni-meunster.de/ecarte

National Coalition of Creative Arts Therapies Associations: www.nccata.org

PhotoTherapy Centre: www.phototherapy-centre.com

戲劇治療與心理劇

American Society of Group Psychotherapy and Psychodrama: www.asgpp.org

British Association for Drama Therapy: www.badth.ision.co.uk

British Psychodrama Association: www.zambula.demon.co.uk

National Association for Drama Therapy: www.nadt.org

遊戲治療

Association For Play Therapy: www.a4pt.org

Canadian Association For Child And Play Therapy: www.cacpt.com

British Association of Play Therapists: www.bapt.info

International Society for Child and Play Therapy: www.playtherapy.org

Play Therapy Australia: www.playtherapyaustralia.com

Play Therapy Australasia: www.playtherapy.org.au

沙遊治療

British and Irish Sandplay Society: www.sandplay.org.uk

Canadian Association for Sandplay Therapy: www.sandplay.ca

International Society for Sandplay Therapy: www.sandplayusa.org

Sandplay Therapists of America: www.sandplayusa.org

國家圖書館出版品預行編目（CIP）資料

創意式家族治療：家庭會談中和孩子工作的遊戲、藝術及表達
　式行動方案 / Liana Lowenstein 主編；陳美伊等譯.
　-- 初版. -- 新北市：心理，2016.12
　　面；　公分. --（心理治療系列；22159）
　譯自：Creative family therapy techniques: play, art and expres-
sive activities to engage children in family sessions
　　ISBN 978-986-191-747-4（平裝）

1.家族治療　　2.遊戲治療　　3.藝術治療

178.8　　　　　　　　　　　　　　　　　　　105021087

心理治療系列 22159

創意式家族治療：家庭會談中和孩子工作的遊戲、藝術及表達式行動方案

主　編　者：Liana Lowenstein
總　校　閱：黃宗堅、吳秉訓
譯　　　者：陳美伊、曾威豪、柯政華、邱俊育
執行編輯：陳文玲
總　編　輯：林敬堯
發　行　人：洪有義
出　版　者：心理出版社股份有限公司
地　　　址：231026 新北市新店區光明街 288 號 7 樓
電　　　話：(02)29150566
傳　　　真：(02)29152928
郵撥帳號：19293172 心理出版社股份有限公司
網　　　址：https://www.psy.com.tw
電子信箱：psychoco@ms15.hinet.net
排　版　者：龍虎電腦排版股份有限公司
印　刷　者：龍虎電腦排版股份有限公司
初版一刷：2016 年 12 月
初版三刷：2022 年 9 月
I S B N：978-986-191-747-4
定　　　價：新台幣 450 元